U0548998

重庆工商大学高层次人才科研项目（1855036）
重庆工商大学工商管理一级学科团队项目（QYGLTD201808）

模块化产品创新
——实现路径与绩效研究

张煜　杨珂 ◎ 著

中国财经出版传媒集团
经济科学出版社
Economic Science Press

图书在版编目（CIP）数据

模块化产品创新：实现路径与绩效研究/张煜，杨珂著.
—北京：经济科学出版社，2021.6
（资本市场会计研究丛书）
ISBN 978-7-5218-2629-6

Ⅰ.①模… Ⅱ.①张…②杨… Ⅲ.①企业管理-产品管理-研究 Ⅳ.①F273.2

中国版本图书馆 CIP 数据核字（2021）第 122371 号

责任编辑：孙丽丽　撒晓宇
责任校对：王苗苗
责任印制：范　艳

模块化产品创新
——实现路径与绩效研究

张　煜　杨　珂　著

经济科学出版社出版、发行　新华书店经销
社址：北京市海淀区阜成路甲 28 号　邮编：100142
总编部电话：010-88191217　发行部电话：010-88191522
网址：www.esp.com.cn
电子邮箱：esp@esp.com.cn
天猫网店：经济科学出版社旗舰店
网址：http://jjkxcbs.tmall.com
北京季蜂印刷有限公司印装
710×1000　16 开　16 印张　240000 字
2021 年 6 月第 1 版　2021 年 6 月第 1 次印刷
ISBN 978-7-5218-2629-6　定价：65.00 元
（图书出现印装问题，本社负责调换。电话：010-88191510）
（版权所有　侵权必究　打击盗版　举报热线：010-88191661
QQ：2242791300　营销中心电话：010-88191537
电子邮箱：dbts@esp.com.cn）

摘　要

模块化作为一种产品设计或组织设计的思维范式，对产品创新与组织绩效有着重要影响。模块化产品创新是发展中国家的后发企业突破低端锁定提升企业竞争优势的重要途径。然而在全球化模块化生产网络中，价值链受到发达国家企业的控制，而发展中国家的企业通常只能作为劳动密集型生产阶段的代工者参与其中，从而被长期锁定在价值链的低端。这一现实给发展中国家的技术追赶和产业升级带来了巨大障碍。同时，部分具备一定创新能力的企业试图通过自主创新实现产品架构和系统创新，但往往因为技术创新能力不足而陷入创新乏力的境地，即遭遇"系统创新瓶颈"。此外，部分本土大型制造企业在其主导的模块化生产网络中，主动采取产品架构模块化改造、产业组织一体化架构向开放式架构变革以及产品垂直整合型价值链向模块化整合型价值链切换等策略，发挥供应链上下游企业之间的协同效应，各自塑造了在通信设备、移动终端产业的竞争优势，并实现后发企业跨越式发展与生态位优化。

本土企业基于模块化生产网络实践的巨大差异引发了我们几个方面的思考：(1) 本土企业如何在与集成商的竞争合作中通过模块化产品创新来突破低端价值链锁定。(2) 具有模块化新产品开发能力的本土企业如何通过供应链条上企业间的协同合作来实现产品架构的模块化变革并获取创新价值？(3) 在合作创新的背景下，模块化如何发挥作用？

为了回答这些问题，本书首先基于技术创新的视角，从企业技术集成创新、技术集成能力、组织学习以及集成商控制等观点，对本土模块供应商的模块化产品创新实现路径进行了系统性分析，体现为：(1) 基于技术集成创新理论分析，识别了模块供应商技术集成能力对品模块创新与架构创新的作用机理。（2）对组织学习的调节效应进行分析。（3）以承接模块的模块可降解性作为集成商控制与模块创新自由度的综合表征参数，分析了模块可降解性的调节效应。其次，综合供应链协同管理理论、产品模块化理论、权变理论，在产品模块化生产网络中，探讨产品模块化与供应链协同之间的关系，并梳理、实证分析了产品模块化与供应链协同之间的匹配关系对模块化新产品绩效的影响以及环境不确定性对上述影响的调节作用。最后，在文献研究和访谈调研的基础上，建立相关的概念模型、提出相应的假设，采用大样本问卷实证数据收集，结合因子分析、回归分析、结构方程模型分析等实证检验方法，对本书概念模型及主要假设进行了验证。此外，针对模块化对研发联盟中内部风险、治理结构的影响进行分析，基于知识基础观和交易成本理论的视角对 R&D 联盟模块化、内部风险、治理结构进行了系统性讨论。

本研究有如下发现：

（1）在本土企业的模块化产品创新过程中，技术集成能力显著促进不同层次的产品创新即模块创新和架构创新；探索式学习与开放式学习均显著正向调节技术集成能力对不同层次的产品创新的影响；模块可降解性在技术集成能力促进两个层次的产品创新的路径中起到显著的正向调节作用。

（2）在本土模块化新产品开发企业主导的产品模块化生产网络中，产品模块化与供应链协同之间相互影响；产品模块化与供应链协同是相匹配的，产品模块化与供应链协同的匹配对新产品绩效的提升存在增强型的交互作用。环境动态性和环境竞争性在上述交互作用与新产品绩效的关系中起到正向的调节作用。

（3）R&D 联盟的模块化水平降低了机会主义威胁，并且降低了不协调性风险；机会主义威胁高时，R&D 联盟倾向于紧密的结构模式与复杂的合同，而当不协调性风险高时，R&D 联盟倾向于复杂的合同；模块化水平高时 R&D 联盟不倾向于复杂的合同，亦不倾向于紧密的结构。

对比已有研究，本书的新颖之处体现在：（1）针对不同层次的产品创新（模块创新与架构创新）进行研究。基于技术集成创新理论，将企业核心模块化创新能力具体化为技术集成能力。在界定了技术集成能力概念和维度的基础上，识别了技术集成能力对模块化产品模块创新与架构创新的影响机制；在模块供应商与集成商合作关系中，引入供应商的主动学习与集成商控制共同作用的视角，更能贴合现实管理情景，并提升研究的科学性；对创新竞争效果PFI分析框架在模块化产品创新情境下进行了运用、发展。(2) 针对新产品绩效研究。分析了供应链协同合作背景下产品模块化设计与模块化生产的运行机制，识别了产品模块化（技术、生产）与供应链协同之间相互影响的匹配关系，并实证分析了不同的环境影响下这种匹配关系促进新产品绩效的机制。从模块化与供应链匹配的视角分析模块化产品创新问题，为本土模块化新产品开发企业提升供应链管理水平，协调模块化战略和供应链协同战略之间的平衡，提升新产品绩效提供理论支撑，使整个研究框架的系统性、科学性获得一定程度的提升。(3) 从知识基础观（knowledge-based view）和交易成本理论的视角，将R&D联盟模块化水平、内部风险及治理结构作为一个系统来讨论，从实证角度、基于现实数据对其进行更为全面的分析和验证。

Abstract

  Scholars and industry practioners gradually agree on the important effect of modularization on product innovation and organizational performance. Comparative advantages of production factors of different countries match different stages of intra-product international division of labor, developing countries become OEMs of stages of labor-intensive production, who have been captured by GVC controlled by developed countries, thereby have been locked in low-end status of values chains during a long term. The reality brings along enormous obstacles to technological catch-up and industrial upgrade of developing countries. At the same time, parts of the enterprises who have certain innovation ability try to achieve product system innovation through indigenous innovation, but often fall into a weak situation of innovation because of the insufficient technical innovation ability, namely "bottleneck of system innovation". Part of the local large-scale manufacturing enterprises in its leading modular production network, take the product architecture modular transformation, industrial organization integration architecture to open architecture changes, then play a synergistic effect between the upstream and downstream enterprises in the supply chain, and realizing the leaping development and niche optimization of the backward enterprise. To play the supply chain between the upstream and downstream enterprises synergies, enterprises shape the competitive advantage of communications equipment, mobile terminal industry to achieve the development of enterprises by leaps and bounds and niche optimization.

  Based on the huge differences practice of local manufacturers in the modular production network led to two aspects of thinking: (1) How to break through the low-end value chain lock through modular product innovation for local manufacturing enterprises in the competition with the integrator. (2) How to achieve the modular transformation of product architecture through collaboration among supply chain enterprises for local manufacturing enterprises with modular new product development capabilities? (3) How does modularization work in the context of cooperative innovation?

In order to answer these questions, firstly, based on the dynamic capability view, the module integrator control view and organizational learning view, this dissertation makes a systemic study that pertains to the influencing factors and influencing mechanisms of domestic module enterprises module innovation and architectural innovation. To be more specific, by theoretical analysis of technology integrating innovation, it identifies the mechanism of module supplier's technology integration capabilty in affecting both module innovation and architectural innovation, then analyses the moderating effects of organizational learning on advancing innovation performance. Making the module degradation as the combined representation of module integrator control and module innovation freedom level, this study analyzes the moderating effects of module degradation level. Secondly, In view of supply chain collaborative management and the product modularization perspective, and in the situation of modular production network, this paper discusses the relationship between product modularization and supply chain collaboration, and analyzes the influence of the matching relationship between product modularization and supply chain collaboration on the performance of modular new product, as well as the effect of environmental uncertainty on the above effects. Thirdly, in the combination of field interviews, large sample questionnaire survey and empirical data collection, by means of empirical statistics such as factor analysis, structural equation modeling and hierarchichal regression, this study verifies the conceptual model and the relevant hypotheses. In addition, it analyzes the impact of modularity on the internal risks and governance structure of R&D alliances, and systematically discusses the modularization, internal risks, and governance structure of R&D alliances based on the perspective of knowledge-based view and transaction cost theory. The major research conclusions are as follows.

First, in the coopetition relationship between domestic module supplier and foreign module integrator, module supplier's technology integration capability can significantly boost both the module innovation and architectural innovation. The module degradation of the undertaking module shows signigicant moderating effects in the linkage between module supplier's technology integration capability and the two types of innovation. Exploration learning and exploitation learning have significant positive moderating effects of the ability of technology integration to different levels of product innovation.

Second, in the situation of domestic modular new product developer dominated modular production network, product modularity and supply chain collaboration affect each other. The fit between product modularity and supply chain collaboration has contingent effects on new product performance. The environmental dynamics and environmental competitiveness play important moderating roles in the mechanism that the fit between product modularity and supply chain collaboration influences new product performance.

Third, the modularity of the R&D alliance reduces the threat of opportunism and the risk of incoordination; when the threat of opportunism is high, the R&D alliance tends to have a tight structure and complex contracts, and when the risk of incoordination is high, R&D Alliances tend to be complex contracts; R&D alliances do not tend to complex contracts or compact structures when the level of modularity is high.

The innovativeness of this study is as follows. Firstly, for the analysis of different levels of product innovation (module innovation and architectural innovation) in the cooperative relationship between domestic module supplier and foreign module integrator. Firm's core innovatitive capability is specified as the technology integrating capability, we define technology integrating capability and analyze its effect on module innovation; we add module integrator control into the analytical framework, it makes the study much closer to the real management situation and improves the scientific of our analytical framework. We believe that for latecomer firms the technology integrating innovation is more efficient than original technology innovation. Thus the study of firm's technology integrating capability to some extent facilitates the research in the domain of firm's core innovative capability with regard to the measurement, concept and pertinence. Secondly, for the analysis of new product performance, this study deeply analyze the operating mechanism of modular design and modular production in the supply chain collaboration scenario, and identifies the matching relationship between product modularization and supply chain collaboration. And the empirical analysis used to analyze the mechanism how the matching relationship to promote the new products performance. From the matching perspective of modular and supply chain to analysis the modular product innovation issues, for the local modular new product development enterprises to improve the level of supply chain management, coordinate the modular strategy and supply chain collaboration strategy and enhance the performance of new products, this study improves the scientificalness and systematicness of the analysis framework. Thirdly, from the perspective of knowledge-based view and transaction cost theory, discuss the modularity level, internal risk and governance structure of R&D alliance as a system, and conduct a more comprehensive analysis on it from an empirical perspective and based on real data and verification.

前　言

一、关于模块化产品创新

模块化作为一种产品设计或组织设计的思维范式，对产品创新与组织绩效有着重要影响。模块化产品创新是发展中国家的后发企业突破低端锁定提升企业竞争优势的重要途径。

本土制造企业在融入全球性模块化生产网络后，在市场定位、发展模式、竞争优势和效果等方面表现出巨大的差异。具体体现为：（1）定位为模块供应商，与发达国家模块集成商开展竞争和合作：①以生产效率、劳工熟练度见长的本土制造企业，主要从事普通模块制造、组装等活动，且价值创造活动极易被锁定在价值链低端（Bazan，2004；卢福财、胡平波，2008；杨水利等，2014），从而深陷模块化陷阱（宋磊，2008）。发达国家模块集成商针对外包模块过于精细的模块划分导致了技术的碎片化，并使得本土企业借助自主创新摆脱低端锁定的可能性变得极低。②对于具有一定模块创新能力的本土制造企业（即专用模块供应商或封闭模块供应商），发达国家模块集成商通过筛选在"背对背"创新淘汰赛中优胜的模块供应商，并与之缔结市场契约关系，以实现模块供应商"选择权价值"最大化，并基于"外围知识"（Peripheral Knowledge）优势对外包模块创新实现逆向吸收（李奇会，2008）。同时，通过绝对控股、买断独资、企业兼并、收购逐步实现创新专长企业创新资源内化，并集中强大市场买方优势对模块创新价值实现倾轧，这加剧了企业创新价值的易逝性与可俘获性。（2）在部分本土大型制造企业主导的模块化生产网络中，例如，华为、联发科等具有产品架构创新能力的后发企业，通过主动采取产品架构模块化改造、产业组织一体化架构向开放式架构变革以及产品垂直整合型价值链向模块化整合型价值链切换等策略,发挥供应链上下游企业之间的协同效应,各自塑造了在通信设备、移动终端产业的竞争优势,并实现后发企业跨越式发展与生态位优化(朱瑞博、刘志阳、刘芸,2011)。

此外,在经济全球化和信息化的背景下,技术创新成为企业发展和提高竞争力的动力与源泉。本土企业要想突破发达国家企业的技术封锁,必须加大研发力度和投入,寻求技术层面的突破。由于企业不可能占有所需的全部技术和知识等资源,企业孤立经营的传统格局正在被打破,越来越多的企业采取 R&D 联盟模式进行技术创新。企业针对自己的关键的技术优势,以合作的方式借助外力来进行资源的整合,以达到创造出独特竞争优势的目的,企业之间通过建立联盟契约关系,在追求自身利益最大化的同时,在一段时间内共同进行新技术和新产品的开发,从而实现优势互补、利益共享、风险共担和共同发展。

模块化经过长时间的发展成为了一种广泛存在的现象,在 R&D 联盟中颇为常见。模块化在降低研发联盟的内部风险方面起着重要的作用。

二、关于本书的研究目的

本土制造企业基于模块化生产网络实践的巨大差异,必然会引发两个方面的思考:(1)本土企业如何在与集成商的竞争合作中通过模块化产品创新来突破低端价值链锁定。(2)具有模块化新产品开发能力的本土企业如何通过供应链企业间的合作实现产品架构的模块化变革,换言之,本土企业如何在其主导的产品模块化过程中通过与顾客、合作伙伴协同合作来削减成本、快速创新?产品模块化与供应链协同的关系是怎样的,这种关系是如何提升企业的竞争优势的?

为了回答这两个问题,本书首先基于技术创新的视角,从企业技术集成创新、技术集成能力、组织学习以及集成商控制等方面,对本土模块供应商的模块化产品创新实现路径进行了系统性分析。其次,本书综合供应链协同管理理论、产品模块化理论、权变理论,在产品模块化生产网络中,探讨产品模块化与供应链协同之间的关系,并梳理、实证分析了产品模块化与供应链协同之间的匹配关系对模块化新产品绩效的影响，以及环境不确定性对上述影响的调节作用。再次，针对R&D联盟这种特殊的情景，探讨了模块化对内部风险、治理结构的影响，从知识基础观和交易成本理论的视角，梳理、实证分析模块化与内部风险、治理结构的系统联系。最后，在以上三个方面的问题分析的基础上，提出一些本土企业参与国际模块化生产的思考和建议。

因此，本书的主要研究目的包括：（1）针对模块和架构两方面的产品创新的技术实现问题提出一个合理、科学的理论分析框架，并对模块化产品创新的影响因素进行深度挖掘，分析这些因素对不同层次的模块化产品创新的影响机制和路径。（2）针对具有模块化新产品开发动机、能力的本土企业如何实现成功的新产品商业化（新产品绩效）问题，力求构建科学系统的分析框架。首先，对供应链条上不同环节的模块化在理论层面归纳、提炼出相应构念。其次，对模块化生产链条上的企业之间的供应链协同合作问题进行探索，识别并验证产品模块化与供应链协同之间的关系。最后，对这些构念的内在关联性以及对新产品绩效的影响机制、路径进行深入分析，为本土企业能够通过有效的供应链协作提升供应链整体竞争优势，进而为实现全球生产网络中的位势提升提供理论支持。（3）针对模块化对研发联盟中内部风险、治理结构的影响进行分析，基于知识基础观和交易成本理论的视角对R&D联盟模块化、内部风险、治理结构进行了系统性讨论。

在这些理论分析后，以构建概念模型的形式对这些分析框架进行了刻画与表达，以此为基础提出一系列对应的研究假设并结合统计实证的分析方法对这些研究假设进行逐一验证，提炼这些研究结论的理论价值与企业实践指导意义。一方面，为本土模块制造企业在全球产品价值链中的价值位势攀升提供具有参考价值的实践策略指导，并丰富模块化产品创新研究领域的理论研究视角。另一方面，为本土企业模块化新产品的商业价值的充分释放提供可操作的实践策略，并弥补相关研究领域的理论欠缺。

三、关于本书的研究方法

为了实现本书的研究目的，需要有相对应的研究方法。本书主要是对本土企业的模块化产品创新的技术实现和供应链协同下的模块化新产品绩效价值实现机制进行分析,需要通过实证数据的分析来获取结论。因此,本书主要采用理论分析与实证检验相结合的方法。

1. 理论分析方法

理论分析,即概念模型方法(Concept Models),在模块化组织成员的创新研究中被广泛地运用,其重要性体现在分析框架的建构与管理原则的提供上。这种方法的运用初衷并不落脚于主要研究变量间数量关系的求解与验证,而是透过对相关变量间逻辑关系的梳理,并围绕主要研究问题构建问题分析框架并进一步引申出基于变量间逻辑关系的研究假设。

本书用理论分析方法研究技术集成能力、探索式学习、开发式学习的内容特征,模块化新产品绩效、模块可降解性、内部风险、治理结构的内容结构,同时也包含产品模块化、供应链协同、环境不确定性、内部风险、治理结构的维度结构,以及各主要变量间的关系,并构建相应的概念模型。

2. 深度访谈法

深度访谈法是一种通过实地调查研究实现数据收集的方法,它以无结构或半结构的直接面对面访问为主要特征。本书中,深度访谈方法的重要作用体现在两个方面:一是通过对目标对象深度访谈的形式,形成高价值的概念模型。鉴于现阶段组织模块化背景下本土制造企业创新绩效的研究还有待完善,理论基础与经典研究成果相对欠缺。为了建构科学的研究逻辑体系,我们需要以对相关制造企业管理人员实地访谈的形式展开探索性研究;二是通过对相关访谈内容的归纳、总结,帮助实现研究假设的提出。

3. 统计实证研究

实证研究指研究者借助观察资料的亲自收集,通过程序化、操作化与定量化的统计分析,为实现理论假设提出或假设验证而展开的研究。实证研究方法通过定量化的处理手段,分析、验证目标因素间作用方式和量化关系。

具体地,本书选取以突破模块化创新低端锁定和避免"系统创新瓶颈"为目标的本土企业为主要研究对象,以本土企业的模块化产品创新为主题,利用因子分析、层级回归及结构方程模型等实证研究方法,一方面对两个层次的模块化产品创新、模块供应商技术集成能力、组织学习、集成商控制等问题，另一方面对供应链协同、模块化设计、模块化生产、环境不确定性、模块化新产品绩效等问题进行实证性描述与解释。最后，分析了在研发联盟特殊情景下的模块化运用。

不管怎样，本书拓展了模块化产品创新研究的新领域：（1）针对不同层次的产品创新（模块创新与架构创新）进行研究。基于技术集成创新理论，将企业核心模块化创新能力具体化为技术集成能力。在界定了技术集成能力概念和维度的基础上，识别了技术集成能力对模块化产品模块创新与架构创新的影响机制；在模块供应商与集成商合作关系中，引入供应商的主动学习与集成商控制共同作用的视角，更能贴合现实管理情景，并提升研究的科学性；对创新竞争效果 PFI 分析框架在模块化产品创新情境下，做了运用、发展。（2）针对新产品绩效研究。分析了供应链协同合作背景下产品模块化设计与模块化生产的运行机制，识别了产品模块化（技术、生产）与供应链协同之间相互影响的匹配关系，并实证分析了不同的环境影响下这种匹配关系促进新产品绩效的机制。（3）针对特殊情境下的模块化研究，即研发联盟的内部风险、治理结构问题研究。基于知识基础观和交易成本理论的视角分析 R&D 联盟模块化、内部风险、治理结构之间的关系，并通过多个地区 R&D 联盟的大样本数据进行实证检验。

因此，本书的研究至少从内容上看是有新意的，如果研究方法和结论也能够得到肯定，笔者就大喜过望了。由于涉及需要通过企业实证数据进行检验的理论假设，而本书的理论推演和分析中很难将模块化生产包含的所有因素都囊括在内，因此，本书肯定存在不少错漏，但仍希望能为本土模块化企业提升新产品绩效提供一些理论支撑，使整个研究框架的系统性、科学性获得一定程度的提升。

目录

第1章 导论   1
1.1 模块化产品创新相关概念   2
1.2 研究问题的提出   11
1.3 模块化产品创新研究的意义   16
1.4 本书的研究内容和结构安排   20
1.5 本章小结   23

第2章 模块化产品创新研究的理论基础   25
2.1 技术创新相关理论   26
2.2 模块化产品创新相关理论   32
2.3 其他相关理论   38
2.4 本章小结   42

第3章 模块化产品创新研究现状   43
3.1 技术创新视角下的模块化产品创新实现机制研究   44
3.2 供应链视角下的模块化新产品绩效研究   53
3.3 交易成本理论视角下的模块化治理研究   64
3.4 本章小结   67

第4章 模块化产品创新的路径及影响因素分析   69
4.1 引言   70

4.2	技术创新视角	71
4.3	供应链视角下的模块化内生修正视角	78
4.4	本章小结	84

第5章　技术集成下模块化产品创新实现机制研究　　87

5.1	问题提出	88
5.2	研究假设	90
5.3	研究方法	95
5.4	因子分析与信效度分析	99
5.5	多元回归结果	106
5.6	实证结果分析	110
5.7	本章小结	112

第6章　产品模块化与供应链协同匹配下的新产品绩效　　115

6.1	问题提出	116
6.2	研究假设	118
6.3	研究方法	121
6.4	实证分析	126
6.5	本章小结	136

第7章　环境不确定性的调节作用　　137

7.1	研究假设	138
7.2	变量测度	143
7.3	统计模型	145
7.4	本章小结	152

第8章　R&D联盟情境下的模块化治理　　155

8.1	问题提出	156
8.2	研究假设	157

8.3	实证研究设计	162
8.4	实证分析及讨论	164
8.5	本章小结	168

第9章 对本土企业参与全球模块化生产的思考 　171
9.1	本土企业参与全球模块化生产的问题	172
9.2	本土企业模块化产品创新的概念模型	174
9.3	对本土企业参与国际模块化生产的建议	176

第10章 研究结论与研究展望 　181
10.1	主要研究结论	182
10.2	本书的新颖之处	185
10.3	研究局限性与未来研究展望	188

参考文献　190

第 1 章

导论

模块化产品创新的研究对于推广模块化组织这一新兴组织模式、深化和发展企业模块化创新理论具有重要的学术价值，并且对我国制造企业通过嵌入或构建模块化组织、通过协同管理提升供应链整体竞争力、更好地参与或构建基于产品内分工的模块化组织并实现竞争优势与价值链位势攀升具有较高的理论参考及实践指导意义。

1.1　模块化产品创新相关概念

1.1.1　模块化的概念

1. 模块化

模块化是通过标准的界面结构与其他功能自律性子系统按照一定的规则相互联系而构成更加复杂系统的过程，包括"分解"与"系统集成"。模块化使得各个部件能够分开制造，而且可以在不损害系统整体性的前提下应用于不同的产品结构；它通过将界面规格标准化，从而在各部件的设计中出现了高度的独立性或"松散的耦合"，通过将信息区分为显性的设计规则和隐性的设计参数，使得不同的部件能够在产品结构里相互替换。

随着模块化理论研究的发展，很多学者对模块化的概念有了进一步的理解。青木昌彦、安藤晴彦在《模块时代：新产业结构的本质》一书中提到：模块化是一个半自律性的子系统，通过和其他子系统按照一定的规则相互联系，构成更加复杂的系统或过程。模块化包括系统的分解与集成，是一种追求创新效率与节约交易费用的分工形式，模块化可以使复杂的系统问题简单化，耗时的工期能够高效化，集中的决策可以分散化。模块化的关键点与难点在于对系统的功能性分析，而模块化程度则取决于系统的可分性与投入、需求的多样化。

2. 模块化与专业化分工的区别

"分工出效率"已成为一种常识，亚当·斯密以专业化制针为例解释了分工出效率的主要原因：一是通过专业化而提高单体的劳动生产率；二是可以节约活动的转换时间;三是促进生产工具的创新。对于单体而言,专业化分工越细效率越高;但对于系统集成来说,分工越细而引发的交易费用越高,模块化可以避免因分工过细而导致较高的交易费用。以汽车的座椅系统为例,若通过专业化单位生产零件而由整车厂装配,那么其50个零件一般需要30多家零件供应商提供;若以模块化生产,整车厂只需要与一家座位模块供应商打交道。由于模块供应商的直接劳动力费用通常低于整车厂的费用,因此,整车厂通过模块化订购座椅系统既可以节省一定的交易费用又可以节省直接劳动力费用,还可以节省存货空间。另外,在过细的专业化分工中,单件厂商所能进行的创新空间有限;相反,在模块化中,只要遵守"明确的设计规则"各模块供应商可以独立研究开发各自的模块,自由、广泛地尝试各种方法,从而使模块创新的速度显著提高。因此,模块化可以产生巨大的创新效益。事实上,模块设计中的自由度是模块供应者与单件承包商之间的根本区别。因此,尽管模块化来源于专业化分工,它与后者仍存在很大的差异。它们的区别主要体现在以下几个方面(见表1-1):

表1-1　　　　　　　专业化分工与模块化的区别

	专业化分工	模块化
前提条件	社会化大生产	大规模定制
内生性的演化路径和强化机制	市场调节信息的不对称	隐性信息与标准界面结合
技术可行性	技术较简单	技术复杂,有拆分意义
追求目标	获取规模经济效益	鼓励创新满足多样性
专业化水平	技能专业化	技能综合化

3. 模块化与集成化的区别

集成化就是将一个产品细分为若干个组件,再对各个组件进行独立研发、优化提升其功能,最后集合成一个整体。集合化与模块化概念貌似一致,其实却不尽相同。其中最主要的区别在于:模块化中产品系统可以根据不同的需要简单地改变模块即可完成,而集成化中改变任何一个单件都可能导致若干单件必须进行相应的调整，否则整个系统就会瘫痪，这是集成创新缺少选择权而表现出的一种僵化。下面分四个方面介绍二者间的区别（见表1-2）：

表1-2　　　　　　　　　模块化与集成化的区别

	模块化	集成化
产品结构	系统结构是柔性的，只设定标准的联系规则，任何能够获得标准界面的模块制造商均有可能成为上级模块的供应商	系统结构使得产品趋向于具有复杂和非标准的界面，各子系统之间的联系具有独一无二性
组织关系	模块化的经营方式使得供应链上的模块供应商、模块集成商和客户间具有相当的灵活性和可互换性关系	集成化供应链中的成员在地理上、组织上、文化上相互接近，节点企业之间呈现既相互合作又相互依赖的关系，对新进入者具有相当高的壁垒
创新过程	由来自各关联企业，具有不同知识、技能的人员组成项目创新团队，实施快捷、富有弹性的并行工作方式	将开发任务划分由设计、制造等不同功能部门承担，产品开发过程顺序串行进行
资源配置	具有可分性、共享性、可扩散性和重复使用性，技术与信息资源合理流动，纵向传递距离缩短，增强信息的横向传递和交流，促使信息资源利用更及时、充分	功能部门对要素资源享有独占性，延长信息资源的纵向传递，知识和信息成为一种权力，造成开发过程中对信息资源的封锁

1.1.2　模块化产品的概念

模块化不是万能的，不是任何产品都可以成为模块化产品，能够进行具有模块特征的创新操作。总的来说，对产品的模块化研究和实践都是建立在复杂产品体系的基础上，对模块化的应用必须考虑两个基本的条件：(1) 产品必须是复杂产品；(2) 产品设计与制造过程易于分解。除此之外，更重要的一条就是模块与模块之间的"看得见的设计原则"也必须得到完全的界定。因此，要研究模块化对产品创新的影响，首先要确定什么样的产品适用具有模块特征的创新操作，也就是说，什么样的产品是可模块化的。模块化产品需要具备以下5个方面的特征。

1. 物理分解性

模块在物理上可分是模块分解的第一个前提，跟产品的构成机理有关。如果产品在物理上独立，就不可能分出具备独立功能的子系统，即使强行模块化，各个子模块不具备独立功能，也就不具备产品的模块价值。

2. 技术复杂性

可模块化产品不仅要能够在物理上进行单元划分，还要满足客户对系统性能的要求，因此各个功能模块需要涵盖多学科的知识和技能，例如飞机引擎就涉猎 24 个技术领域的相关知识，这样才能使各个模块在更大的边界范围上实现功能上的充分独立，成为典型的模块化产品及其组织结构。可模块化产品是那些在功能上可分解，具有层级架构和复杂技术的产品。

3. 前期高成本

可模块化产品具有定制性，需要非常注重知识、信息等交易能力的发掘和应用；再加上技术含量高，功能复杂，研究与开发费用往往很高，因此其创新成本远远高于常规产品。但是一旦开发成功且大批量生产后，边际成本却非常低，甚至可以是零，因为这些产品所使用的原料非常少，例如 Windows 系统第一张软盘的问世花费了微软公司 5 000 万美元，而第二张和随后的软盘只需 3 美元。在开发此类产品成功以后，可以用非常少的成本将此产品迅速地推广到全球各地，占领市场。先期投入的目的就是通过获得产品技术平台，形成"快鱼吃慢鱼"的规则，继而再通过知识产权保护等措施继续获得相应的优势。

4. 创新高弹性

可模块化产品创新与常规产品创新过程相比，更具灵活性。通过将层级式的项目解构为柔性的有机管理方式，项目经理能够更好地应对不确定性；客户的全程参与和及时反馈，便于创新团队随时调整方案，同时也能够更好地应对新技术发展趋势。

5. 用户参与性

可模块化产品的创新过程需要用户的高度介入，从研发、生产、调试、运行到维护保养、更新换代、重新设计和再创新，用户需求能够直接反馈到创新过程中，而不是像常规产品那样在市场销售、客户使用之后再进行改进。同时，可模块化产品具有用户粘性，一旦顾客购买了产品，就可以享受相关知识的培训，对于该产品后来的版本，如替代品和升级产品，顾客只需要更新相关技巧即可。

1.1.3 模块化产品创新研究的相关概念界定

1. 模块化思想引入产品创新的意义

（1）加快创新速度。模块化战略可以加快模块内部创新和模块组合创新，不同模块由具备不同核心专长的供应商生产，研发并行，提高模块创新和系统创新的速度。另外通过替代、追加、删除等模块化操作，可以实现产品创新的系统化。

（2）分散投资，降低风险，应对不确定性。实施模块化战略之后，每个模块都可能存在一个或者多个团队同时进行"背靠背"的独立竞争性研究，制造商和多个供应商共同来分担风险，既可有效地应对不确定性，又降低了所承担的风险，并提高了研发的成功率。

（3）降低交易成本。实行模块化制造战略之后供应商数目减少，制造商与供应商建立了长久的合作与信任关系，双方沟通、谈判、交涉、决策等产生的交易成本大大降低。同时，制造商和供应商的协作可以有效地超越各种区域组织的贸易和非贸易壁垒。

（4）模块重用，降低开发成本。模块重用是利用事先建立好的模块库，模块重用可以缩短开发周期，降低产品开发成本，有效地解决设计滞后于生产发展的问题。

（5）为合作创新战略提供技术基础。实行模块化战略，提高了零部件的模块化和通用性，从而实现零部件共享，为实施合作创新战略提供有力保障。

2. 模块化产品创新

模块化产品创新包括产品模块创新和架构创新（Henderson and Clark, 1990）。现有研究中对产品模块创新和架构创新的研究多数都停留在理论推演和模型分析上。实证研究比较缺乏，特别是对架构创新的内涵、维度缺少清晰的认识和有效的检验。本研究的目标是对技术集成能力对模块创新和架构创新的影响以及组织学习和模块可降解性的调节作用进行实证检验。仅从产品创新和技术创新整体的角度并不能很好地概括和区分模块创新和架构创新的特性，因此本书整合亨德森与克拉克（Henderson and Clark，1990）和马格努森和林德斯特伦（Magnusson and Lindstrom，2003）的研究中对模块创新和架构创新的特征描述，借鉴李宏贵和熊胜绪（2010）及游博和龙勇（2016）的研究，从模块内部设计加强、功能优化、模块匹配度提升及核心技术改进四个方面来测度模块创新；综合张刚和许乾（2007）及朱瑞博等（2011）的研究，从模块间联系规则、组合方式、系统运行效率、系统匹配度、客户需求五个维度来刻画架构创新。

3. 产品模块化

现有研究对于产品模块化的定义千差万别，研究视角也各不相同。例如，从过程视角，希林（Schilling，2000）将产品模块化描述为一个系统化过程，并且这一过程使得产品各要素广泛收益；从状态的视角，安东尼奥（Antonio，2009）将产品模块化描述为产品组分或模块的专用性、可分离性及可互换性在特定连续谱中的对应状态；从功能视角，张和沃德（Chang and Ward，1995）将产品模块化视为以功能为导向的产品设计原则，并强调产品模块在不同系统内的使用中能以最小的模块修正实现相同功能的发挥；从要素构成的视角，雅各布斯等（Jacobs et al.，2007）将产品模块化定义为由标准化、可互换性产品组分或模块组成的复杂产品，且通过这些产品组分或模块的重新组合可以实现最大化的产品配置。这些关于产品模块化的不同定义归因于不同的研究情境设置、主要研究问题自身的差异以及不同研究方法的使用情况。考量产品的模块化过程，即体现本土模块集成商围绕全新产品概念进行的产品模块化设计、模块分割的精益性生产。本书从产品设计模块化与产品生产模块化对产品模块化进行维度划分。

4. 产品设计模块化

产品设计模块化的指标设计基于以下三个方面的考量：（1）产品的模

块化过程，即体现本土模块集成商围绕全新产品概念进行的产品模块化设计、模块分割的精益性。（2）产品模块化的深度，即体现模块间交互界面的生成与状态、模块设计的独立性、产品功能组分与物理组分间的结构性安排、产品模块间互赖性（interdependency）的高低以及产品模块标准化程度。（3）产品模块化的效果，即产品模块在产品系中的通用性、产品物理模块或功能模块再配置后的产品功能衍生性、定制性模块在基础模块上的可添加性、产品模块再配置的可行空间等。

5. 产品生产模块化

产品生产模块化的指标设计主要考量三个方面的特征：（1）并行生产。只需要保证模块与模块之间的接口保持一致，模块之间的独立改进和创新不受时间、空间、地点的限制。（2）模块组件可重新装配组合的能力。模块的组装重构可以实现不同的性能，不同的模块组合可以实现不同的产品，并不需要改变模块本身。（3）产品模块的维修和更换。模块之间标准化的接口使得模块在不同的系统中可以通用，维修时只需要更新或者改进独立的模块，模块与模块之间的接口是标准化的，模块在不同的子系统中是通用的，因此维修时只需要维修或者更新那些独立的模块，从而提高维修的效率，延长模块的寿命。

6. 技术集成能力

技术集成能力是内嵌在企业的组织惯例中，根据市场需求构建产品体系，识别并选择恰当的外部技术资源，对现有技术基础加以整合并运用，以适应不断变化的动态环境，满足企业技术系统需求的能力（郭亮、于渤、罗晓光、刘静，2016），就技术集成能力的维度划分，他们的研究进一步指出技术集成能力涵盖产品构建能力、技术选择能力、技术吸收能力及技术重构能力4个维度。

7. 组织学习

组织学习不仅是一种与知识创造与传递密切相关的过程，也是一种与组织的持续改进、绩效提高及竞争能力提升相关的结果，是一种过程及系列活动的组合。组织学习是企业应对环境动态变化的关键因素之一。国内外学者从不同的视角对其进行了研究，主要体现为组织学习对于企业知识积累和创造、竞争能力和优势、价值创造和创新战略等方面的影响。本书从利用式学习和探索式学习（March，1991）的角度来思考组织学习在模块供应商模块创新和架构创新路径上的作用。利用式学习聚焦于现有的知识和技能，通过提炼和拓展完成对组织自身能力的提高（March，1991），并通过互动学习来改进现有的知识，不断完善已有产品和服务（苏中锋和李嘉，2012）。而探索性学习通过不断的探索、尝试新的方案，形成全新的知识和技能的过程（March，1991），不断创造出满足用户个性化需求的新产品，形成新的市场以应对竞争者的威胁（苏中锋和李嘉，2012）。

8. 模块可降解性

蒂瓦纳和凯尔（Tiwana and Keil，2007）的研究指出，模块集成商可以通过不断吸收强化自身拥有的外围知识，实现对拟发包业务的模块化设计，这样就可以避免自身核心知识泄露并利用模块供应商专业知识进行创新（Ethiraj et al.，2008；Tiwana，2008），进而实现对模块供应商基于结果的控制。而集成商的控制机理往往体现为通过有意识地划分模块的物理功能（即通过对发包模块的模块加工技术与知识的充分模块化而维持模块物理功能的非完全独立性）达到对模块供应商的结果控制（陈向东，2004），而这势必会引发发包模块的模块可降解性的改变。

通常可降解性高的模块（即可充分降解的模块）强调模块加工过程、模块功能的独立性。这些模块内部的技术集成形式与过程较少或根本不影响其他模块的功能发挥及模块组合效果，模块内部技术创新与模块集成创新的制约较低。而模块可降解性较低的模块（即不可充分降解的模块）较少具备模块加工过程及功能的独立性，模块内部技术参数不能随意更改。因此，本书尝试把本土模块供应商承接模块的模块可降解性作为反映集成商战略控制与创新自由度的"表征参数"，将其纳入研究体系，以讨论其对模块化产品创新的影响及作用机制。

9. 供应链协同

西马图庞（Simatupang，2004）在供应链协同的基本概念和纬度方面进行了比较深入的研究，提出供应链协同的三个纬度，即信息共享、同步决策和激励联盟。后续对供应链协同的测量基本上都包含了这三个维度。曹和张（Cao and Zhang，2011）整合了流程和关系两种观点，认为供应链协同是包含信息共享、目标一致、决策同步、激励联盟、资源共享、协同沟通和共同知识创造七个方面内容的一个伙伴关系流程。结合具体的研究情境，参考曹和张（2011）与龙勇和潘红春（2014）的研究，本书通过信息共享、目标一致、同步决策、资源共享、激励同步、协同沟通和共同知识创造等维度来刻画供应链协同。

10. 环境不确定性

环境不确定性是影响企业绩效的环境的不可预测性（Miles et al.，1978）。现有研究多用动态性、敌对性（或竞争性）两个维度来分析环境不确定性（张映红，2008；Keats and Hitt，1988）。结合本书的研究情境，从环境动态性和环境竞争性两个方面来考察环境不确定性的调节作用。（1）环境动态性。环境动态性是与公司环境中不可预测变化的速率相关，这些不稳定性来源于持续的变化（Keats and Hitt，1988）。借鉴德斯和贝尔德（Dess and Beard，1984）、贾沃斯基和科利（Jaworski and Kohli，1993）、简森等（Jansen et al.，2005）、焦豪等（2007）、胡赛全等（2012）、寇元虎（2015）等的研究，本书从顾客的产品偏好、产品或服务更新换代的速度、技术发展变化、国家相关经济政策变化以及竞争对手的行动5个方面来刻画环境动态性。（2）环境竞争性。环境竞争性从一定程度上反映了竞争性环境对于组织战略选择和绩效的不利影响和敌对性。本书借鉴贾沃斯基和科利（1993）、简森等（2005）、胡赛全等（2012）、寇元虎（2015）等的研究，从价格竞争、供应商议价能力、企业获取资源的难度、竞争者进入的门槛4个方面来刻画环境竞争性。

11. 新产品绩效

关于新产品绩效的内容，现有研究主要从企业财务绩效、企业增长绩效、企业竞争绩效等方面进行了划分，本书中的模块化新产品绩效在综合以往研究中的企业财务绩效、企业增长绩效及企业竞争绩效的基础上，还加入了体现协同效果的企业时间绩效这一表述。

12. R&D 联盟

企业 R&D 联盟是一种企业与企业之间的联盟,指两个或两个以上的企业为了满足市场和自身技术发展的需要,通过建立联盟契约关系,在追求自身利益最大化的同时,在一段时间内共同进行新技术和新产品的开发,从而实现优势互补、利益共享、风险共担和共同发展的正式但非合并的合作组织。简言之,企业 R&D 联盟是一种企业间以契约为纽带、以研发为目的组建的动态技术、知识和经济联盟(严进,2015)。

13. 内部风险

管理大师彼得·德鲁克把联盟看作"从不协调中创造协调"的最灵活的手段,由此可见,联盟中必然存在众多的不协调性因素(即风险)。针对联盟决策的复杂性,学者们把联盟风险划分为关系风险(也有学者称为合作风险)和绩效风险两类。本书将内部风险分为机会主义行为风险和不协调风险。

14. 联盟结构

由于不同联盟结构(如股权式、非股权式)对应着不同的治理模式,并相应产生具有显著差异的风险规避以及绩效创造效果,本书在研究竞争性联盟结构问题时,将把目前最有代表性并被广泛采用的五种联盟结构——单边合约(unilateral contract)、双边合约(bilateral contract)、单边持股、双边持股以及合资企业纳入研究体系中,以讨论不同的联盟风险对联盟紧密程度的影响方式。

1.2 研究问题的提出

近年来,多数本土模块供应商被动性地纳入发达国家产品集成商组建的模块化生产网络中,并以一般性生产要素供给者身份进入一些低准入门槛、资源、劳动密集型的生产加工环节,且表现出明显的劳动生产率提升(邱斌等,2012)。模块化生产网络被视为在产品内分工条件下,组织内部实体企业按照标准制定者、模块整合者、模块供应商的分工角色，以签订契约的形式，通过内部"淘汰赛"式竞争和"两类设计规则"联系所形成的扁平化的关系网络耦合体系（郝斌和任浩，2010）。在这一模块化组织中，以发达国家企业为代表的少数企业掌握着更为稀缺、更有价值的物质资源或隐性知识，因而扮演着核心企业的角色。他们通过设计或参与设计主导规则，协调组织运作并相应占据价值链的高附加值环节如产品设计、技术研发、核心产品部件生产、品牌营销以及销售渠道等（刘友金和胡黎明，2011）。而发展中国家的企业更多的是作为一般成员参与到基于自身自然资源禀赋优势、自有技术或知识从事主导规则协调下的生产或研发方面的专业化分工中。

现有研究指出，以产品内分工为基础的产业模块化组织为后发企业的技术获取、组织学习、知识创造以及创新追赶（Horng，2008；Schmitz，2004；Jabbour，2005）提供了有利条件。当某种产品的主导技术确立并逐步衍生出产品或技术的标准化情形下，后发企业可以借助两类"机会窗口"积极融入全球性产业模块化组织并实现后发赶超（江小娟，2004；2006）。就中国而言，本土制造业在成熟模块化架构产品及部分大型复杂装备制造领域显现出一定的比较优势（黄群慧和贺俊，2015），这是因为，在这些产品技术相对稳定、成熟且产品内分工高度垂直专业化的产业中，产品竞争主要体现为质量、价格领域的对比，本土企业借助产品全球价值链细分带来的技术支持和多层次市场机会，结合劳动力、自然资源等要素禀赋优势与本土市场知识优势，在外围模块创新以及产品的装配、制造环节取得了较好的竞争绩效（朱瑞博等，2011）。

然而，本土制造企业在融入全球性模块化生产网络后，在市场定位、发展模式、竞争优势和效果等方面表现出巨大的差异。具体体现为：（1）定位为模块供应商，与发达国家模块集成商开展竞争和合作：①规模比较小的通用模块供应商，以生产效率、劳工熟练度见长，主要从事普通模块制造、组装等，且价值创造活动极易被锁定在价值链低端（Bazan，2004；卢福财和胡平波，2008；杨水利等，2014），从而深陷模块化陷阱（宋磊，2008）。发达国家模块集成商针对外包模块过于精细的模块划分导致了技术的碎片化，并使得本土企业借助自主创新摆脱低端锁定的可能性变得极低。②对于具有一定模块创新能力的本土制造企业（即专用模块供应商或封闭模块供应商），发达国家模块集成商通过筛选在"背对背"创新淘汰赛中优胜的模块供应商，并与之缔结市场契约关系，以实现模块供应商"选择权价值"最大化，并基于"外围知识"（Peripheral Knowledge）优势对外包模块创新实现逆向吸收（李奇会，2008）。同时，通过绝对控股、买断独资、企业兼并、收购逐步实现创新专长企业创新资源内化，并集中强大市场买方优势获取模块供应商的模块创新价值。(2) 在部分本土大型制造企业主导的产品模块化过程中，例如，华为、联发科等具有产品架构创新能力的后发企业，通过主动采取产品架构模块化改造、产业组织一体化架构向开放式架构变革以及产品垂直整合型价值链向模块化整合型价值链切换等策略，发挥供应链上下游企业之间的协同效应，各自塑造了在通信设备、移动终端产业的竞争优势，并实现后发企业跨越式发展与生态位优化（朱瑞博、刘志阳、刘芸，2011）。

本土制造企业基于模块化生产网络实践的巨大差异，必然会引发我们两个方面的思考：（1）本土企业如何在与集成商的竞争合作中通过模块化产品创新来突破低端价值链锁定。（2）具有模块化新产品开发能力的本土企业如何通过供应链企业间的合作实现产品架构的模块化变革，换言之，本土企业如何在其主导的产品模块化过程中通过与顾客、合作伙伴协同合作来削减成本、快速创新？产品模块化与供应链协同的关系是怎样的，这种关系是如何提升企业的竞争优势的？

对于第一个方面问题的思考主要体现为以下几条主线：（1）技术能力观点。针对不同行业中的本土企业技术能力建设问题（谢伟，2006），国内学者基于核心能力理论，做了许多本土情境下的案例研究。例如我国经济增长模式问题（刘世锦，2006）、激光视盘播放机产业的技术能力积累问题（慕玲和路风，2003）、格兰仕的能力积累和竞争优势问题（康荣平和柯银斌，2001；毛蕴诗和欧阳桃花等，2004）、宝钢技术能力及其竞争优势问题（路风等，2002）等。基于企业技术能力视角的学者普遍认为后发企业技术能力是影响企业竞争力并实现全球价值链高端攀升的重要因素（金碚，2011；史本叶和李泽润，2014；陈劲和王方瑞，2007；唐海燕和张会清，2009）。而杨水利等（2014）更具针对性地分析了本土模块供应商的再集成创新对价值链低端锁定的破解作用，然而这一研究虽然提升了问题的针对性，但并未进一步回答这种再集成依赖于企业哪种技术能力。（2）创新效果（Profitin From Innovation，PFI）分析。经典的 PFI 理论指出企业的互补资产和独占性机制对于创新模仿的抑制以及创新价值合理获取的巩固。伴随着专业化分工合作与互补创新观点（Rothaermel，2002）的发展，具有上游技术创新能力的企业可以通过关系能力或制定契约间接地引入与自身创新商业化相关的其他企业拥有的下游互补资产，这时合作企业之间存在高度的资源互补并实现互补共生。与此同时，伴随模块化生产方式的发展，模块化形成的基于两类设计规则的网络式模块族群极大地解放了企业创新的互补资产约束（张刚和许乾，2007）。这一逻辑意味着在模块供应商的创新商业化过程中，互补资产的效用将被弱化。那么本土企业如何实现模块化创新的同时能够保证自身创新价值的获取？现有研究大多数都是从模块供应商或者集成商某一个角度来分析，且过分强调互补资产的作用。（3）组织学习视角。企业对创新机会的挖掘和使用需要通过内部机制和外部机会之间的互动过程来实现（Dosi，1988）。针对不同的知识库会采取不同的学习形式，例如以日常管理为特征的积累性学习，以创新为特征的探索性学习（March，1991），在增加知识和积累能力的同时推动企业按照一定的技术轨迹实现技术进步，而不是简单地带来成本降低（Malerba，1992）。许多研究都证明了组织学习对于企业创新以及创新价值获取的作用（Hult et al.，2004；王永贵等，2003；谢洪明和葛志良等，2008；王雁飞和朱瑜，2009；魏江和郑小勇，2010），然而鲜有针对本土企业的不同层次模块化产品创新来考察不同的组织学习方式作用的实证研究。（4）集成商战略视角。由于模块化生产网络内部成员的权力不对等性（郝斌、吴金南、刘兰石，2010），在模块化产品的国际生产合作中发达国家集成商基于自利性经营战略考量，存在针对产品模块化贯彻深度的人为控制动机并最终间接影响外包模块的模块可降解性（陈向东，2004）。由于低可降解性模块具有模块间知识、技术的依赖性强、模块内部创新受控性大的特点，而高降解性模块的创新自由度高、受控性弱，发达国家模块集成商可以通过人为影响外包模块的模块可降解性区别性的吸收、整合模块转包企业的制造或创新优势，进而实现自身利益最大化。可见模块可降解性在某种意义上可被视为集成商控制与模块创新自由度的"表征参数"，现有关于模块可降解性的研究大多停留于理论探索阶段，而且模块可降解性对于本土模块供应商价值链低端锁定的影响及机制问题还不清楚。

对于第二个方面问题的反思主要体现为：首先，蒂斯（Teece，1986）提出的创新竞争效果PFI分析框架，强调了主导设计下，互补资产和独占性机制是企业获取创新价值的关键。虽然基于模块化两类设计规则形成的模块化网络增强了企业之间互补资产的共享（张刚和许乾，2007），但同时黑格尔三世（Hagel Ⅲ，2002）也强调，要共享互补资产，需要企业之间建立密切和灵活的协同合作关系（Hammer，2001）。在这种协同合作中，参与者只是供应链上的一部分。他们无法单独完成整个产品的制造与创新，必须通过协同合作来实现产品价值和客户价值的实现（罗敏和赵红梅，2009）。同时，希林（2000）在通用模块化系统理论中指出模块化系统间存在动态影响。产品研发领域学者呼吁应以更为系统性的视角考察模块化策略在新产品开发中的作用（Mikkola，2007）。这些研究表明，从供应链中的企业间协同合作的视角考虑模块化创新问题可能取得比较好的效果。

其次，现有研究中考虑模块化与供应链匹配关系的并不多，一些研究对模块化给供应链带来的影响进行了探讨。例如，贾各布斯等（2007）的研究结果表明，设计的模块化不仅能够直接提升企业竞争绩效，并且可以简化供应链合作伙伴之间的沟通程序、共享信息并建立信任，进而促成供应商一体化、设计一体化和生产一体化。刘和严（Lau and Yam，2010）研究了影响产品模块化与供应链整合的因素。当前对供应链背景下的模块化创新问题的研究中，分析产品模块化与供应链协同之间直接关系的文献很少，更多的是针对产品模块化与供应链整合关系的研究。协同更侧重于合作，供应链整合更侧重于控制与优化（谷宗洪，2015）。具有模块化新产品开发能力的本土制造企业在全球化竞争中，必须依靠自身所在的整条供应链的合作，通过提升供应链的整体竞争力来实现跨越式发展与生态位势优化。现有研究中存在对供应链协同与产品模块化（技术、生产）之间关系的研究缺失。

再次，现有研究对于模块化与供应链的关系的认识存在一定的冲突。产品模块化可能导致企业间的松耦合（Fine and Golany，2005），也可能提升供应链合作的紧密程度（Davies and Joglekar，2013）。有效地识别产品模块化与供应链协同的关系，并在新兴市场环境下实证这种关系对于模块化新产品绩效的影响具有非常重要的意义。最后，不同的组织架构和战略在处于不同的环境中时，会显示出不同程度的匹配（Park and Lee，2006），模块化战略和供应链协同管理作为企业竞争优势的重要来源，本质上是对企业异质性、互补的资源进行重构（Kogut，1991；Kogut and Zander，1992）。因此，有必要验证环境因素在产品模块化设计和生产与供应链协同的匹配对新产品绩效影响中的调节效应。

针对上述相关问题，本书综合利用文献分析、概念模型、实证分析等研究方法，分别对与产品模块创新和架构创新相联系的企业技术集成能力、组织学习、模块可降解性等问题，以及与模块化新产品绩效相联系的模块化与供应链协同关系、环境不确定性的影响等问题进行系统研究，弥补现有研究体系在研究内容与方法上面的不足。

此外，R&D 联盟是本土企业技术创新和产品研发的重要途径和载体，模块化不仅可以影响产品创新的过程，还可以在 R&D 联盟中影响风险防控和治理机构选择。因此，有必要验证联盟模块化水平、内部风险及治理结构之间的关系，为 R&D 联盟的实践提供参考。

1.3　模块化产品创新研究的意义

1.3.1　模块化产品创新研究的学术价值

对于本土制造企业的模块化产品创新实现机制问题，现有主流文献主要从模块化衍生出的标准界面、规则以及系统架构等视角,对模块化创新内生机制与系统灵活性展开深入探讨,这种分析范式依然受制于模块化创新的本体论解释(郝斌和冯增田,2011)。此外,模块化创新内生视角过度强调模块内部依存度(Interdependency)与模块间的低协调需求,这必然导致模块化创新具有自发性、自适应性的论断(Langlois and Robertson,1992;Ulrich,1995;Baldwin and Clark,2000),然而这种观点忽视了模块化创新中的集成商控制因素。为了弥补这一研究缺陷,本书将本土企业承接模块的模块可降解性(作为集成商控制与模块创新自由度的表征参数)纳入模块产品创新的分析框架中。同时,蒂斯(1986)在创新竞争效果 PFI 分析框架中指出,独占性与互补资产对于创新收益分配具有重要影响,而基于企业技术集成能力的技术集成创新活动,降低了创新资源可模仿的程度,因而较好体现了独占机制的逻辑。同时在模块化创新商业化过程中,互补资产的效用将被弱化,模块化形成的基于两类设计规则的网络式模块族群极大地解放了企业创新的互补资产约束(张刚和许乾,2007)。而组织学习理论为我们提供了一个提高模块化网络企业间资源共享程度的方法,因此将企业技术集成能力、组织学习等因素纳入模块化产品创新内在机制的分析框架中,在某种程度上是对 PFI 分析框架和组织学习理论在本土企业模块化产品创新研究情景下的综合运用。同时,从模块供应商的主动学习与集成商控制两个视角的整合,来分析技术能力对不同层次的模块化产品创新影响的内在机制,在一定程度上也印证了米科拉(Mikkola,2007)提出的,针对模块化与新产品创新关系的研究缺乏系统性的观点。

对于具有模块化新产品开发能力的本土制造企业如何通过供应链协同合作来促进模块化新产品绩效问题,本书在文献回溯基础上结合模块化新产品绩效的具体研究情景对产品模块化内涵、维度进行了准确阐述与确认,并首次对产品模块化与供应链协同之间的匹配关系进行了实证分析。实证结果显示产品模块化与供应链协同之间是相互影响的。其次,在模块化战略对新产品绩效的影响机制问题上,现有研究将产品创新性与产品制造策略视为两个重要的桥接因素(Lau et al.,2011;Swamidass and Newell，1987；Vickery et al.，1993），缺乏对模块化思想在新产品设计、研发及制造等环节的操作化形式的挖掘，也没有论证模块化战略和供应链协同战略的匹配对新产品绩效的影响。本书的实证检验结果表明，产品模块化与供应链协同的匹配对新产品绩效的提升存在增强型的交互作用。再次，匹配对组织的有效性具有关键的影响（Bozarth，Mcdermott，1998；Miller，1992）。本书从产品模块化与供应链协同关系的视角研究新产品绩效问题，对匹配问题的研究进行了补充和发展。最后，验证环境因素在产品模块化设计和生产与供应链协同的匹配对新产品绩效影响中的调节效应，为进一步对模块化战略与供应链协同之间的关系进行深化研究以及为模块化背景下新产品绩效的提升提供更加系统的依据。

1.3.2　模块化产品创新研究对本土企业的意义

模块化产品创新为全球性生产网络中的本土企业提供了突破"低端锁定"实现价值链攀升的可能路径。为了识别作为模块供应商的本土企业如何在与国际模块集成商的竞争合作中实现模块化产品创新，首先需要对本土模块供应商的模块化产品创新类型和动力机制进行分析；其次需要从模块供应商和集成商两个角度对影响模块化产品创新的创新效果的因素进行分析。因此，本书通过企业核心能力中的技术集成能力这一动态能力与两类产品创新影响机制的理论分析与实证验证，指出企业技术集成能力及技术集成创新可以作为企业实现内外部资源整合，进而摆脱价值链低端锁定的有效备选策略之一。同时，鉴于专有性互补资产的建立具有耗时、路径依赖且高度依赖专业知识沉淀等特点，本土企业为实现模块创新和架构创新水平的快速提升也可以考虑外部合作机制主导下的外部学习机制，从而实现企业间互补创新与合作共生。此外，中国本土企业模块化产品创新的实现，离不开国际模块集成商弱控制、模块创新高自由度与开放性等特征。这要求企业在承接模块前，须对模块创新的自由度、开放性、受控性等特征进行提前甄别，验证模块可降解性作为集成商控制与模块创新自由度的"表征参数"在模块化产品创新实现机制，对于摆脱价值链低端锁定的研究方面具有一定的补充意义。

在全球化分工体系中，模块化产品生产企业无法单独完成最终产品的制造与价值的实现，必须与自身所在的供应链条上其他企业协同合作，提升整个链条的竞争力来实现价值的创造，通过链与链的竞争来实现全球生产网络中的位势攀升。对于具有一定模块化产品开发能力的本土大型企业来说，如何在其主导的产品模块化过程中通过与顾客、合作伙伴协同合作来削减成本、快速创新，并实现创新价值实现呢？对于这个问题的回答必须建立在识别和深入探究产品模块化与供应链协同的内涵和关系的基础上。因此，本章首先探索了产品设计模块化与生产模块化与供应链协同之间相互影响的关系。其次分析了产品模块化与供应链协同的匹配关系对新产品绩效的影响。此外，为了验证模块化战略和供应链协同管理在不同的环境中是否表现出不同的匹配，有必要验证环境因素在产品模块化设计和生产与供应链协同的匹配对新产品绩效影响中的调节效应。实证研究的结果分析将更有助于本土企业在全球性模块化生产网络中进行产品模块化设计、生产和供应链管理模式的选择，从而实现更好的新产品绩效，进而提升企业的竞争力。相关研究结论对本土企业模块化实践及新产品市场表现的提升具有一定借鉴意义。

此外，本土企业特别是后发本土企业的模块化产品创新过程，并不是一蹴而就的，而是需要融入全球性的模块化生产网络中，通过不断提升企业的创新能力，实现模块化变革和创新商业化，获取创新价值。这首先需要本土企业根据自身技术能力水平，积极融入全球化生产网络，然后通过集成创新和组织学习，提升自身技术能力，实现产品创新。当技术创新能力积累到一定程度，企业能够主导新产品开发过程，实现模块化产品创新的价值获取，但这个新产品开发的过程离不开供应链条上企业之间的协同合作。因此，本书的研究，既体现了不同定位的本土企业模块化产品创新实践过程，同时也体现了本土企业在融入全球模块化生产网络时的策略选择，从而为本土企业的模块化产品创新实践以及后发赶超提供借鉴和参考。

1.4 本书的研究内容和结构安排

1.4.1 研究内容

为了尽量全面地涵盖上述研究问题并有效地完成研究目标，本书设计如下主要研究内容：

1. 模块化产品创新相关理论和文献综述

我们需要思考本土企业模块化产品创新的路径和影响因素，包括两个方面的问题：一是本土制造企业如何通过技术创新实现模块化产品的模块创新和架构创新，最终突破低端价值链锁定并获得和保持模块化创新价值。二是本土制造企业如何在越来越复杂和不确定的全球化环境中，通过与顾客、合作伙伴协同合作的产品模块化过程，利用群体智慧与自组织作为有力的杠杆来削减成本、快速创新，最终提升企业的竞争优势。因此，本研究首先对模块化产品创新的相关理论进行了分析，然后从技术创新的视角和供应链修正视角来分析模块化产品创新和新产品绩效的实现路径和影响因素。

（1）技术创新视角：为了完成对模块化产品创新的研究，首要的任务是对创新的类型进行区分，并进一步确定：模块化产品创新的影响因素包括哪些？这些因素的作用机制是什么？其次，采用企业技术创新的核心能力视角，将企业技术集成能力列为实现模块化创新的最直接能力门槛。最后，在对蒂斯（1986）关于创新竞争效果 PFI 分析框架深度理解与发展的基础上，结合组织学习理论，本书将组织学习（探索式学习、开发式学习）以及承接模块的模块可降解性（作为综合体现集成商战略控制与模块加工技术、知识独立性的表征参数）纳入模块创新与架构创新的重要影响因素范畴。

（2）供应链修正视角下的模块化新产品绩效：首先，对产品模块化和供应链协同以及新产品绩效的文献进行综述。其次，分析产品模块化和供应链协同之间的关系，理清这种匹配关系如何影响新产品绩效。最后，对环境动态性和竞争性的研究进行述评，分析环境变化对新产品绩效的影响。

2. 技术集成下的模块化产品创新内在机制研究

基于组织学习理论与技术生命周期理论，在模块集成商控制背景下提出关于本土企业技术集成能力、组织学习行为及模块创新、架构创新的理论模型。基于大样本问卷调研数据收集，对技术集成能力对不同层次的模块化产品创新即模块创新和架构创新的影响机制，以及调节效应模型进行实证检验，对相关结论进行归纳、总结，提炼出这些结论的理论补充意义及管理实践指导意义。

3. 产品模块化与供应链协同匹配下模块化新产品绩效研究

对不同环境影响下的产品模块化与供应链协同的匹配和新产品绩效关系及影响机制进行了研究。通过文献归纳、企业访谈，提出研究假设，并对产品模块化与供应链协同的匹配关系，以及这种关系对新产品绩效的影响进行统计实证检验，对相关结论进行归纳、总结，提炼出这些结论的理论补充意义及管理实践指导意义。

4. 产品模块化与供应链协同匹配下环境不确定性的调节效应研究

基于大样本问卷调研数据收集，从环境动态性和竞争性两个方面分析环境变化对产品模块化与供应链协同匹配关系的影响，并进行统计实证检验。

5. R&D 联盟情境下的模块化治理研究

从知识基础观和交易成本理论的视角，分析 R&D 联盟模块化、内部风险、治理结构之间的关系，并通过多个地区 R&D 联盟的大样本数据进行实证检验。

1.4.2 结构安排

本书共分为十章：

第 1 章，导论。解释了模块化、模块化产品以及模块化产品创新研究的相关概念，结合研究的背景提出研究问题，分析本书的学术价值和现实意义、研究内容，总结采用的技术路线和结构框架。

第 2 章，模块化产品创新研究的理论基础。介绍与模块化相关的理论，主要包括技术创新相关理论：技术生命周期理论、价值链理论、集成创新理论，还有模块化产品创新相关理论：架构理论、模块化产品周期理论、价值创新理论。

第3章，模块化产品创新研究现状。从创新类型、动力机制、创新效果等方面对模块化产品创新的研究现状进行回溯，回顾关于模块创新、架构创新、技术集成创新、组织学习、模块可降解性等相关研究，从技术创新的视角分析模块化产品创新的路径和影响因素，识别技术集成能力对其自身的模块创新以及产品架构创新的影响、探索式学习与开发式学习对不同层次的模块化创新产生何种形式的影响，以及研究模块可降解性如何影响这两类创新。

第4章，模块化产品创新的路径及影响因素分析。主要从技术创新的视角和模块化对产品创新内生影响的修正视角来分析模块化产品创新的路径和影响因素。一是识别技术集成能力对其自身的模块创新以及产品架构创新的影响、模块供应商主动探索式学习与开发式学习对不同层次的模块化创新产生何种形式的影响，以及研究模块可降解性如何影响这两类创新。二是识别产品模块化与供应链协同之间的相互影响关系以及这种关系对新产品绩效的重要作用，以及环境对产品模块化与供应链协同之间的相互影响关系的影响。

第5章，技术集成下模块化产品创新实现机制研究。本章基于组织学习理论与技术生命周期理论，在模块集成商控制背景下提出关于本土企业技术集成能力、组织学习行为及模块创新、架构创新的理论模型。实证检验技术集成能力对其自身的模块创新以及产品架构创新的影响、模块供应商主动探索式学习与开发式学习对不同层次的模块化创新产生何种形式的影响，以及研究模块可降解性如何影响这两类创新。

第6章，产品模块化与供应链协同匹配下的新产品绩效。本章主要对不同环境影响下的产品模块化与供应链协同的匹配和新产品绩效关系及影响机制进行了研究。通过实证研究验证产品模块化与供应链协同之间的相互影响关系以及这种关系对新产品绩效的重要作用，为企业在深刻理解如何结合供应链协同管理策略来帮助模块化战略的实施，进而实现新产品推出以及产品绩效提升提供启示。

第7章，环境不确定性的调节作用。本章引入环境动态性和竞争性作为产品模块化与供应链协同的匹配下对新产品绩效影响的调节变量，以期探明产品模块化与供应链协同的匹配在不同的不确定性环境下对新产品绩效的影响作用。

第8章，R&D联盟情境下的模块化治理。本章从知识基础观和交易成本理论的视角，分析R&D联盟模块化、内部风险、治理结构之间的关系。

第9章，对本土企业参与全球模块化生产的思考。首先分析了本土企业融入全球模块化生产时面对的问题，其次给出了本土企业参与全球模块化生产的建议。

第10章，研究结论与展望。归纳本书理论、实证分析的主要结论，并对未来进一步的研究提出展望。

1.5 本章小结

本书从理论层面，运用企业核心能力理论、组织学习理论、创新效果框架和创新独占性分析以及集成商控制视角，探索并识别了模块化产品创新技术实现过程中的主要影响因素，并最终揭示模块化产品创新实现的内在机制；运用模块化理论和协同理论，从产品模块化与供应链协同匹配的视角，研究了模块化与供应链合作共同作用下的新产品绩效以及环境因素的影响，进一步验证了产品层面上模块化与供应链协同合作的辩证关系，以及这种关系对新产品绩效的影响。

同时，结合层级回归、调节效应分析等研究方法对模块创新和架构创新的影响因素与影响机制进行分析；运用结构方程模型、多元回归对产品模块化与供应链协同的关系，以及不同环境下这种关系对模块化新产品绩效的影响机制进行实证分析。

第 2 章 模块化产品创新研究的理论基础

我们做事或搞设计要有理论遵循和理论约束，在理论指导下进行能动地执行知识积累的展开及面对现实问题，去解决问题，或变通性应用科学和技术理论处理问题解决问题时，才能马到成功。

2.1 技术创新相关理论

2.1.1 技术生命周期理论

技术生命周期理论认为，技术的演化过程往往表现出周期性。在一个完整的技术周期中，一项关键技术的突破往往会成为技术周期的初始起点，从此以后，围绕着这项技术突破会涌现出不同的产品方案，且这些产品方案之间展开了激烈的市场竞争，这将市场带入了动荡期。在动荡期内，由于对市场需求、技术发展轨迹尚未建立起清晰、深刻而全面的认识，各家厂商推出的新产品往往千差万别且不够完善。新产品与技术价值的高低以及何种产品胜出，往往会受到来自消费者偏好、技术稳定性、企业组织结构、政府规制力量、环境保护等因素的综合评判。伴随时间的推移与持续的市场淘汰，最终特定产品方案脱颖而出，并逐步完善、进化进而成为主导设计。而产品主导设计或主导技术轨道的出现则加速了产品、技术的成熟、标准化，并为基于技术退耦、分散研发、协议制造等形式下的产品模块化提供了理论上的可行性。诸如佩雷斯和苏蒂（1994）等学者的研究指出，伴随产品和技术逐步标准化，技术后发性发展中国家承接产品部件制造的低成本比较优势逐步展现。此后，技术发展呈现出渐进式演进，市场也进入相对稳定期，直到下一次全新技术突破的出现。在这一阶段技术后发企业在技术追赶过程中，遵循产品主导技术轨道并针对产品的内部模块尝试大量的工艺创新、商业模式创新与外观创新，不断缩小与先进企业之间的技术差距，并进一步在技术创新和技术能力提升的基础上实现产品架构和标准创新，实现"低端突破"和价值链攀升。

然而，产品的主导技术轨道往往成为后发企业技术追赶过程中难以逾越的天然鸿沟。因为，构建于全新技术突破基础之上的主导技术轨道具有多创新技术融合的特征，这种特征巩固了特定产品技术轨道与发展趋势的主导性和排他性（Utterback and Abernathy，1975），而且特定主导技术轨道的影响因素与形成过程极其复杂，这些影响因素既包括技术创新又涵盖怀有不同政治、社会和经济目的的市场参与者、企业联盟、政府管制以及机构组织的活动，同时，主导技术轨道又是基于不同技术间通过技术比拼、市场竞争以及政治性博弈等形式逐步发展、成型的（Tushman et al.，1997）。这造成了本土企业的模块化创新必须顺应产品主导技术轨道发展的阶段性特征，并采取具有针对性的、自适应性技术创新策略。

2.1.2 价值链理论

从波特（Porter，1985）首次提出"价值链"的概念以来，价值链理论开始逐步发展并不断完善起来。价值链理论的核心观点之一就是价值链中众多环节的价值创造具有不均等性。公司的价值创造由研发、制造、营销、运输与售后等基础活动与原料采购、技术、金融物流服务、人力资源和财务等支持活动组成（Porter，1985），而各环节的附加价值可以用图2-1的"微笑曲线"来描述。在图2-1的"微笑曲线"中，曲线底端的产品加工、制造与组装等生产环节的附加值较低，曲线上游的产品研发、设计及曲线下游的售后服务、品牌管理等环节附加值较高。

发达国家企业往往占据着价值链中核心的诸如研发、设计、品牌、售后服务等最具竞争力且利润最丰厚的环节，而将产品模块制造、组装等低技术含量、低利润、低附加值环节以生产外包、垂直化分工、委托加工等形式转移到发展中国家。本土制造行业存在诸如核心技术匮乏、创新能力弱、企业小而散、规模经济缺乏等弊端，这导致本土模块供应商在全球化产业分工中长期处于受支配地位，并只能从事简单的技术碎片化下的产品模块加工、制造组装或模块外围创新活动，这使相关产业的升级活动步履维艰。基于价值链理论的产业升级问题，国内外学者大量关注。这一领域内，基于企业层面上的价值链位势改善研究可被划分为两个分支：其中，以哈梅尔和普拉哈拉德（Hamel and Pralahad，1994）为代表的企业核心竞争力研究学派主要关注企业在以下三个方面的事务中所展现出来的能力：实现客户价值的能力、难以被竞争对手掌握或模仿的特有竞争策略、行业门槛进入能力。而以蒂斯和皮萨诺（Teece and Pisano，1994）为代表的企业动态能力研究学派强调的是通过长期性动态能力培育来实现市场控制与利润获取。这两个研究分支通过聚焦企业能力建设较好地解释了企业在全球价值链中的位势攀升问题，但是，对产业中众多关联企业的系统性升级问题却缺乏强有力的解释。为了弥补这一缺陷，后续研究，如格里菲（Gereffi，1999；2010）、汉弗莱和施密茨（Humphrey and Schmitz，2002；2004）、张辉（2004）等研究指出，产业升级必须实现四个方面的内容，包括工艺流程创新、产品创新、产业功能升级以及价值链跨越。其中，工艺流程创新强调通过针对价值链特定环节的生产加工工艺创新，实现同行竞争者超越；产品创新强调通过新产品推出或现有产品改进实现对手超越；产业功能升级或价值链跨越指通过价值链环节再整合或价值链条间的切换实现竞争优势，且突变式创新往往成为价值链跨越的直接诱因。东亚国家工业化进程的一般规律显示上述四种升级模式间存在递进性。

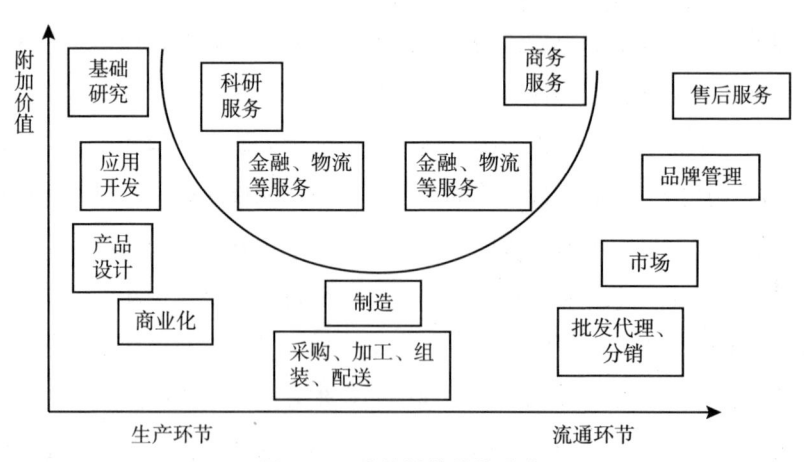

图 2-1　价值链的价值分布

资料来源：赵放、曾国平（2014）的相关研究。

此外，格里菲（2010）结合组织学习理论、交易成本经济学理论以及网络理论的思想提出模块型全球价值链（modular value chain）的治理模式，在这一模式下，由于模块供应商具有对市场适应力强、投资专用性程度低、模块创新"赢家通吃"等优势，因此其创新行为表现出高度的主动性。这些理论表明，本土模块供应商族群要想实现整体升级，首先须结合自身条件和技术特长精准切入全球价值链的特定环节。其次，通过结合自身核心创新能力培育与既定价值增值发展战略，实现价值链位势的稳步提升。最后，必须关注并利用突变式的创新机会谋求价值链切换，并实现跨越式发展。

2.1.3 集成创新理论

主流研究观点认为技术集成创新的核心表现为多元技术源融合下的竞争优势塑造。而技术集成创新侧重多元化技术间的融合而非简单叠加，并以此与基于原创性技术资源下的创新加以区别。在技术集成创新实现过程中，企业必须以产品特性为出发点，实现多元化技术和知识在产品主导模型下的高度融合，并在尽可能短的时间内实现新产品开发和生产，领先竞争对手进入市场以获得更高的市场占有率。图2-2描述了企业技术集成创新的流程。

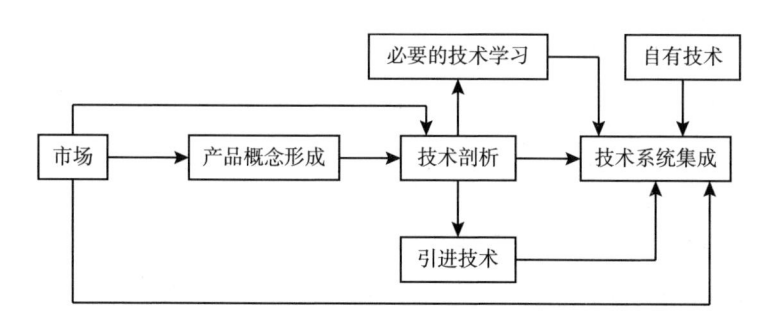

图 2-2 企业技术集成创新流程

资料来源：李文博和郑文哲（2004）的研究。

同时，集成创新领域的学者们越来越倾向于赞同这样一种观点：产品的创新反映了在一种稳定的产品模型中发生的大量不同领域知识的整合和集成化（Tang，1998）。从企业层面上讲，新产品的研发与创新则被视为组织内部知识与外部技术源之间的集成过程，这也印证了诸如索尼、东芝等日本企业通过集成美国竞争对手关键技术，成功巩固各自在电子及录像设备行业竞争优势地位的合理性。这些现象引发了学者对企业技术集成创新行为以及相关理论的研究兴趣。

现有关于技术集成创新的研究视角大致可以划分为三类：（1）产品架构下的知识集成视角；（2）技术源集成视角；（3）产品价值链集成视角。产品架构下的知识集成创新视角主要关注如何通过对爆炸式发展的技术知识与市场知识的高效集成实现技术创新。相关研究中，亨德森和克拉克（Henderson and Clark，1990）首先采用二元法将产品知识分为架构知识与元件知识，并基于技术再配置活动提出了架构创新的概念。在此基础上，伊恩斯提和韦斯特（Iansiti and West，1997）将产品知识划分为系统知识与特定领域知识两个方面，并在对计算机、半导体产业的深度研究基础上提出，技术集成是通过对多元技术知识的提炼、选择与评价，实现技术选项与有效市场需求间匹配的过程。只有通过对不同技术领域知识的持续性集成才能产生产品新系统知识，且企业技术集成能力被视为动态绩效的主要来源之一（Iansiti and Clark，1994）。这表现为，产品概念的形成过程与企业对内外部知识的有效集成密切相关，产品开发过程又与企业人员、内部部门、团队以及信息的集成密不可分，企业内外部知识、信息的融合与交流将对企业创新绩效产生重要的影响（Durand，2001）。

技术源集成视角强调企业在技术存量爆炸式增长，对全部新技术及知识无法独立理解、掌握，以及置身于复杂技术网络等极端条件下，如何实现合理、准确地利用外部技术源这一问题。这一视角指出，为获取竞争优势，企业必须把握外部技术资源利用与内部技术开发两者间的平衡度。因为，一方面，为快速实现新产品开发、面市，企业需要高效利用外部技术资源，并通过跨组织合作关系治理控制技术合作风险；另一方面，外部技术市场与知识膨胀以及人力资本的流动也为企业寻求急需的外部技术创造了条件。在这一研究领域，国内外学者针对外部技术资源获取的途径、关键影响因素，以及外部技术资源获取对企业竞争优势和绩效的影响等做了大量阐述。例如，斯旺和奥尔瑞德（Swan and Allred，2003）的研究指出，外部技术依赖可能造成企业竞争优势难以长期维系，尽管在高度技术不确定情况下外部技术引进能为创新提供低成本、快速的解决方案；兰贝和斯皮克曼（Lambe and Spekman，1997）论述到，企业可以通过联盟、兼并以及内部研发等手段获得核心技术，而基于对产品创新在时间速率、技术不确定性规避等方面的不同诉求，企业往往会选择不同的技术获取模式；斯洛斯基等（Slowinski et al.，2000）罗列了影响企业外部技术集成成功与否的关键因素，这包括对外部技术的甄别和遴选、对自身技术需求的深刻理解、针对技术获取步骤的准确前期规划、技术验收及评价等。张米尔等（2004）认为在引进外部技术的同时，企业必须培育自身技术能力并保持产品开发主动权；江小娟（2006）指出，在全球创新资源利用过程中，企业必须坚持外部资源"引进来"与内部资源"走出去"的战略模式。

产品价值链集成视角从价值链集成的角度对企业产品创新进行深入分析，价值链集成的核心价值要素包括企业部门、外部供应商、同业竞争者、外部合作者、顾客、自有销售渠道、品牌等。针对这些价值链集成的关键要素，国外学者做了大量研究与论述。例如，安东尼奥等（Antonio et al.，2009）在企业内部部门、功能集成的研究中发现，企业新产品开发竞争力这一绩效因素显著依赖于企业针对采购、销售、生产、研发等部门或职能的整合。克拉克与藤本（Clark and Fujimoto，1991）通过对全球汽车产业中新产品开发绩效的实证研究中发现，汽车制造企业针对外部供应商技术、信息以及知识的集成显著提升新产品的开发绩效。艾森哈特和大不里士（Eisenhardt and Tabrizi，1995）从资源基础观点出发，在针对全球计算机产业产品创新的研究中发现，企业基于产品创新的竞争优势获取显著依赖于供应商合作创新参与度与互补能力支援两大因素。此外，大量国内学者的论述也表明，价值链集成对于产品创新具有重要影响。例如，魏江（2004）在对集群集成创新动力机制、实现过程的分析中发现，集群内企业网络集成创新放大效应提升了集群竞争力；陈晓红和蔡志章（2007）的实证研究表明，新产品开发必须坚持客户互动,且客户互动、合作能显著提升新产品成功商业化的概率。

就发展中国家模块化企业实现技术赶超,技术创新下的竞争优势获取及全球价值链位势攀升而言,集成创新的理念、方法与实践原则具有非同一般的重要性。这主要体现在,原始创新对基础研究成果积淀、研发投入、时间周期及研发风险承受力等因素有着严苛的要求,而集成创新仅仅是在现有技术或主导技术的基础之上,通过多元化外部技术源的创造性融合实现技术创新,这一方面可以极大地提升技术创新的效率,同时也让短期内的技术赶超变为可能。其次,单一模块内的技术集成创新可以帮助企业实现更高水平的难以被模仿的竞争优势。主要体现为:(1)通过技术集成下的技术积聚效应,提升同行竞争者对集成模块技术破译的"能力门槛",这能帮助企业更好地抵御同行竞争者创新模仿行为,并减少由此造成的创新价值流失。(2)通过创新性技术、资源的内部集成,降低了这些创新资源的可分享程度,并巩固企业对技术创新的垄断性。(3)通过多元技术集成下的价值积聚效应,放大集成模块对于发达集成商的"选择权价值",并提升模块供应商议价能力与利润空间。此外,企业自身知识禀赋、能力特长等因素往往决定了其在行业或价值链中所占据的地位与位势(Tee and Gawer,2009)。作为集成创新的必要手段,知识集成往往体现为在企业自有知识基础上的外部知识选择性吸收与创造性融合。相伴集成创新而发生的知识融合、交互,在放大企业原有知识效用的同时,也创造了新知识与新技术,这些新知识与新技术为企业牢牢控制产业瓶颈打下坚实的基础(Ferraro and Gurses,2009)。

2.2 模块化产品创新相关理论

2.2.1 架构理论

架构理论(architecture theory)认为,特定复杂系统可以被视为由大量"非线性方式交互"的模块的集合,这些模块通过特定依存关系实现相互联系及组合（Baldwin and Clark，2000）。而构建于物质、能量或信息要素间联系方式之上的系统架构（system architecture），则被称为实现复杂系统内部模块间相互联系方式的总和。对此，刘洋和应瑛（2012）的研究指出，复杂系统的系统架构主要可以划分为四类：（1）功能架构。功能架构体现为通过对系统活动、功能所做的安排来满足系统的需求。（2）物理架构。物理架构表现为系统内部物质资源及这些物质资源间的连接关系。（3）技术架构。技术架构体现为系统要求规则下的，对物理模块间联系、匹配及依存等因素所做的安排。（4）动态运行架构。动态运行架构指系统要求下的，具有动态演化特征的模块间交互运行过程。

架构理论引入管理学后，学者们对其投入极大的研究兴趣，其中，针对产品架构的研究成果最为丰富且研究脉络最为清晰。产品架构即产品功能与物理模块间的联系图式（Scheme）（Ulrich，1995），通常包含功能模块设计、对交互界面的规定以及功能模块与物理模块间联系安排等要素，是一种基于产品物理组分与功能组分间指派关系下的系统性方案（Ulrich and Eppinger，2000）。学者们依照产品物理组分与功能组分间的映射关系对产品架构的类型进行了划分，分为模块化产品架构与一体化产品架构两类。例如，霍特克（Hoetker，2006）的研究指出，如果在一个由多个模块组成的复杂系统中，个体模块承担一个或多个特定功能且模块间可以通过若干简明界面实现联系，则这一系统具有模块化架构特征，而技术成熟度、产品性能优化考量等因素对产品架构是模块型还是一体化型具有重要影响（朱瑞博、刘志阳、刘芸，2011）。一体化架构与模块化架构最大的区别是前者更加强调模块间的专有性协同，且一体化架构利于系统效率提升，但设计、建构难度更大（Fixson and Park，2008）。事实上，只有极少的产品表现为完全性的模块化架构或一体化架构，绝大多数产品采用的都是混合型的产品架构。产品的架构还可依据产业层次上的标准化界面数量实现封闭型架构与开放型架构的两类划分（Schilling and Steensma，2001；朱瑞博、刘志阳、刘芸，2011）。

目前针对产品架构效用的研究主要集中于产品创新、企业竞争优势、供应链管理及商业模式创新四个层面，尤其是在电子、机械、家电、软件、汽车等行业中，产品架构对产品创新、企业经营绩效与竞争优势展现出显著的影响（顾元勋等，2015）。结合本书的研究问题，模块化产品架构的效用主要表现为：(1) 在推动产品创新方面：实现了产品多样性（张莉莉等，2005）、部件共享（Ramdas et al., 2003）与快速升级（Ulrich and Ellison, 1999），满足顾客个性化需求（Ulrich and Ellison, 1999），并有效应对了知识复杂性问题（芮明杰和陈娟，2004）。(2) 在提升新产品绩效方面：模块化产品架构通过影响产品研发模式转变（Nobeoka and Cusumano, 1997）、产品质量（Gokpinar et al., 2010）、平台战略管理（刘伟、秦波、李翔，2009）等方式，提升新产品研发绩效。此外，沃伦等（Worren et al., 2002）的研究表明，模块化产品架构对产品制造与战略柔性的影响表现为企业可以根据产品功能、设计规则与顾客体验实现产品的重构（Baldwin and Clark, 2000; Ulrich and Eppinger, 2000），最终影响新产品的市场精准定位与商业化效果。埃布林格和乌尔里希（Eblinger and Ulrich, 1995）同样也指出产品架构对于产品绩效、种类等具有重要影响。(3) 在优化供应链管理方面：产品架构的复杂性越高，供应链的纵向整合就越深入（Novak and Eppinger, 2001）。这种架构的组合和分解会影响供应链的效率（Baiman et al., 2001），并与供应链的集中或分散配置策略相互影响（Ulku and Schmidt, 2011）。产品、工艺架构与供应链架构之间的相互影响机制（马玉波和陈荣秋，2007）会作用于供应链绩效（Randall and Ulrich, 2001；纪雪洪等，2004）。

这些研究极大地充实了架构理论的内容，并促进了架构理论的发展、进步。然而，基于架构理论下的实证研究在现有研究中依然较为少见。这表现在，现有研究缺乏对产品模块化架构与一体化架构影响因素的全面、深入认识。例如，帕格诺洛和卡姆福（Campagnolo and Camuffo, 2010）在针对管理学中模块化概念的综述性研究中指出，现有研究还未能清楚地解释产品架构的影响因素是什么。刘洋和应瑛（2012）在针对架构理论的回溯性研究中指出，对于产品架构如何影响企业价值创造和获取以及架构创新如何实现等问题，目前学术界仍然需要进行大量的实证探索。

2.2.2 模块化产品周期理论

模块化产品周期理论（Sako，2003；Miguel，2005）认为，对应产品整个生命周期的不同阶段，模块化各自表现为产品设计的模块化、产品生产的模块化以及产品使用的模块化或组织的模块化等形式。其中，设计的模块化指通过定义产品与模块的设计边界，使得产品的设计特征、任务分配在产品模块层次上表现出高度的独立性；产品生产模块化指对产品制造、装配的模块化再设计，即通过将产品的分部装配、预制配件、模块测试，以及与之相对应的作业活动下放至模块供应商，达到降低产品制造的复杂性的效果；组织的模块化是指为应对产品设计、研发、制造全流程活动，而在企业内部或企业间使用的匹配性组织流程、治理结构、契约程序、分工模式等。对于模块化在模块化产品周期中的这三种表现形式的内在联系、影响因素及效用而言，产品设计、生产的模块化与产品自身特性直接相关，且设计模块化又往往成为生产模块化的重要前提，而组织模块化更多地表现为对产业竞争格局的影响。由于本书主要探索产品层面上的模块化问题，下面从产品设计和生产两个方面来回溯相关研究。

对于产品设计模块化，现有国内外研究主要围绕三个主题展开，即设计模块化的价值性、设计模块化对技术创新的影响以及对设计模块化价值性的修正和反思。具体体现为：（1）对于设计模块化的价值性问题，主流研究观点认同其具有高度价值性。例如，桑切斯和马奥尼（Sanchez and Mahoney，1996）指出，设计模块化可以降低跨组织协调难度及成本，并相应提升企业应对环境变动的战略灵活性。鲍德温和克拉克（Baldwin and Clark，1997）指出，设计模块化能激发模块化生产网络中成员企业间竞争，并加速了产品创新。布什等（Bush et al.，2010）的研究表明，模块化设计可以提升IT市场中企业的供应链响应速度。张治栋和荣兆梓（2006）基于对产品模块设计下六种模块化操作符的讨论发现不同操作符间具有递归性，且这些操作符通过设计期权创造最终会影响产品设计的演进。（2）对于产品设计模块化与技术创新间关系问题，主流观点持肯定态度。例如，加尔文（Galvin，1999）指出，产品设计的信息结构与产品创新的层次、扩散直接相关；阿桑（Asan，2008）以设计模块化下的技术创新优势为立论，解释了美国、日本电力企业制造活动、外包的外迁趋势；陈柳（2006）认为设计模块化的信息包裹思想有利于研发过程的分拆，并提升模块的技术创新与功能改进。(3) 对于设计模块化价值性及局限性的探索，学者们做了一些论述。例如，米奥佐和格里姆肖（Miozzo and Grimshaw，2005）的研究表明，服务模块化设计加剧了用户与供应商的冲突，从而阻碍了技术创新；张治栋和荣兆梓（2007）分析了模块化思想的运用面临的三大悖论。

生产模块化即通过产品模块化生产方式设计、开发和制造，在保持产品零部件通用性与部件组合性最大化的同时，完成部件大规模、高质量、高效率、标准化制造（Starr，1965）。因此，生产模块化集中体现了产品设计、制造系统设计及制造流程管理中的所有模块化思想，且产品生产模块化的这些思想及实践活动最先被运用于汽车制造、计算机等相关产业中。在这些产业中，具有可解构特征的产品在实现整体参数设计、模块化分拆以后，由模块供应商独立承担特定产品模块的设计、制造工作，并交由产品模块集成商完成整个产品部件的整合与集成。这种新型的产品生产模式极大地提升了产品产出效率，制造过程也实现了柔性化、敏捷性，并使得整个模块化生产网络能针对市场需求变动做出快速反应与即时调整。对于生产模块化的研究，学者们的视角各有不同。如涂强等（Tu et al.，2004）建立了模块化基础制造实践（Modular Base Manufacturing Practice，MBMP）、顾客驱动、个性化规模定制三者间的分析框架，并开发出模块化基础制造实践的测度量表，最终通过实证分析发现三者间存在显著正向影响关系；米科拉（Mikkola，2007）的研究表明，模块化生产方式更为便利地实现了模块化产品的大规模装配、制造，从而能以更低的单位制造成本向市场输入产品；雅各布斯等（Jacobs et al.，2011）通过实证研究发现，制造敏捷性在产品生产流程的模块化促进企业绩效的过程中起到中介作用；而国内学者陈向东（2004）认为模块化生产实践的理论局限性表现为对于特定高精密度部件（例如航空发动机)的制造，本土制造企业在生产过程中受到集成商的严格控制，并表现为高度的定制模式且模块创新的空间较小，而对于"允许失控"的部件的制造，本土模块创新自由度较大；谢伟（2004）指出产品价值链的断裂在一定程度上释放了我国本土模块制造企业在模块化生产过程中的低成本制造优势，并使得这些企业可以专注手机的装配、销售等环节；曹虹剑和罗能生（2007）指出模块化生产方式是知识经济时代下符合多样化消费需求的创新性生产模式；尹建华和王兆华（2008）认为模块化生产方式助推了模块化生产网络的构建、发展，为模块制造商基于自身技术专长下的模块研发、制造提供了便利，并使得这些企业能够结合自身优势占领特定市场空间；陈震红和黄丽（2008）指出模块化生产网络中的核心企业与供应商通过广泛合作与竞争可以实现价值网络整体利益最优化；骆品亮（2009）的研究指出模块化生产网络中的网络化知识集成模式对企业技术创新大有裨益。

2.2.3 价值创新理论

陈金和莫伯格（Kim and Mauborgne，2005）在对部分全球知名企业的成长过程进行长期性研究后发现，这些企业的高速成长可归因于价值创新战略的使用，且价值创新战略相较于企业传统的战略定位表现出极大的区别性。他们认为价值创新特指企业以顾客需求为中心，通过自身产品或服务的不断改进、升级，实现全新市场空间开拓，并为顾客及自身带来全新的价值飞跃（Kim and Mauborgne，2005）。从本质上来讲，价值创新战略是一个以顾客需求为导向的全新战略，体现为企业通过对全新技术、生产工具及生产要素的创新性结合，实现产品或服务产出并满足顾客差异化、个性化的需求，实现客户价值和效用。

特别地，20世纪90年代以来的知识、资本全球化进程助推了产品创新模式由传统的线性创新模式（Rothwell R.，1967）升级为基于模块化设计下的网络创新模式。这种创新模式的升级赋予价值创新战略在产品模块化背景下的新内涵，这表现为以下两个方面：（1）价值创新要求企业超额利润实现与顾客最大化效用创造两者并存，将这一逻辑运用到模块化新产品绩效考察中，这要求模块化新产品必须实现"价格、成本、效用"的有机融合（郝斌，Anne – Marie Guerin，2011）；（2）既然模块化新产品绩效体现为产品"价格、成本、效用"的有机融合，那么模块化如何实现新产品"价格、成本、效用"的有机结合呢？现有研究力图从模块化引致的产品定制、创新性提升、生产策略革新、战略柔性、全新的新产品研发模式、生产网络等研究视角对这一问题予以回答，这暗示着应从多种不同的视角的继续细化对模块化与新产品绩效关系的研究，与此同时还应该对以往研究中缺乏供应链匹配和系统协同思考的这一缺陷予以弥补。

2.3 其他相关理论

2.3.1 知识基础观

知识基础观（knowledge-based view）的发展被认为是资源基础观（resource-based view）的延伸（Conner and Prahalad，1996；Grant，1996）。知识基础观的基本逻辑是：企业是由运营规则、管理技术、生产技术和客户数据等知识所构成的；企业比市场更具优势，是因为企业的组织规则引导其内部的个体或团队之间实现知识共享、知识转移、知识整合和知识创造（Kogut and Zander，1992）。组织能力就是在知识的转移和整合中得以积累和发展的，企业的边界也因而随组织能力的积累和发展而存活并不断扩张。另外，企业边界的决定和治理结构的决策也影响着组织是否能够有效地利用、创造和保护有价值的知识（Nickerson and Zenger，2004）。实际上，企业的知识都掌握在组织内的个体手中，跨组织的知识转移是有成本、有风险的。涉及知识的交易具有特殊性。格兰特（Grant，1996）将知识分为 know-what 的显性知识和 know-how 的隐性知识来分析其知识转移的特性。基于知识基础观的观点，只要个体之间具有共通的语言，显性知识很容易通过交流进行转移。作为一种公共产品，只要显性知识被创造出来，任何组织都可以无边际成本地获得知识，并能够在没有任何损失的情况下转卖这种显性知识。然而，这也意味着潜在的竞争者能有机会获得这些知识而给组织带来风险。因此，除了专利、版权等受到法律产权保护的知识，涉及其他类型知识的市场交易都可能面临被别人占有的风险。隐性知识只有在应用到生产活动中才能被观察到，它的转移是缓慢的、高成本的、不确定的（Kogut and Zander，1992）。海曼和尼克森（Heiman and Nickerson，2002）的研究指出，隐性知识比显性知识的转移成本更高。为了实现知识的转移，野中郁次郎（1990）认为可以将隐性知识转化为显性知识。但是这种转化通常会面临知识损失的风险。实践共同体（communities-of-practice）可以通过共同的结构和意义转移，诸如技术和经验等的隐性知识（Brown and Duguid，1991）。联盟就是这样一种实践共同体。

  以上提及的康纳与普拉哈（Corner and Prahalad，1996）、格兰特（1996）、科古特和赞德（Kogut and Zander，1992；1996）的研究虽然分析了企业内部或企业与企业之间的知识转移和知识整合的问题，但却未建立完整的基于知识基础观的差别性匹配理论，未回答"科层的治理形式在何种情况下优于市场的形式"这一问题。尼克森和曾格（Nickerson and Zenger，2004）填补了这一项空白，并在知识转移和知识整合的基础上，额外强调了组织在创造知识方面的职能和目标。尼克森和曾格（2004）以问题作为分析对象（如某项新产品开发就是一个问题），根据为了求解该问题所涉及的知识域的交叉或关联（knowledge interaction）程度，将问题分为可分解的或低度关联的问题、不可分解的或高度关联的问题以及中度关联的问题。可分解为多个子问题的问题，子部分之间不需要知识的交流和共享，适合采用市场的治理形式。该形式下能激励刺激个体更好地利用自己所拥有的专门知识寻找子问题的最优解决方案，个体也可以将知识封装于可销售的产品之内实现对知识的保护。而对于中度关联的问题，虽然可分解为不同的知识领域，但子部分之间又相互交叉，需要知识的交流和整合才能够得出解决方案。权威型的科层组织（authority-based hierarchy）将决策权集中于管理者手中（Arrow，1974），一方面可以设计知识交流、转移、整合的规则；另一方面，可以建立共同的交流渠道促进知识的交流、转移和整合。然而，管理者的认知是受限的，随着问题的复杂性增加，权威型科层组织求解问题的效率会大打折扣。共识型科层组织（consensus based hierarchy）将问题的决策权分散于各组织成员中，由于它们具有共同的目标、共同的语言和身份，且依赖于社会关系调节成员之间的冲突和矛盾，对于处理那些高度关联的问题最有效率。

2.3.2 交易成本理论

交易成本理论是较早解释联盟形成的理论，并大量应用于研究联盟治理相关问题。"交易成本"是诺贝尔奖获得者、经济学家科斯（Coase，1937）在他的著名论文（*The Nature of the Firm*）中首先提出的，他认为交易成本是企业存在的根本原因。他指出，所谓交易成本，包括买主和卖主收集信息和协商买卖交易时发生的全部成本的总和。当完成一项经济活动的市场交易成本高于企业内部协调成本时，人们就会放弃对市场的利用，转而把这些经济活动放在特意构建的组织（企业）内部完成，于是就产生了公司。

阿罗将"交易费用"定义为"经济制度的运行费用"。这与张五常所定义的概念有些类似。张五常把"交易费用"定义为在鲁宾逊·克鲁索经济中不可能存在的所有的各种各样的成本，交易费用实际上就是所谓的制度成本。

后来交易成本经济学的另一著名代表人物威廉姆森（Williamson，1975）认为交易费用是经济体系运行的成本，威廉姆森认为交易过程的特性可以分解为三个维度：资产专用性、交易的不确定性和交易频率。他将研究领域扩展到所有市场经济组织及各种经济组织中不同形态的"交易关系"，并对交易成本的具体内容和形式进行了研究，他认为交易成本来源于人性因素与交易环境因素交互影响下所产生的市场失灵现象，从而提出了具有自我意识的个人行为（有限理性与机会主义倾向）以及资产专用性（包括：地点专用性、物质资产专用性、人力资本的专用性、特殊资产）的假设前提，建立了现代企业理论的雏形（Williamson，1975；2008）。

交易成本是买卖双方在交易前收集信息和协商交易时所发生的全部成本的总和，当完成一项经济活动的市场交易成本高于组织内部的协调成本时，人们就会放弃对市场的利用，转而把这些经济活动放在特意构建的组织内部完成。根据交易成本理论，战略联盟作为企业间产品与技术交换、共享或合作开发的一种组织形式，能有效减少交易成本的产生。因此，企业间合作创新联盟存在的主要意义在于降低技术交易成本。史蒂恩斯马（Steensma et al.，2008）以及卡莱等（Kale et al.，2007）的研究表明，战略联盟被认为能够降低交易成本、增加规模经济和范围经济、增强企业应对经营风险的能力。尽管如此，合作创新本身也存在着大量的交易成本，包括：（1）沟通成本，即产生组建合作创新联盟的意愿后，企业由于对未来合作伙伴情况的不了解，因此需要花费大量人力、物力与财力去获取信息，掌握对方的基本状况；（2）谈判、签约成本，即合作创新之初，合作伙伴之间需要签订合作契约，并针对合约内容展开讨价还价；（3）履约成本，包括合作过程中的监督成本、契约修订成本等；（4）联盟失败的风险成本，即合作创新过程中，由于各种因素导致合作创新失败，未能达到合作目的而浪费的大量资源。布洛克霍夫（Brockhoff，1992）研究发现，合作创新类型、合作组织模式、合作技术领域、以往合作经验、合作伙伴数量等均会对企业间合作创新的交易成本产生影响。

人作为交易主体，只具有有限的感知能力和认知能力，在经济活动中，存在着大量的不确定性和不对称信息，人们在收集和加工处理相关信息时，其能力受到主观和客观等多方面因素的限制，也就是说，外部环境的复杂性和对未来情况的不确定性、信息的不对称和不完全性，使得契约当事人或契约仲裁者无法事先观察或者事后证实一切，因而所有的契约都是不完备的，现实世界中，每一种契约都会随着时间的推移需要进行重新协商和修订（苑泽明和严鸿雁，2009）。

交易成本的产生会加剧联盟的不稳定性，以产权为纽带组建联盟能使技术交易内部化，最大限度地减少交易过程中的摩擦成本。此外，专用性资产是为了支撑某种交易而进行的耐久性投资，是战略联盟正常开展的核心资产，资产专用性反映的是"资产转作他用时价值的减损程度"，当资产专用性较高时，交易一方获得赚取准租的机会，进而机会主义行为发生的可能性增大（王节祥等，2015）。由于有限理性、不确定性、机会主义交易成本的存在，在专用性投资中，套牢的现象不可避免（陈雁铭，2008）。在这种情况下，就需要选择恰当的组织结构以弥补由于"契约人面对外界不确定性、复杂性时有限理性的不足"而产生的交易成本。奥克斯利（Oxley，1999）和诺曼（Norman，2002）从交易成本的角度指出股权式联盟可通过建立利益联结、管理监控和关系网络等多种机制获得优于非股权式联盟的知识保护效果。

交易成本理论的发展和完善，使它适用于对任何能以交易协议方式而存在的经济组织。作为一种独特的微观分析方法，交易成本理论为现代企业的产权结构、规模扩张、组织形式演进、中间组织的形成和中间组织治理机制选择等问题的研究，提供了新的视角。

交易成本理论无疑是战略联盟治理机制选择的首要理论，对于战略联盟来说，合作双方的机会主义行为、资产专用性增加和交易过程的不确定性会大大增加交易成本，增加合作的风险，降低合作的绩效。因此，需要根据参与联盟的动机，企业自身的联盟能力，选择适合的治理机制，降低合作中的各种风险和交易成本，保证联盟的稳定和成功。

2.4 本章小结

本章阐述了模块化产品创新的相关理论，介绍了与模块化产品创新密切相关的一些研究理论，其中包括技术生命周期理论、集成创新理论、价值链理论、架构理论以及知识基础观和交易成本理论。模块化产品创新的理论仍然属于技术创新、产品创新的范畴之内，对这些理论的引用、阐述并不仅仅是简单的描述与归纳，更为重要的是，针对这些理论对模块化产品创新和新产品绩效研究框架的基础性支撑作用的反思，为后续研究中概念模型的提出提供了方向性指导与逻辑支撑。

第3章 模块化产品创新研究现状

学术研究的使命是发现前人所没有发现的事实、规律，从而发展理论，或者通过数据、实验等途径检验已有理论。总之，它的最终目标是帮助人们更好地认识世界、理解世界和改造世界。因此，一项好的研究成果一定要有创新点，或者说"边际贡献"，这里所谓的创新或者贡献，指的正是相对已有相关研究所体现的新意或贡献。研究现状将前人所做的相关研究成果进行概括性的梳理，然后作者在此基础上，指出已有研究存在的缺陷或者研究空白，进而指出自己的研究有什么贡献。一个好的研究现状分析或是文献综述会使得作者对自己的贡献的阐述更顺理成章，更有说服力，读者更容易相信这是一篇有价值的研究成果。

3.1　技术创新视角下的模块化产品创新实现机制研究

关于模块化与技术创新的主流研究大致可以分为两类：（1）以青木昌彦（2003）、克雷默（Cremer，1990）为代表的学者认为技术创新内生于模块化。持这种观点的学者认为，模块化削弱了产品模块间专用性协同，这使得模块化产品的研发相对于其他产品研发模式来说具有高度的信息效率。而较高的信息效率表明模块集成商与供应商间的信息交流更为频繁，这有利于产品模块与标准化界面的改进、升级。同时，模块集成商锦标赛式的治理模式，激发了模块供应商间的创新竞赛（青木昌彦，2003）。此外，在模块化制造网络中，大量具有相似性与互补性的模块制造商聚集在一起极大地便利了创新知识在关系网络中的跨组织流动，从而使得个体企业的外部知识获取、模块升级及创新都得到极大改善（冯增田和郝斌，2014）；（2）以切斯布洛（Chesbrough，2003）、恩斯特（Ernst，2005）为代表的修正模块化理论则认为模块化有可能阻碍技术创新。持有修正模块化理论的学者尽管对模块化的内生技术创新机制未给予直接批判，然而他们更强调模块化对于技术创新的影响具有非自发性的特征，这主要表现为，模块化对于技术创新既是有利前提，同时又带来新的约束，这两方面的特点体现了模块化自身的局限性。

就本土企业而言，在全球化及竞争日益加剧的今天，传统的基于生产要素禀赋优势下，以产品模块功能、外观、制造工艺、架构设计等改进为特征的模块化创新，以及由此催生的创新竞争优势具有高度的不可持续性（苏敬勤和洪勇，2009）。此外，即便加入全球化模块生产网络，也并不意味着模块化创新会自发产生（李奇会，2008；2009）。因此，模块厂商必须借助更高层次的技术创新来获得并保持竞争优势（Tushman and Anderson，1986）。这要求技术后发企业在感知、把握主流技术发展趋势的同时，还应精准识别技术突破的机会，利用技术非连续性演化规律实现跨越发展（Tushman and Anderson，1986）。这势必引来基于理论层面上的三个思考：（1）如何区分不同层次的模块化创新；（2）实现模块创新和架构创新的动力机制是什么；（3）如何评价模块化创新的竞争效果。

3.1.1 创新类型

学者们结合自身特定研究情景与主题对创新类型问题进行了大量阐释。例如，乌特贝克和阿伯纳西（Utterback and Abernathy，1975）对不同的创新对象即产品创新和工艺创新（或过程创新）和组织结构之间的变动关系进行了研究。弗里曼（Freeman，1982）基于技术创新对技术发展路径的偏离程度，将技术创新划分为渐进式和突破式，前者体现为对现存技术的精炼、发展，而后者则表现为与现有传统技术完全迥异的全新设计方案。

而在模块化研究方面，现有主流研究主要将模块化划分为狭义模块化和广义模块化两种（陈国铁，2008）。其中，狭义模块化特指针对产品生产、工艺流程的模块化设计过程，而广义的模块化反映了对产品架构、产品组件、生产过程、组织等所有系统的模块化分解与集成。而模块化思想在产品层面上的运用则体现为既定规则下产品系统的模块分解、简化和融合，一方面，基于模块局部技术、功能改进形成创新；另一方面，通过模块组合变动或模块联系规则改进实现更大范围上的系统层面上的创新（徐强和郑德叶，2012）。模块化引发的这两方面的产品创新活动，即产品模块创新与架构创新（Henderson and Clark，1990），模块创新是在保持产品架构知识不变，破坏了产品部件知识，从而实现产品模块的技术、功能变革。架构创新是在核心设计思想和组件知识有效性不变的情况下，对现存产品技术、知识的再组合和产品组件的联结方式的改变。马格努森（Magnusson et al.，2003）认为模块创新是建立在新技术、知识运用基础之上的模块革新，而架构创新是产品模块组件之间的新的规则安排和组合方式。

（1）模块创新。模块创新可以是关于产品部件、材料或者主导设计的，涉及产品组件之间联结方式、联系规则的改进或产品模块的系统优化与改进（林春培和张振刚，2011）。在本土企业的创新实践中，特别是一些技术成熟稳定的行业，技术后发企业往往以一般性生产要素禀赋优势为基础来实现渐进式的模块功能创新，例如，深圳的比亚迪公司在电池模块的生产过程中尽量使用人力代替机器，并形成比较竞争优势而一举打破日本企业对电池行业的垄断。模块创新也可以是强调对模块内部核心技术、知识的根本性突破。这种突破对企业既有技术知识储备要求高，且由于技术创新具有高度路径依赖性，从而发生概率相对较低。但是，技术发展的非连续性却为本土厂商的突变式模块创新与技术跨越提供了机会。例如，西安康鸿技术公司开发的压电陶瓷变压器由于彻底改变了传统变压器的工作原理，进而实现了新型变压器体积小、不发热、高安全性等突变式技术创新优势。

模块创新相关研究中，部分忽略了主导技术轨道限制，如渐进式创新螺旋上升模式（陈劲和王方瑞，2007）、二次创新模型（吴晓波和许庆瑞，1995），有些过度强调自主创新和原创能力（张刚和许乾，2007；武建龙等，2014），以及模块创新的自发性观点（青木昌彦等，2003；Cremer，1990）。本土企业主要从事技术生命周期中后段的模块制造、组装等技术碎片化的相关作业活动，因此本土模块创新应更加紧密结合技术生命周期的阶段性特征而采取具有针对性的创新实现思维。因为在技术成熟期，技术的主要特性、指标以及规律等都被众多企业所熟悉，模块企业间的竞争主要体现为价格竞争。而在技术进入衰退期阶段时，落后的模块技术又存在被集成商淘汰、吞并以及再集成的风险（沈于和安同良，2012；杨水利等，2014）。这要求本土企业必须重视以承接模块的成本、价格、质量、功能性改进为特征的模块创新，同时，企业更应重视对其技术能力的规划与开发（吴伟伟等，2012），这表现为模块供应商应有计划的收集技术发展情报、市场与需求变动情况，并提前采取主动策略应对衰退技术被淘汰、再集成风险。而基于模块再整合或者基于技术再集成模块创新正是这种模块创新思维的核心所在（李晓华，2010）。

（2）架构创新。架构创新是产品组件之间联系规则和组合方式的新的安排，通过改变模块组件之间的联结方式和联系规则，快速响应不同的客户需求，生产出个性定制化的产品，缩短新产品开发和产品导入市场的时间（张莉莉等，2005）。相对于模块创新来说，架构创新更强调利用模块关键技术来对现有模块界面的联系规则进行重新连接，从而获得更高的产品效能和效率（朱瑞博、刘志阳、刘芸，2011）。架构创新不仅仅是从产品设计、生产制造等方面来为企业实现全新价值创造，更是从根本上改变了企业的组织模式（Calunic and Eisenhardt，2001）。特别地，以技术集成为基础的架构创新就是利用企业内外部现有的知识和技术，通过技术集成和再集成来实现新的技术架构的创新，以完成新产品开发或降低产品成本、加快市场引入等提高企业价值和竞争力的过程（王毅和吴贵生，2002）。

现有研究中，对于模块创新和架构创新的研究多数都停留在理论推演和模型分析上。特别是对架构创新的内涵、维度缺少清晰的认识和有效的检验。游博和龙勇（2016）将模块创新绩效划分为增量式和突变式两种，并实证分析了两种模块创新绩效的提升路径。然而对模块供应商来说，通过与模块集成商的互动，对模块集成商的架构知识有了进一步的认识和学习，进而在自身模块技术突破的基础上，对模块的架构标准进行本土化改进（李奇会，2009）。因此，从本土企业视角来考虑模块化产品创新问题，不仅模块创新是实现本土企业实现突破低端锁定的有效路径，而且难度更大的架构创新更能推动本土企业的位势和价值链攀升。

3.1.2 动力机制

对于模块化创新的动力机制问题，相关的学术积淀则略显单薄。主要表现在：首先，传统的研究范式过于强调模块化创新的内生影响机制问题。即表现为系统设计规则下的模块间"背靠背"式的竞争淘汰赛、模块间并行研发以及模块革新、升级的自演化性。这种观点下的研究，大多针对产品模块化是否必然引发组织模块化以及由此引发的产品模块化创新的层次与水平等问题的探讨（王凤彬等，2011），并倾向于采用"技术决定论"的分析框架（如图3-1所示）。其核心逻辑是：产品模块化引发组织模块化，进而间接推动产品模块突破性创新，但无法促进甚至阻碍产品系统的突破性创新（Chesbrough，2003；Miozzo and Grimshaw，2005）。

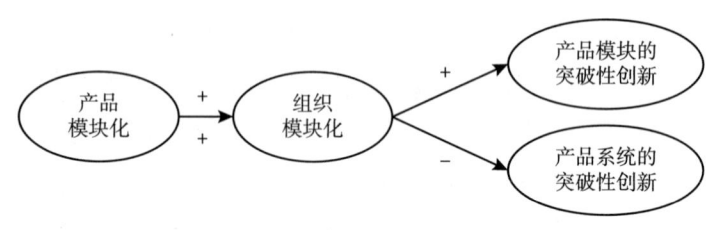

图3-1　技术决定论下的模块创新

资料来源：王凤彬等（2011）的研究。

为了对模块化创新的内生机制观点进行修正、补充，学者提出模块化创新还可能受制于模块供应商专业化水平与创新自由度（许强和郑德叶，2012）、团队合作与默会知识分享（Simon，1962）、模块集成商控制（李奇会，2009；2008；Tiwana，2008）、产品模块分割精细程度（范爱军和杨丽，2007）、产业特征（陈超凡和王赟，2015）、模块化生产网络治理模式（彭本红，2011）以及技术生命周期（Utterback and Abernathy，1975）等因素的影响，而这些因素的提出让模块化创新的影响因素分析变得更为复杂。

其次，模块化创新的内容主要表现为模块内部的技术创新和模块化系统间联系规则的改变，而这一过程通常依赖于企业基于内、外部知识的习得、吸收、转化、运用以及整合过程或企业技术创新能力的强弱（Hollenstein，1996）。现有国内研究从企业自主创新能力（韩晶，2009），动态能力（苏敬勤和刘静，2013），技术能力（苏敬勤、吕一博、傅宇，2008），学习能力与创新、原创能力（武建龙等，2014），模块化技术（程文和张建华，

2013)、组织学习（冯增田和郝斌，2014）、门槛能力、重要性能力以及未来性能力（陈建勋、张婷婷、吴隆增，2009）等研究视角描绘企业技术创新能力这一最本源性的技术创新动力要素的轮廓，且这些研究多以案例分析、逻辑及理论推演为主，涉及实证分析的研究较少。与企业自主技术创新能力观点有所区别的，是一种技术集成创新的观点，它强调后发企业在未达到高度自主创新能力水平的情况下（Kim and Linsu，1997），结合本土需求、文化传统，并基于部件技术与自主产品概念发展，通过创新资源的融合来实现企业高水平的创新优势（陈向东、严宏、刘莹，2002），最后达到企业资金、技术经验积累及竞争能力提升的目的（张刚和许乾，2007）。在这一观点的指引下，沈于和安同良（2012）及杨水利等（2014）分别对模块技术再集成的原理、实现形式以及绩效做了数理分析，然而现有研究鲜见涉及技术集成下产品创新的实证分析。

3.1.3 创新效果分析

创新竞争效果的创新获利（Profitin From Innovation，PFI）理论框架是蒂斯（1986）以主导性设计、独占性机制以及互补性资产等三大原则为根基建立的，用以解释创新收益分配问题的系统性框架。经典 PFI 理论强调了在主导设计确定了之后，独占性机制和互补资产决定着企业是否能够获得创新收益。强独占性机制下，拥有强专业性互补资产的创新者将获得创新收益。在弱独占性机制下，拥有互补资产专业性强的企业比互补资产专业性不强的企业更有优势，更可能获得创新收益。皮萨诺（Pisano，2006）等把创新者对创新收益的占有能力看成是企业"互补性资产"与"独占性机制"的函数。

企业成功商业化所需的互补资产可以突破自身资源边界，具有上游技术创新能力的企业可以通过关系能力或制定契约间接地引入与自身创新商业化相关的其他企业拥有的下游互补资产，这时合作企业之间存在高度的资源互补并实现互补共生（Rothaermel，2002）。特别是伴随着模块化生产方式的发展，模块化形成的基于两类设计规则的网络式模块族群极大地解放了企业创新的互补资产约束（张刚和许乾，2007）。一方面，不专门用于创新的通用性互补资产（例如一般性的制造设备）往往可以通过市场交易或契约的方式获得；另一方面，模块化背景下分布式知识分工对单个企业意味着基于统一规则的独立运行以及对系统资源的分享（骆品亮，2009），这在很大程度上提升了模块化企业之间创新资源的互补性，进而使企业可以绕过费时、费力且高度路径依赖的自有互补资产建设而专注于自身技术特长的发展。此时，模块生产企业的创新绩效保持更多的依赖于对创新模仿的阻断（张刚和许乾，2007）。这一逻辑意味着在模块化创新的商业化过程中，互补资产的效用将被弱化。在这种情况下，独占性机制才是模块化创新的重要前提。

而本土企业的模块技术集成创新，通过对"技术碎片"的再整合提高了同行竞争者跨越集成模块"技术门槛"的难度，这一方面阻断了同行竞争者基于"创新模仿"下的市场份额抢占，另一方面增加了集成模块相对于发达国家产品模块集成商而言的"选择权价值"，具有明显的独占性特征。因此，本书选择从技术集成创新的视角来研究模块化产品创新的实现问题。

3.1.4　组织学习

对于模块供应商而言，技术集成能力能够帮助其在自身技术发展路径上，通过动态性的实现关联技术内化与融合，充分实现了技术协同效应与核心技术范围经济，并促成企业全球价值链地位提升。然而即使在技术集成能力强劲的情况下，企业能否加强了知识搜寻的广度，进一步整合和应用外部知识，并将之融入原有的产品技术结构中对于模块创新和架构创新来说也非常重要。为了应对日益加剧的外部环境的不确定性、复杂性、动态性，企业需要通过持续不断的学习和创新做出恰当而快速的反应。

对于组织学习的含义，阿吉里和舍恩（Argyris and Schon，1978）提出了较为全面的组织学习定义，认为组织学习是为了适应环境的变化，以前期经验为基础扩展和开发组织的新知识、能力的过程，并最终促进组织运行效率。加尔迪和尼科尼利（Gherardi and Niconili，2000）则认为组织学习是在特定的社会文化和环境中以人际关系为媒介互动学习的结果。芮明杰（1999）表示组织学习是每一个成员利用已有的知识和能力来发展自身的心智和思维模式，也是将个人心智由隐秘转变为共享，再由可共享转变为可检验和重构的过程。朱伟民和万迪防（2001）指出在企业组织中，学习是个体化与组织化的融合过程。

综合现有研究中对于对组织学习含义的诠释，我们认为组织学习不仅是一种与知识创造与传递密切相关的过程，还是一种与组织的持续改进、绩效提高及竞争能力提升相关的结果，是一种过程及系列活动的组合。

鉴于组织学习是企业应对环境动态变化的关键因素之一，对其在企业创新方面的作用主要体现在两个方面：（1）组织学习的中介作用研究。例如卡莱等（2000）研究了在组织关系网络与组织价值创造之间的中介作用。蒂宾斯和苏希（Tippins and Sohi，2003）研究了IT能力与企业绩效关系中组织学习的中介作用。赖志贤等（Lai et al.，2009）研究了市场导向对关系学习和关系绩效的影响。许多国内学者也研究了许多关系中组织学习的中介作用。例如，社会资本与组织创新（谢洪明和葛志良，2008）、创业网络与新企业绩效（蔡莉等，2010）、顾客—企业交互与服务创新（张若勇等，2010）、网络关系强度与技术创新（谢洪明等，2012）、链式集群网络关系广度、关系强度及关系质量与企业创新绩效（蔡彬清和陈国宏，2013）、领导风格与企业创新绩效（王飞绒和陈文兵，2012）、企业产品创新与网络嵌入（李支东和金辉，2016）、创新网络与创新绩效（许冠南，2011；窦红宾，2011）、高新技术企业组织情绪能力与创新绩效（孙锐和赵晨，2017）；（2）组织学习的调节效应分析。例如，贝克和辛库拉（Baker and Sinkula，1999）研究了组织学习在市场导向和市场份额之间的正向调节作用。徐进春和佩雷拉（Hsu and Pereira，2008）研究了国际化与企业绩效之间组织学习的调节作用。福雷斯等（Fores et al.，2008）研究了战略计划与绩效之间组织学习的调节作用。代吉林等（2009）研究了知识资源的网络获取与集群企业模仿创新能力之间组织学习的调节效应。张捷等（2010）对创业导向与顾客信息获取的关系中组织学习的调节作用进行了研究。王雁飞和朱瑜（2009）对组织学习在组织创新与绩效的关系中起到的调节作用进行了研究。

与这些研究并行的是组织学习的类型划分。现有研究从不同的角度对组织学习进行了分类。例如，完整与不完整的组织学习循环（March and Olsen，1975），低级学习与高级学习（Fiol and Lyles，1985），单循环学习、双循环学习、再学习的三元分类（Argyris and Schon，1978）。马奇（March，1991）首先提出开发性学习和探索性学习的概念。他们认为开发性学习聚焦于现有的知识和技能，通过提炼和拓展完成对组织自身能力的提高（March，1991），并通过互动学习来改进现有的知识，不断完善已有产品和服务的（苏中锋和李嘉，2012）。而探索性学习是通过不断的探索、尝试新的方案，形成全新的知识和技能的过程（March，1991），不断创造出满足用户个性化需求的新产品，形成新的市场以应对竞争者的威胁（苏中锋、李嘉，2012）。在此基础上，许多学者对开发式（利用式）学习和探索式学习的作用进行了研究。何子林和黄伯康（He and Wong，2004）对开发式学习和探索式学习促进企业销售增长率的不同影响进行了实证检验。利克滕塔尔（Lichtenthaler，2009）建立了开发式学习和探索式学习的量表，考察了不同的学习方式对企业创新的影响。朱朝晖（2009）认为这两种学习方式的结合与动态协同是构建企业持续创新能力的关键。何霞和苏晓华（2016）认为开发式和探索式两种学习在战略联盟与新创企业合法性获取的关系间发挥着完全中介作用。而王雁飞和朱瑜（2009）认为组织学习在组织创新和绩效之间起到调节作用。彭新敏（2011）基于创新视角，对网络环境下利用性学习与探索性学习相关的实证研究进行了述评，发现学者们把探索和利用看作学习过程和结果时，实证研究中将其作为自变量或者中间解释机制。将探索和利用看作环境因素时，实证研究中将其作为调节因素。

现有研究中对于模块化背景下的组织学习研究并不多。更多的是从知识获取和传递以及吸收能力的视角来考察模块化组织学习。例如，彭灿（2005）研究了虚拟企业组织内组织间学习的影响因素以及主要模式；余东华和芮明杰（2007）基于知识流动的视角对模块化背景下的组织学习进行了研究，他们发现模块化组织为知识的流动提供了平台，而模块化组织的制度和结构特性也有利于知识流动。余东华（2009）发现模块化网络组织通过组织学习能够构建核心能力，并推动组织核心能力不断提升，最后形成持久的竞争优势。

尽管组织学习是战略管理领域的一个非常重要的概念，但学术界对其的认识依然存在一定的分歧。组织学习在企业创新路径中究竟是中介还是调节作用还没有取得一致的结论。不同组织学习方式对创新和绩效的影响也得出了不同的结果。特别是缺乏不同组织学习方式对模块化产品创新影响的考察。

3.2 供应链视角下的模块化新产品绩效研究

自亨德森和克拉克（Henderson and Clark，1990）提出模块化引发的两类产品创新活动，包含产品模块创新与产品架构创新之后，后续研究从产品模块化的架构视角出发，对模块化引发的产品创新做了大量探索。例如，朗洛伊斯和罗伯逊（Langlois and Robertson，1992）认为通过不断的"竞争—试错"，模块化将促使企业实现横向、纵向知识整合，最终实现网络化产品创新体系的建构；桑切斯（Sanchez，2004；2008）基于平台视角深入讨论了模块化引致的创新效能问题；埃希拉伊和莱文塔尔（Ethiraj and Levinthal，2004）从复杂系统管理理论出发，开发了一个基于产品系统的模块化创新测度模型；陈国民和刘仁杰（Chen and Liu，2005）对模块化如何影响创新进行详细论证，并构建了针对模块化效能问题的界面战略矩阵；蔡瑞和宋健（2009）结合本土装备制造业的模块化创新实践进行分析，形成了模块化创新的管理、运作策略。

现有研究也同时指出，模块化产品架构下的产品创新不可能持续进行（朱瑞博、刘志阳、刘芸，2011；Chesbrough，2003）。这是因为：首先，产品的模块化架构具有非终极稳态性，模块化产品架构存在的前提是产品性能足够完善（Christensen and Clayton，2003）；其次，模块化创新必须建立在系统性共创基础之上。这表现为产品模块的创新是在特定标准、规则下实现的，如果模块创新与系统架构相冲突，就会导致模块僵化。而由产品模块联系规则构成的产品模块化架构也会制约系统性能的提升，这必然引发针对产品架构的再创新（张刚、高若阳、薄秋实，2011）。模块化战略如何主导产品架构的模块化变革的过程，本土制造企业如何主导产品模块化过程并提升企业的竞争优势，还需要进一步的考察。

传统的研究范式过于强调模块化创新的内生影响机制问题，即模块化产品创新表现为系统设计规则下的模块间"背靠背"式的竞争淘汰赛、模块间并行研发以及模块革新、升级的自演化性。这种观点下的研究，大多针对产品模块化是否必然引发模块化产品创新以及由此引发的模块化产品创新的层次与绩效等问题的探讨（王凤彬等，2011）。然而模块化生产网络中的本土企业无法单独实现最终产品的制造，必须与自身所在的供应链条上其他企业协同合作，提升整个链条的竞争力来实现价值的创造，通过链与链的竞争来实现全球生产网络中的位势攀升。跨组织协同促进了组织、产品以及模块之间的互补，提升了跨组织的效率（罗珉和赵红梅，2009）。本土制造企业如何在其主导的产品模块化过程中通过与顾客、合作伙伴协同合作来削减成本、快速创新呢？对于这个问题的回答必须建立在识别和探究产品模块化与供应链协同的内涵和关系的基础上。因此，我们从供应链视角对模块化产品创新的新产品绩效相关研究进行分析。

3.2.1　产品模块化

对模块化理论的研究及运用最为成熟的领域当属产品层面上的模块化。桑切斯和莫霍尼（Sanchez and Mahoney，1996）认为产品模块化是产品的独立性或"松散耦合"组成部分（Schilling，2000；Sanchez，1999）。希林（Schilling，2000）认为产品模块化是描述特异性、分离性、产品组分的去耦和重组。

对应产品整个生命周期的不同阶段，模块化各自表现为产品设计的模块化、产品生产的模块化以及产品使用的模块化或组织的模块化等形式。其中，设计的模块化指通过定义产品与模块的设计边界，使得产品的设计特征、任务分配在产品模块层次上表现出高度的独立性；产品生产模块化指对产品制造、装配的模块化再设计，即通过将产品的分部装配、预制配件、模块测试，以及与之相对应的作业活动下放至模块供应商，达到降低产品制造的复杂性的效果；组织的模块化是指为应对产品设计、研发、制造全流程活动，而在企业内部或企业间使用的匹配性组织流程、治理结构、契约程序、分工模式等。对于模块化在模块化产品周期中的这三种表现形式的内在联系、影响因素及效用而言，产品设计、生产的模块化与产品自身特性直接相关，且设计模块化又往往成为生产模块化的重要前提，而组织模块化更多地表现为对产业竞争格局的影响。本书主要探索产品层面上的模块化问题，因此下面从产品设计和生产两个方面来回溯相关研究。

对于产品设计模块化，现有国内外研究主要围绕三个主题展开，即设计模块化的价值性、设计模块化对技术创新的影响以及对设计模块化价值性的修正和反思。具体体现为：（1）对于设计模块化的价值性问题，主流研究观点认同其具有高度价值性。例如，桑切斯和莫霍尼（1996）指出，设计模块化可以降低跨组织协调难度及成本，并相应提升企业应对环境变动的战略灵活性。鲍德温和克拉克（Baldwin and Clark，1997）指出，设计模块化能激发模块化生产网络成员企业间的竞争，并加速产品创新。布什等（Bush et al.，2010）的研究表明，模块化设计可以提升 IT 市场中企业的供应链响应速度。张治栋和荣兆梓（2006）基于对产品模块设计下六种模块化操作符的讨论，发现不同操作符间具有递归性，且这些操作符通过设计期权创造最终会影响产品设计的演进。（2）对于产品设计模块化与技术创新间关系问题，主流观点持肯定态度。例如，加尔文（Galvin，1999）指出，产品设计的信息结构与产品创新的层次、扩散直接相关；阿桑（Asan，2008）以设计模块化下的技术创新优势为立论，解释了美国、日本电力企业制造活动、外包的外迁趋势；陈柳（2006）认为设计模块化的信息包裹思想有利于研发过程的分拆，并提升模块的技术创新与功能改进。（3）对于设计模块化价值性及局限性的探索，学者们做了一些论述。例如，米奥佐和格里姆肖（Miozzo and Grimshaw，2005）的研究表明，服务模块化设计由于加剧用户与供应商的冲突，从而阻碍了技术创新；张治栋和荣兆梓（2007）分析了模块化思想的运用所面临的三大悖论。

生产模块化即通过产品模块化生产方式设计、开发和制造，在保持产品零部件通用性与部件组合性最大化的同时，完成部件大规模、高质量、高效率、标准化制造（Starr，1965）。因此，生产模块化集中体现了产品设计、制造系统设计及制造流程管理中的所有模块化思想，且产品生产模块化的这些思想及实践活动最先被运用于汽车制造、计算机等相关产业中。在这些产业中，具有可解构特征的产品在实现整体参数设计、模块化分拆以后，由模块供应商独立承担特定产品模块的设计、制造工作，并交由产品模块集成商完成整个产品部件的整合与集成。这种新型的产品生产模式极大地提升了产品产出效率，制造过程也实现了柔性化、敏捷性，并使得整个模块化生产网络能够针对市场需求变动做出快速反应与即时的调整。对于生产模块化的研究，学者们的视角各有不同。如涂强等（Tu et al.，2004）建立了模块化基础制造实践（Modular Base Manufacturing Practice，MBMP）、顾客驱动、个性化规模定制三者间的分析框架，并开发出模块化基础制造实践的测度量表，最终通过实证分析发现三者间存在显著正向影响关系；米科拉（Mikkola，2007）的研究表明，模块化生产方式更为便利地实现了模块化产品的大规模装配、制造，从而能以更低的单位制造成本向市场输入产品；雅各布斯等（2011）通过实证研究发现，制造敏捷性在产品生产流程的模块化促进企业绩效的过程中起到中介作用；而国内学者陈向东（2004）认为模块化生产实践的理论局限性表现为对于特定高精密度部件（例如航空发动机）的制造，本土制造企业在生产过程中受到集成商的严格控制，并表现为高度的定制模式且模块创新的空间较小，而对于"允许失控"的部件的制造，本土模块创新自由度较大；谢伟（2004）指出产品价值链的断裂在一定程度上释放了我国本土模块制造企业在模块化生产过程中的低成本制造优势，并使得这些企业可以专注于手机的装配、销售等环节；曹虹剑和罗能生（2007）指出模块化生产方式是知识经济时代下符合多样化消费需求的创新性生产模式；尹建华和王兆华（2008）认为模块化生产方式助推了模块化生产网络的构建、发展，为模块制造商基于自身技术专长下的模块研发、制造提供了便利，并使得这些企业能够结合自身优势占领特定市场空间；陈震红和黄丽（2008）指出模块化生产网络中的核心企业与供应商通过广泛合作与竞争可以实现价值网络整体利益最优化；骆品亮（2009）的研究指出模块化生产网络中的网络化知识集成模式对企业技术创新大有裨益。

在产品设计、生产模块化对企业的创新和价值获取有着显著的影响，然而产品模块化对供应链不同节点上的企业竞争优势的影响并不一定是正向的，同时供应链不同节点上的企业之间的协同合作对于产品模块化变革的影响还需要进一步的探索。

3.2.2 供应链协同

供应链协同是在协同理论和供应链管理实践的基础上发展起来的。协同理论强调组织通过内外部资源、技术、知识等方面的交换和整合，利用外部资源不断促进企业自身的有序演化。企业通过有效的协同管理，在经营管理过程中产生协同效应，不仅可以有效地降低企业的交易成本，提高企业绩效（张翠华等，2006），而且能够优化供应链的敏捷性，快速响应客户需求（张翠华、任金玉、于海斌，2005）。巴泽尔和盖尔（Buzzell and Gale，1987）提出给企业增值的四种可靠的方法都体现着协同理论的运用：实现资源的共享和业务的合作、加强市场营销和研发信息的扩散、提高企业合作接口的匹配度、在合作中共享核心企业的信誉和形象所带来的优势。

供应链协同以信息的快速交流、知识共享、相互信任和沟通、协同计划和决策、无缝连接的生产和工艺流程以及共同的战略目标为基础，是新一代的供应链管理战略（Anderson and Lee，1999）。企业之间通过有效的协同管理，在经营管理过程中产生协同效应，不仅可以有效地降低企业的交易成本，提高企业绩效（张翠华等，2006），而且能够优化供应链的敏捷性，快速响应客户需求（张翠华、任金玉、于海斌，2005）。对于供应链协同的定义，目前还没有达成统一认识，但基本上可以归纳为两类：流程焦点和关系焦点（Cao and Zhang，2011）。例如，有学者（Manthou et al.，2004）认为供应链协同是指供应链各节点企业通过相互协调和合作，共同努力实现供应链整体目标的过程。薛楚恩等（Sheu et al.，2006）认为协同是相互独立的企业之间共同制定计划和决策的流程。而也有学者（Ellram and Hendrick，1995）将供应链协同视为包含长期的承诺以及信息、风险、收益的共享的紧密、长期的伙伴关系。曹梅和张余庆（Cao and Zhang，2011）整合了流程和关系两种观点，认为供应链协同是包含信息共享、目标一致、决策同步、激励联盟、资源共享、协同沟通和共同知识创造七个方面内容的一个伙伴关系流程（Cao and Zhang，2011）。

现有对于供应链协同的研究主要包含供应链协同的内容和本质（Simatupang and Sridharan，2002；Stephen and Viswanath，2003；黄媛媛，2005；张翠华等，2006；陆杉和高阳，2007；Cao and Zhang，2011）、供应链协同创新与知识共享和转移（Swink，2006；Hult，2004，2007；张巍等，2008；陈伟等，2011；2013；吴冰和刘义理，2008；吴冰、刘仲英、赵林度，2008）、供应链协同的合作模式与伙伴关系（Kim，2000；Sobrero and Roberts，2002；Ryu et al.，2009；Nyaga et al.，2010；Erzurumlu，2010；Ramanathan and Gunasekaran，2014；温德成和李开鹏，2006；曾文杰和马士华，2010；陆杉，2012）、供应链协同的运作技术与机制（Markus et al.，2006；葛亮和张翠华，2005；魏晨和马士华，2008；桂华明和马士华，2012）、供应链协同绩效与风险（林筠等，2008；曾文杰和马士华，2010；Cao and Zhang，2011；Ramanathan and Gunasekaran，2011；Matopoulos et al.，2007；Cheng，2011）等方面。

面对越发复杂和不稳定的动态、竞争性环境，特别是快速多变的客户需求，全球化产品供应链的时间敏感性越来越强，这必然需要更快的响应能力和更高的协同运作能力，并最终影响供应链的整体竞争优势和绩效。模块化战略已被证明能够提高制造效率（Okudan et al.，2012，2013），它可以通过降低库存成本和节省分配时间来提高供应链收益（Chiu and Okudan，2014；Ernst and Kamrad，2000；Feitzinger and Lee，1997；Kamrani and

Salhieh，2008；Lavigne et al.，2014）。也可以满足大规模定制的需求（Gershenson et al.，2003；2004；Jiao et al.，2004；Kuo，2013；Smith et al.，2013；Wang and Tseng，2013）。然而，供应链协同对于模块化战略实施的影响还有待进一步考察，因此，进一步认清模块化与供应链协同之间的关系，对于本土企业逐渐融入全球模块化生产网络，通过链与链的竞争来实现全球生产网络中的位势攀升有着非凡的意义。

3.2.3 模块化新产品绩效

早期学者主要采用案例分析的研究方法来研究模块化产品创新的绩效问题，他们以惠普、索尼等大型制造企业为对象，发现模块化产品平台能给企业带来很大的益处（Feitzinger，1997；Sanderson，1995）。国内学者，如欧阳桃花等（2010）在以海信电视为对象的案例研究中发现，产品的模块化研发帮助企业实现了产品系列、型号数量的提升，同时也大大缩短了新产品的研发周期，并快速实现了产品技术迭代更新。而产品模块化制造则压缩了新产品生产周期、削减了产品生产成本，并提升了产品质量。随后，伴随模块化产品生命周期理论（Sako，2003；Miguel，2005）的逐步发展、成型，关于模块化与新产品绩效间的关系，主流研究逐步从产品设计、生产模块化以及综合视角三个方面出发，对模块化实践与新产品绩效间的关系做了论述。

现有主流研究观点认为模块化产品设计能加速新产品研发、分散研发风险、降低研发成本，并通过新产品的面世实现企业的长期绩效（胡玉洲，2012）。乌尔里希（1991）的研究表明，模块化产品设计放松了对产品模块并行设计的限制条件，带来了六个方面的益处：（1）帮助产品零部件生产实现规模经济；（2）使产品零部件更容易实现持续性技术升级；（3）帮助企业通过采用产品零部件的不同组合方式实现产品品种数量的提升；（4）通过减少产品生产所涉及的零部件数量，大大压缩了产品生产工序数量并缩短生产周期；（5）通过便利化产品部件的分解与集成，大大提升了产品设计与测试的可操作性；（6）使企业更便利地满足消费者的多样化需求,这六方面的益处在充满竞争且追求对消费者需求敏捷反应的市场环境下可以帮助企业提升竞争优势;格申森等(Gershenson et al.,2003)从产品模块化设计角度展开的研究表明,模块化设计思想实现了企业产品、组织流程设计的简化与合并,最终引至企业产品设计成本的大幅下降;沃伦等(Worren et al.,2002)的研究表明,产品的模块化设计在一定程度上丰富了企业的产品种类、型号,并进一步影响企业的市场份额与收益;国内学者,如尹建华和王兆华(2008)的研究表明产品模块化设计、生产可以降低生产成本,提升产品质量与生产效率。

产品模块化同样会对新产品绩效产生重要影响。例如,约翰逊(Johnson R. V.,1988)、威尔逊(Wilson,1970)的研究指出,产品模块化会通过对产品定价及市场细分的影响间接影响新产品绩效;桑切斯(1999)认为在模块化的产品架构下,通过模块组合、不同排序同样可以衍生出多样化的新产品,这些新产品一方面满足了顾客的个性化需求,同时也大大提升了产品的销量,并最终影响企业绩效;安东尼奥·K. W. 刘等(Lau A. K. W. et al.,2011)的实证研究表明,产品模块化与新产品绩效之间存在间接影响关系,而产品创新性正是这一影响路径中的显著中介变量;叶子明等(Yeh et al.,2010)针对台湾地区高科技企业的实证研究表明,产品模块化可以提升新产品开发的时间绩效。

对于产品生产模块化与新产品绩效间的关系,学者们同样做了大量的探索,总结起来,这些探索主要集中于模块化生产对新产品制造成本的节约、新产品制造周期的压缩、柔性制造模式下的多样化客户需求满足以及新产品制造效率的提升等方面。

此外,部分学者为了提升研究结论的普适性与准确性,他们结合各自的研究问题、情景,利用大样本数据实证分析的方法深入探索模块化对新产品绩效的影响机制。许多研究都认为模块化影响产品创新和绩效的路径受到其他因素的影响,例如,产品创新性在产品模块化与新产品绩效间的中介效应(Lau et al.,2010);组织学习、关系网络在模块化对产品创新绩效的影响路径中起到正向调节作用(冯增田和郝斌,2014);环境动态性、先动柔性在模块化设计与大规模定制优势影响路径上的调节效应与中介效应（谢卫红等，2014）；产品模块化对产品绩效影响路径中企业竞争能力的中介效应（Lau et al.，2007）。这些研究结论加深了学界关于模块化对新产品绩效影响机制的认识，但却缺乏供应链系统协调合作的视角。现有研究往往忽视了模块化战略与供应链协同合作的适配性，企业的模块化战略与供应链系统之间的协调匹配关系还需要进一步的挖掘。

3.2.4 环境不确定性

随着全球化分工的不断细化、科技发展的日新月异，企业面对的技术、市场环境表现出越来越强的不确定性（李大元，2010），这种环境的不确定性将对企业的状态和绩效表现产生重大影响（谢卫红和王永健等，2010）。

环境不确定性表现为影响企业绩效的环境不可预测性（Miles et al.，1978）。米利肯（Milliken，1987）对环境不确定性的定义得到了普遍认可，他将环境不确定性定义为：由于缺乏信息或者没有能力区别相关和不相关的信息，个体感到不能精确地进行预测（Milliken，1987）。然而关于环境不确定性的定义却存在一定的分歧，这种分歧是指客观解构视角和主观建构视角区分（Boyd and Dess，1993；Soren and Ann，1999；Sharfman and Dean，1991）。客观解构视角主要依据产业、宏观环境的真实性档案数据，包含产业、经济增长率等指标来测量环境特征。主观建构视角主要依赖决策人员对环境的主观判断。环境真实的特征并不重要，重要的是管理者对环境的具体感知（Oreja-Rodriguez and Yanes-Estevez，2007）。当前，学者们更多的是从主观视角来研究环境不确定性对组织状态、结构、绩效等的影响（Tan and Litschert，1994；Lawrence and Lorsch，1967；Chil，1997）。

环境不确定性的维度划分主要有两种思路（Bourgeois，1980；Richard et al.，2007）：一是根据不同的环境主体进行区分，如经济环境、政治环境、文化环境、技术环境、市场环境等。现有研究中主要包含技术不确定性、市场不确定性、需求不确定性、供应不确定性等方面。例如，裴学亮等（2013）研究了不同环境下的不确定性维度对于供应链协调与绩效之间关系有不同的调节作用。王淑英和孔宁宁（2016）指出环境不确定性在战略柔性与突破性创新的关系以及突破性创新与企业绩效的关系中都起到调节作用。龙勇和陈奕嘉（2016）对模块化组织不同成员知识基础对产品柔性的影响中环境不确定性的调节作用进行了实证研究；另一种思路是根据环境的不确定性特征进行研究。学者们大多认同从环境的动荡程度、复杂程度、竞争程度、不可预测性等方面来划分环境不确定性的维度。一些学者采用两分法来刻画环境不确定性的维度，如詹森等（Jansen et al.，2005）将环境不确定性分为环境动态性和复杂性；李大元（2009）将环境不确定性分成动态性、敌对性。一些学者采用三分法来刻画环境不确定性。如沙夫曼等（Sharfman et al.，1991）从复杂性、动态性、丰富性三个方面，谭和利舍特（Tan and Litschen，1994）是从复杂性、动态性、威胁性三个方面，萨拉（Zahra，1996）是从动态性、敌对性、异质性三个方面，沃尔伯达（Volberda，1998）是从动态性、复杂性、难预测性三个方面，而谢卫红等（2010）则将其划分为动态性、复杂性、不可预测性三个维度。

环境不确定性的这些维度中，动态性、复杂性与敌对性获得了较多认可。环境动态性是指环境因素变化的速度和幅度（Dess and Beard，1984）、频度和密度等（Volberda，1998）。环境复杂性是指影响产业活动的因素众多，且各因素的差异性和关联性（Dess and Beard，1984）会对产业行为产生综合作用（Wang and Chen，2010；何红渠和沈鲸，2012）。环境的敌对性是指环境对组织生存与发展的不利程度（Tan and Litschert，1994），包含了资源的稀缺程度和对这些资源竞争的激烈程度（Covin and Slevin，1989）。然而有研究认为复杂性与动态性联系紧密（张映红，2008），很难完全划分两者的区别，且在对复杂性进行实证检验时，现有量表缺少一定的效度，学者们更多地研究环境的动态性维度而不是复杂性维度（Rosenbusch et al.，2007）。因此，现有研究多用动态性、敌对性（或竞争性）两个维度来分析环境不确定性（张映红，2008；Keats and Hitt，1988）。

作为解释组织状态和绩效表现的重要变量（Thompson，1967），环境不确定性的研究主要有三种类型：一是作为控制变量；二是作为自变量，研究环境不确定性的直接作用。包含两个方面的观点：一方面，环境不确定性带来的影响是正向的（Wan and Yiu，2009；郭晓丹，2008；胡赛全等，2012；许德惠等，2012）。另一方面，环境不确定性也可能会给企业带来很大的不可预见性，影响了企业的正常计划，乃至影响了企业目标的实现，甚至由于对环境的误判导致企业丧失竞争力（Wiggins and Ruefli，2005）。三是基于权变理论，分析环境不确定性的调节作用（Rosenbusch et al.，2007）。国内外学者主要研究了环境不确定性对组织行为、结构和过程、竞争优势、价值创造和创新、战略等方面的影响。例如，战略类型与竞争优势（Tan and Litschert，1994），创业导向与竞争优势（Mcnamara et al.，2005），组织结构与探索式、利用式创新（李忆和司有和，2009），IT能力与竞争优势（谢卫红等，2010），市场导向、战略柔性与企业绩效（杨智等，2010），竞争战略与企业绩效（郑兵云和李邃，2011）、中国国际化企业双元能力与绩效关系（何红渠和沈鲸，2012），联盟网络与企业竞争优势（彭伟和符正平，2012），知识距离和组织间知识共享（陈涛等，2013）、供应链协调与绩效（裴学亮等，2013）、人力资源实践、战略柔性与企业绩效（林亚清和赵曙明，2013）。

现有研究中，多数都认可环境不确定性对组织行为、结构和过程、竞争优势、价值创造和创新、战略等方面的影响存在调节效应。但实证结果显示环境不确定性的调节效应存在着两个相反的方向。环境确定性可能正向调节企业的价值创造过程（胡赛全等，2012），也可能使企业丧失竞争力（Wiggins and Ruefli，2005）。特别地，在模块化战略与供应链协同共同作用下的产品创新过程中，环境不确定性的调节作用需要进一步的探究和验证。

3.3 交易成本理论视角下的模块化治理研究

3.3.1 R&D 联盟

R&D 联盟通常指的是一种企业与企业之间的联盟，指两个或两个以上的企业为了满足市场和自身技术发展的需要，通过建立联盟契约关系，在追求自身利益最大化的同时，在一段时间内共同进行新技术和新产品的开发，从而实现优势互补、利益共享、风险共担和共同发展的正式但非合并的合作组织。简而言之，企业 R&D 联盟是一种企业间以契约为纽带、以研发为目的组建的动态技术、知识和经济联盟。本书中的 R&D 联盟指的是企业与企业之间建立的 R&D 联盟。企业 R&D 联盟主要有以下特征：

（1）企业 R&D 联盟是一种企业与企业之间的联盟。联盟的成员都是以追求利益最大化的企业，为了研发新技术和新产品并获得长期的市场竞争优势，在一段时间内自主地进行互补性资源的交换，从而达成各自的产品阶段性目标。在竞争日益激烈的今天，尤其是世界经济区域集团化以及新贸易保护主义的盛行，使得企业在新技术研发上困难重重，一个企业想仅仅依靠自身的资源和力量来研发新产品和新技术是远远不够的，只有企业间通过优势互补、资源共享才能迅速高效地完成各自的战略目标。

（2）企业 R&D 联盟的成员必须都是以追求自身利益最大化为目的的企业。企业间组建 R&D 联盟的主要原因是分摊研发成本和风险、共享研发成果，无论出于何种原因，归根溯源就是为了获得更高的经济收益，因此，企业在与联盟伙伴进行技术和设备共享时，能够提升自身的技术水平；在与联盟伙伴的技术人员交流中也能增加自身的知识储备。

（3）企业 R&D 联盟是以契约为纽带的合约联盟。企业 R&D 联盟主要的连接纽带是联盟合约，成员各方根据联盟合约共享利益、共担风险。联盟成员在组建联盟之前，通过共同签订合约，确定企业技术、人员、资金和设备投入情况、合作形式、合作期限、利益和风险分担比例以及毁约的惩罚措施等，使得企业 R&D 联盟受到法律、道德和伦理等因素的制约。

（4）企业 R&D 联盟是一种动态的不稳定的联盟。企业 R&D 联盟是基于新产品和新技术研发组建的联盟，由于新技术发展的日新月异，市场需求也不断变化，面向新技术而组建的 R&D 联盟需要及时调整联盟研发方向、联盟目标甚至是联盟伙伴，因此，企业 R&D 联盟是随着技术和市场需求不断变化的动态的联盟。由于企业 R&D 联盟成员都是以自身利益最大化的企业，一旦联盟成员企业发生目标调整、利益冲突、合作和竞争的交替等情况，将极大地影响企业 R&D 联盟结构和稳定性。

（5）企业 R&D 联盟是通过知识转移来实现技术的相互交流和学习。知识转移过程是企业 R&D 联盟成员之间相互交流和学习的关键环节，企业一方面积极接收并消化应用联盟伙伴转移过来的技术和知识，另一方面需要将自身的技术和知识向联盟伙伴转移，通过技术和知识的相互交流和转移，再结合自身的知识进行整合创新，才能实现企业 R&D 能力的大幅提升。

（6）企业 R&D 联盟是一种优势互补、利益共享、风险共担和共同发展的正式但非合并的合作组织。为了发展关键核心技术，联盟企业间汇集各方优势资源，通力合作，共同突破技术瓶颈，并在共同投入的基础上进行利益共享和风险共担。

联盟合作过程中存在的内部风险需要依靠建立相应的治理机制，模块化在 R&D 联盟中非常常见，对于应对内部风险有着特殊的作用。

3.3.2 联盟内部风险

随着联盟理论的诞生和发展，针对联盟风险进行的研究也逐步展开。达斯和滕斌圣（Das and Teng，1999）在其研究中指出，尽管通过量化方法对风险进行评价（即数学概率估计，如 NPV 方法等）可以实现，但是很可能对于分析像战略联盟这样的复杂战略决策并不是最适用的。因此，针对联盟决策的复杂性，学者们把联盟风险划分为关系风险（也有学者称之为合作风险）和绩效风险两类（Das and Teng，1999；Smith，2005），其中：关系风险是联盟的特有风险，而且其发生原因源于联盟内部，指对企业间合作关系的不满意，它关注伙伴企业对联盟做出不可置信承诺的可能性，以及伙伴实施对联盟前景造成负向影响的机会主义行为的概率；而绩效风险是指那些对联盟绩效造成负向影响的因素，是即使伙伴充分履行了对联盟的承诺，联盟也无法实现预期目标的可能性。这些影响因素可能来源于联盟内部或者外部，内部因素包括在关键领域能力不足、运气不佳等；外部因素主要来自环境因素（政府政策、战争、经济危机）和市场因素（激烈的竞争、需求波动）等。

联盟内由于专业化分工、企业较长时期将某些细分功能部门闲置或关闭，而可能导致的能力丢失风险，以及进一步对伙伴形成的显著的依赖性风险（杜尚哲等，2006）；由于核心资源暴露而被伙伴所模仿学习、窃取转移等所导致的竞争优势弱化风险（Zineldin，2004）；由于向联盟投入专用性沉没资产而可能产生的受伙伴要挟（敲竹杠）风险（Reuer and Arino，2007；聂辉华和李金波，2008），以及相互推托任务导致工作效率低下等方面的风险，这些风险都是学者以及管理实践人员所总结出来的竞争性战略联盟所特有的，并且对联盟的合作效果具有显著影响的威胁因素。

3.3.3 联盟结构

学者及联盟管理者普遍认为，联盟成功与否与所选择的合作结构是紧密相关的，虽然经过深思熟虑而得出的联盟结构并不一定能够保证联盟取得成功，但会在最大程度上提高成功的概率。目前学者们已经提出了很多种战略联盟结构模式的分类方法。派克（Parkhe，1996）、基林（Killing，1988）等将联盟分为三类：非传统形式的合同、相互参股联盟和股份合资企业。瑞恩和范德文（Ring and Ven，1992）将联盟分成了周期性合同和合作合同。达斯和滕斌圣（1996）在其研究中提到，杜萨格和加雷特（Dussauge and Garrette）按照从市场到等级组织制度的连续性将联盟分成了四种形式：研发协议、无组织的联合制造项目、半组织形式的项目和基于商业的股份合资企业等。巴尼（Barney，2001）、达斯和滕斌圣（1998）将联盟分为合资、股权式和非股权式三类。肯特（Kent，1991）将联盟分为合资和非合资两类。莫威利等（Mowery et al.，1996）将联盟分为单边契约和双边契约两种形式。达斯和滕斌圣（2000）将联盟划分为合资企业、少数股权联盟、双边契约联盟以及单边契约联盟四类。由此可见，战略联盟的结构分类有很多种方法，但是并非所有的分类法都为学术界所广泛采用，目前大多数关于战略联盟结构的研究所使用的分类法是合约式联盟和股权式联盟（Teece，1992）。其中合约式结构可以进一步细分为单边合约与双边合约模式，股权式结构可以划分为单边持股、相互持股及合资企业三种类型（Das and Teng，1999；Oxley，1997）。

按照合作结构模式的等级化（hierarchical）水平，学者们对这些常用的合作结构模式进行了排序。古拉蒂和辛格（Gulati and Singh，1998）按照从等级制到市场交易（market-transaction）的顺序，区分了合资、少量股权以及战略联盟这三种组织形式。圣托罗和麦吉尔（Santoro and McGill，2005）则专门针对联盟的几种常见模式进行了排序，从市场到等级制的联盟结构依次为：特许（licensing）、交叉特许（cross-licensing）、双边合约联盟（bilateral alliance）、少量股权联盟（minority equity alliance）和股权合资（equity joint venture）形式。

联盟结构受到很多因素的影响，在R&D联盟中，联盟结构受到风险因素和资源等因素的影响。

3.4 本章小结

在模块化产品创新相关理论的基础上，从不同的视角，对模块化产品创新研究进行了回溯。对技术创新视角下的模块化产品创新实现机制进行分析。相关概念包括创新类型、模块创新、架构创新、创新动力、创新效果分析、技术集成创新、技术集成能力、组织学习、模块可降解性等，这部分的工作加深了对这些概念内涵的理解程度，并实现对这些概念相关研究现状的更为准确的总体把握。

在模块化新产品绩效文献回溯部分，首先，分别对产品模块化和供应链协同的内涵进行了理论分析。其次对关于模块化与供应链协同之间关系的研究进行了回溯和总结，并对模块化实践与模块化新产品绩效间的关系做了论述，不但能加深对这些具体研究领域的研究现状的把握，同时还对后续新产品绩效概念模型的提出提供了重要的逻辑及理论支撑。最后，对环境不确定性的定义和分析视角、维度划分以及环境不确定性对于组织的影响特别是绩效的影响进行了论述，不但能加深对这些具体研究领域的研究现状的把握，同时还为后续研究中分析和验证环境不确定性对产品模块化与供应链协同交互作用的影响提供了重要的逻辑及理论支撑。

在模块化治理研究文献分析部分，对 R&D 联盟的特征、联盟内部风险、联盟结构进行了理论分析，为分析模块化在 R&D 联盟的风险防范和治理方面的作用提供理论基础。

第 4 章 模块化产品创新的路径及影响因素分析

产品创新是指为了满足客户需求而进行的新产品或新服务的识别和开发活动，这种活动使得产品或服务发生了明显的改变。产品创新是企业的资源和价值特征与不断变化的市场需求相结合的结果。影响产品创新的因素包含内部因素和外部因素两个部分。内部因素有企业自身所拥有的知识、技术、人才、能力、设备、资金，以及规范管理、对外联系网络、领导重视、企业文化等；外部因素则包括科技发展状况、互补性创新资源、政府激励政策、技术市场培育、信息渠道和公共服务、技术更替的阶段和速度、产业组织状况和市场竞争压力、消费偏好变化、居民收入增长、宏观经济发展等。

4.1 引言

资源学说的学者们认为新产品开发是受到市场互动、机会、能力等三个方面的影响（于洪彦和孙宇翔，2009）。学者们根据具体的研究情境和主题，从不同的角度对产品创新的路径和因素进行了研究。特别地，在模块化战略实践中，模块化产品创新的路径和价值实现过程受到哪些因素的影响，需要我们进一步的探索和分析。

随着模块化思想在产品层面上的广泛运用，模块化作为一种产品设计或组织设计的思维范式，其对产品创新与组织绩效的影响逐渐得到了学者与行业实践者的认可。世界范围内的产品设计、生产与技术模块化变革以及分工经济、模块化内生效率等因素共同推动本土企业不断融入全球性的模块化生产网络中，然而这些本土制造企业在融入全球性模块化生产网络后，在角色扮演、发展模式、竞争效果等方面表现出巨大的差异。此时我们需要思考关于本土企业模块化产品创新的两个方面的问题：（1）本土制造企业如何通过技术创新实现模块化产品的模块创新和架构创新，并最终突破低端价值链锁定。（2）本土制造企业如何在越来越动荡和不确定的全球化环境中，通过与顾客、合作伙伴协同合作的产品模块化过程来削减成本、快速创新，最终提升企业的竞争优势。因此，本书主要从技术创新的视角和模块化创新内生机制的修正视角来分析模块化产品创新的路径和影响因素。

4.2 技术创新视角

聚焦产品模块化背景下技术创新实现问题，早期主流研究侧重于模块化对创新影响的内生机制探索，具体研究视角如模块化界面协调（Chen and Liu，2005）、网络化知识集成（骆品亮，2009）、创新流程与管理策略（陈劲和桂彬旺，2006）、集成商外围知识控制（李奇会，2009）、模块化企业价值吸收（郝斌，2011）等。在模块化创新外部影响因素研究方面，现有研究主要考察了网络创新环境优化（韩晶，2009）、企业关系网络及制度环境（冯增田和郝斌，2014）等因素。综合起来，这些研究多以理论推演、逻辑思辨及案例分析为主，实证研究较为少见。在这些研究的基础上，后续研究做了大量内容扩充，具体表现为对创新内生机制的扩充、架构理论的运用、组织学习观点引入以及集成商控制四个方面。

从模块化创新的内生机制视角来看，模块化生产网络环境下企业间松散的技术耦合特性与模块供应商"自组织"特征，总体上削弱了供应商与集成商之间的依赖关系，为模块供应商内部技术探索与自主创新提供激励并创造了条件（苏敬勤等，2008；余东华和芮明杰，2007）。同时，不断增强的竞争压力也迫使模块供应商通过技术创新来实现差异化战略的竞争优势，促使供应商之间开展背靠背的"竞争淘汰赛"，这在一定程度上为模块供应商创新行为提供了动机支撑。在模块化组织架构下，供应链上的各节点企业表现出一种"嵌入式协调"的合作模式，这一方面节省了企业的跨组织协调管理成本，另一方面放大了供应商创新价值的溢出效应。对供应商而言，其创新活动的价值增值效果在模块化组织架构下得到充分释放，供应商的创新收益不再只依附于供应商与集成商的特定交易关系。同时，供应商在创新活动中塑造的核心能力、积累的技术专长与市场经验这些创新价值要素可以高效地转用到其他客户或业务中去，而这种创新"赢者通吃"的激励机制，同样极大地激发了模块供应商的创新活动。但国外集成商对供应商拥有的产品模块知识的逆向吸收速度很可能要远大于本土企业吸收产品架构知识的速度，如果本土企业无法突破集成商对外围知识的控制，有可能会陷入重复创新却仍然落后的创新陷阱（李奇会，2009）。

作为架构理论的发展与深化，产品技术架构视角对于产品架构创新具有一定的解释力。模块化的技术架构或技术模块化创造了嵌入性协同机制（Brusoni，2001），从而使得技术体系内部的知识转移变得比紧密耦合技术系统更为便利，因此，模块供应商之间可以通过对彼此新技术的相互参考、借鉴，形成针对关键模块开发的创新灵感。如同模块化生产体系中劳动分工可以增加模块供应商的数量，对知识的分工，同样可以扩大技术系统中知识集的规模，从而使得系统成员可以更便利地探索未知知识领域（Verganti，2008），进而实现创新。本土厂商如果能够进行有效的外围标准创新，使得上游集成商控制的外围知识贬值，从而进入集成商控制的核心知识领域（李奇会，2009）。

模块化背景下分布式知识分工对单个企业意味着基于统一规则的独立运行以及对系统资源的分享（骆品亮，2009）。模块化引致的基于两类设计规则下的网络式模块族群特征极大地降低了企业创新的互补资源约束（张刚和许乾，2007），这为模块创新提供了极大的便利，同时，模块自身对于知识的黑箱化封装以及对供应商专用性关系资产投入的弱化，从某种程度上也规避了模块的创新风险，因而有利于模块创新活动的发生以及创新实现。从组织学习的视角，针对不同的知识库会采取不同的学习形式，例如以日常管理为特征的积累性学习、以创新为特征的探索性学习（March，1991），在增加知识和能力积累并降低成本的同时，推动企业按照一定的技术轨迹实现技术进步（Malerba，1992）。

对模块产品创新的考察也离不开对集成商控制与同行竞争模仿两个因素的考量。从模块集成商控制视角出发，有研究指出模块化背景下模块供应商的创新价值面临被集成商俘获的风险（李奇会，2008；2009）。例如，模块集成企业可以基于对外围知识（Peripheral Knowledge）的掌握，来实现针对模块供应商创新的过程与结果控制。特别针对一些具有高度背景依赖性的发包业务，集成商拥有的外围知识越多，越易于通过对拟发包业务的模块化设计避免核心知识溢出，同时高效利用模块供应商专业性知识实现创新。其次，集成商针对发包模块的技术碎片化处理、模块精益分割以及同行创新模仿等因素，通常也限制了模块创新空间、范围，并加剧模块创新价值的易逝性。最后，同行创新模仿、竞争以及模块化对行业"准入门槛"的放松，也会对供应商模块化创新的价值性及绩效可持续性造成负面影响。由此可见，以模块化组织架构与企业间柔性关系为特征的模块化生产方式改变了模块化创新模式和创新价值创造与分配的模式。

因此，本书从本土企业的技术集成创新、组织学习以及基于集成商控制视角下的模块可降解性等因素出发，探索这些因素对模块创新和架构创新的影响以及机制问题，这对于现有研究与本土模块制造企业的创新实践具有理论提升与实践参考意义。

4.2.1 技术集成创新

"技术集成"概念由伊斯坦蒂（Iansiti, 1994）首次提出，特指针对新产品、新工艺、新流程的一系列技术识别、选择、提炼和评价的方法，这些方法旨在保证新产品或工艺流程开发的过程中，当涉及技术选择与决策时，能及时满足各种知识与企业自身环境两者间的匹配。企业层面的技术创新和产品开发建立在组织内部多种知识、技术资源的集成基础上（陈向东等，2002），但只强调单个组织内部各类技术资源的"融合"而非分享。而国内学者余志良等（2003）的研究指出在具体的实践中，技术集成更多地表现为跨学科、跨行业的技术交叉融合。作为企业技术集成的核心基础，企业的技术集成能力已成为影响企业获取创新竞争优势的关键要素之一（郭亮、崔嵩、于渤，2014）。对技术集成能力的内涵，国内外学者做了广泛的阐述。例如，伊斯坦蒂（2000）指出，技术集成能力包含企业内部技术集成能力与企业外部集成能力两个维度。其中，内部技术集成能力特指企业在组织内部协调不同知识基础的能力，而外部技术集成能力强调企业吸收、整合外部技术知识的能力。科古特和赞德（Kogut and Zander, 1992）认为技术集成能力应包含综合利用现有知识与获取外部知识两种能力。张米尔和杨阿猛（2004）指出技术集成能力就是企业产出、维持和利用知识的能力。郭亮等（2016）指出，技术集成能力不简单地等同于企业实施技术集成过程的能力，而更多地表现为一种创新性能力。具体来说，技术集成能力是内嵌在企业的组织惯例中，根据市场需求构建产品体系，识别并选择恰当的外部技术资源，对现有技术基础加以整合并运用，以适应不断变化的动态环境，满足企业技术系统需求的能力（郭亮、于渤、罗晓光、刘静，2016），技术集成能力涵盖产品构建、技术选择、技术吸收及技术重构四个方面的能力。结合具体研究情景，本书认为技术集成能力为企业获取并保持竞争优势所必需的一种动态能力，这一动态能力的塑造既离不开企业上游技术开发领域相关知识、经验积累和组织学习活动，也离不开企业下游技术创新商业化活动中对客户及市场需求的提前预判和感知，同时，技术集成能力还体现了在技术与市场动态变化情形下，企业实现管理流程与组织结构间自适应匹配的能力。

针对本土企业技术集成创新现象及实践的考察，在某种程度上，是与模块化生产网络中，发达国家模块集成商与后发国家模块供应商间长期存在的地位不均等、利益分配及行业话语权失衡等现状相伴而生的。发达国家模块集成企业自身具有技术先进程度高、资金雄厚、市场成熟度高及低交易成本等优势，因而其对产品的模块化划分或知识划分的精益程度更高，这导致了发包模块的技术碎片化及分工均衡下的模块数量膨胀与模块规模收缩。这些模块特征限制了本土模块供应商的模块创新空间，并强化了本土企业技术发展的路径依赖与"关系锁定"，因而不利于模块开放式创新与本土企业核心创新能力构建，最终引发价值链低端锁定。此外，沈于和安同良（2012）从技术生命周期理论出发，基于模块化引致的产品模块"选择权价值"随产品技术周期演进而衰减的规律，解释了发达国家产品模块集成商对"没落"模块吞并情形下的模块技术再集成现象。在他们的定义中，模块技术集成创新只是改变了模块内部的技术构成而并未涉及产品架构创新层面，这包括产品模块功能拓展、技术融合以及模块边界扩大。这种模块技术集成创新方式对处于技术衰退期中的本土模块供应商行业存续，构成极大的风险

（张鹏，2013）。与之相反，杨水利等（2014）在研究中指出，鉴于模块化系统中存在层级系统间嵌套关系（青木仓彦和安藤晴彦，2003），即便是本土企业承接的普通模块，它也可能成为相对于次层模块而言的核心模块，同样，这些模块承接企业也可以扮演技术集成操作者角色。对此，他们在技术积聚下的技术势能模型分析中进一步指出，本土模块供应商的模块技术集成创新，通过对"技术碎片"的再整合提高了同行竞争者跨越集成模块"技术门槛"的难度，这一方面阻断了同行竞争者基于"创新模仿"下的市场份额抢占，另一方面也增大了集成模块相对于发达国家产品模块集成商而言的"选择权价值"。集成模块价值、技术含量的提升必然会拓展模块供应商技术创新实现与利润提升的理论空间，并最终促成企业价值链位势的攀升。这些研究增加了模块技术集成创新的理论深度，并为本土企业通过模块技术集成创新摆脱价值链低端锁定提供了方向性指引，然而实现模块化技术集成创新究竟依赖企业的什么核心能力呢？企业技术集成能力会直接影响产品模块创新和架构创新吗？对于这些问题的回答，现有研究主要以理论分析与数理模型分析为主，而涉及实证分析的文献较少。

4.2.2　组织学习

现有研究中对于模块化背景下的组织学习研究并不多，更多的是从知识获取和传递以及吸收能力的视角来考察模块化组织学习。例如，彭灿（2005）研究了虚拟企业组织内组织间学习的影响因素以及主要模式；余东华和芮明杰（2007）基于知识流动的视角对模块化背景下的组织学习进行了研究，他们发现模块化组织为知识的流动提供了平台，而模块化组织的制度和结构特性也有利于知识流动；余东华（2009）发现模块化网络组织通过组织学习能够构建核心能力，并推动组织核心能力不断提升，最后形成持久的竞争优势。

尽管组织学习是企业战略管理领域的一个非常重要的概念，但至今为止学界对其的认识依然存在一定的分歧。组织学习在企业创新路径中究竟是中介还是调节作用还没有取得一致的结论。不同组织学习方式对创新和绩效的影响也得出了不同的结果。特别是缺乏不同组织学习方式对模块化产品创新的影响的考察。冯增田和郝斌（2014）对开发性学习与探索性学习在模块化促进产品模块创新和架构创新的过程中的调节作用进行了实证研究。他们强调模块化战略对产品创新的内生机制影响，却没有识别出究竟依赖企业什么核心能力来实现模块创新和架构创新。对于模块供应商而言，技术集成能力能够帮助其在自身技术发展路径上，通过动态性实现关联技术内化与融合，充分实现了技术协同效应与核心技术范围经济，并促成企业全球价值链地位提升。然而即使在技术集成能力强劲的情况下，企业能否加强知识搜寻的广度，进一步整合和应用外部知识，并将之融入原有的产品技术结构中对于模块创新和架构创新来说也非常重要。

4.2.3 集成商控制与模块可降解性

近年来，国内学者的研究普遍揭示，多数本土模块供应商被动地被纳入发达国家产品集成商组建的模块化生产网络中，并以一般性生产要素供给者身份进入一些低准入门槛、资源、劳动密集型的生产加工环节，且表现出明显的劳动生产率提升（邱斌等，2012）。而占据全球价值链链主地位的模块集成商坐拥技术先进程度高、新技术垄断时限长、市场成熟度高、品牌经营及营销网络建构发达等优势，保持价值分配强势地位，并对本土模块供应商在技术、品牌等环节的升级活动设置障碍（梅丽霞和王缉慈，2009；王益民和宋琰玟，2007），进而将这些升级尝试"锁定"或"俘获"在价值链中低端环节（Cramer，1999；Humphrey and Schmitz，2004）。模块集成商对模块供应商的控制方式主要包含四种：（1）针对技术转移或技术溢出采取的主动阻断或结构性封锁，阻断本土企业工艺、产品升级，进而限制本土企业自主创新能力发展和价值链高端攀升（赵放和曾国平，2014）；（2）通过产品主导规则制定，执行针对模块供应商的过程控制与结果控制（Tiwanna，2008），这体现为三个方面：①淘汰机制，即模块供应商必须遵循主导规则下的界面接口，否则就会被淘汰；②契约机制，这规定模块供应商只能在契约约定框架下实现生产、创新活动，而这些契约又成为压价与维持不均等利益分配的工具；③制约机制，将模块创新限定于模块内部，而制约模块开放式创新（杨水利、易正广、李韬奋，2014）；(3) 通过对产品的精细模块划分实现产品技术体系的片段化与对模块承接方技术知识的锁定、深度利用与强化模块承接方技术发展的路径依赖性，从而达到抑制承接方产品架构创新能力与架构创新的培育与实现；(4) 通过自身习得、掌握的外围知识（peripheral knowledge）快速实现对承接方模块创新的逆向吸收，对相关创新价值实现倾榨、盘剥（李奇会，2008），以强化模块承接方优势资源耗损下的"贫困化发展"悖论。

此外，完全一体化和完全模块化的产品在现实中很少见，更多的产品生产方式必然落入完全集成型产品生产模式与完全模块化产品生产模式连续光谱中的某一特定位置。产品生产方式的位置状态往往体现了产品可模块化程度与模块可降解水平，而隐藏于模块可降解性背后更深层次的影响因素则是产品物理功能独立性、模块加工技术知识可降解性以及模块集成商战略控制意图等。例如，陈向东（2004）从产品物理性功能上的可降解性与产品模块加工技术、知识的可降解性两个维度对模块化产品的类型、创新范围、受控程度等特征进行了分析。如图 4 - 1 所示，对于处于完全集成型产品架构与完全模块化产品架构之间的模块类别（Ⅱ）与模块类别（Ⅲ），这两类产品均属于非完全可降解模块化架构。而这两类模块化产品的典型特征表现为模块内部创新或功能创新受控性与模块集成商战略控制主导。因此，如果将模块创新的受控性与集成商战略主导看成是两个连续的状态，那么，我们完全有理由认为模块可降解性就是一个综合了以上两个状态的模块自有特性。

尽管现有研究各自分别对集成商控制造成的本土模块供应商价值链位势攀升困境或委托制造、图纸制造等模块"拒绝失控"背景下本土模块供应商"贫困式发展"悖论问题做了大量探索研究。然而这些研究视乎忽视了二类研究视角的整合，即从承接模块的模块可降解性出发，分析模块可降解性对模块创新和架构创新的影响机制问题。这方面的实证分析在现有国内文献中较少，因此，本书对这一问题的实证探索具有学术价值。

	产品物理功能上的可降解性	
低	类别（Ⅰ） • 集成产品架构，产品模块边界不明显 • 模块加工技术、知识不能降解 • 产品部件间基于融合形式实现模块组合 • 模块集成商战略主导	类别（Ⅱ） • 非降解型模块化产品架构，模块边界不清晰 • 模块加工技术、知识非完全降解 • 模块内知识集成度低、模块内部创新受控性强 • 专用模块 • 企业间以供应链合作为主，集成商战略主导
产品模块加工技术、知识的可降解性	类别（Ⅲ） • 非降解型模块化产品架构，模块间知识边界明确、物理边界有限解 • 模块内部知识集成度高、模块功能创新受控 • 专用模块 • 集成商战略主导	类别（Ⅳ） • 完全模块化架构产品，模块加工技术、知识完全降解，模块间知识边界明确 • 模块内部创新受控弱，模块间并行创新与企业合作创新可行 • 专用模块并具有黑箱技术优势 • 模块供应商协调战略为主

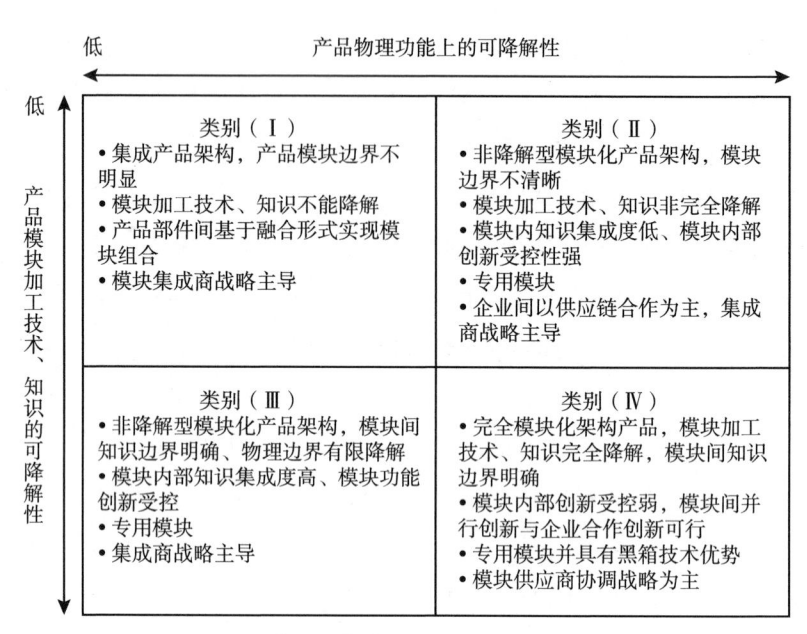

图 4-1 产品架构类型与模块化产品定位分布

资料来源：陈向东（2004）的相关研究。

4.3 供应链视角下的模块化内生修正视角

最近的研究中对于模块化的许多实际优点已经有了一定的认识（Ma and Kremer, 2016）。模块化生产已被证明能够提高制造效率（Okudan et al., 2012; 2013），它可以通过降低库存成本和节省分配时间来提高供应链收益（Chiu and Okudan, 2014; Ernst and Kamrad, 2000; Feitzinger and Lee, 1997; Kamrani and Salhieh, 2008; Lavigne et al., 2014），也可以满足大规模定制的需求（Gershenson et al., 2003, 2004; Jiao et al., 2004; Kuo, 2013; Smith et al., 2013; Wang and Tseng, 2013）。

聚焦产品模块化背景下产品创新的价值实现问题，早期主流研究侧重于模块化对新产品绩效影响的内生机制探索，从产品设计模块化、产品生产模块化以及产品模块化综合视角三个方面出发，对模块化实践与模块化新产品绩效间的关系做了论述。传统的研究范式过于强调模块化创新的内生影响机制问题。为了对模块化创新的内生机制观点进行修正、补充。学者提出模块化创新还可能受制于模块供应商专业化水平与创新自由度（许强和郑德叶，2012）、团队合作与默会知识分享（Simon，1962）、模块集成商控制（李奇会，2009；2008；Tiwana，2008）、产品模块分割精细程度（范爱军、杨丽，2007）、产业特征（陈超凡和王赟，2015）、模块化生产网络治理模式（彭本红，2011）以及技术生命周期（Utterback and Abernathy，1975）等因素的影响，而这些因素的提出让模块化创新的影响因素分析变得更为复杂。

许多研究都认为模块化影响产品创新和绩效的路径受到其他因素的影响（Lau et al.，2007；Lau et al.，2010；冯增田和郝斌，2014；谢卫红等，2014），但却缺乏供应链系统协调合作的视角。在全球化经济中，产品生命周期不断减少，客户需求快速变化，响应时间正在减少。在这种情况下，企业是否能够迅速对外部环境的变化做出反应是公司绩效的主要决定因素。现有研究往往忽视了模块化战略与供应链协同合作的适配性，企业的模块化战略与供应链系统之间的协调匹配关系下环境不确定性的调节作用还需要进一步挖掘。

4.3.1 产品模块化与供应链协同的关系研究

随着全球化产品分工的不断深入和模块化战略在实践中的不断运用，对模块化的研究逐渐渗透到供应链管理领域。现有研究指出，产品模块化与供应链管理有关（Doran et al.，2007；Ulrich and Ellison，1999；Hoek，2000）。

现有关于模块化与供应链的研究主要体现在三个方面：（1）产品设计问题。例如，邱明传和奥库丹（Chiu and Okudan，2014）认为，在产品概念设计阶段就要考虑供应链设计。企业必须设计并有效地管理其供应链，才能确保产品的交付在成本、时间、质量等方面达到要求。产品设计的最终方案需要通过供应链系统的有效运营来实现其生产制造、分销和交付。多兰等（Doran et al.，2007）认为，通过模块化产品设计，关键模块和普通模块分别由不同的模块供应商设计和生产，将增值活动从单一组织转移到整个模块化供应链。雅各布斯等（2007）发现模块化设计不仅直接提高了竞争绩效，还有利于供应商、制造商和设计集成商之间沟通的简化以及信息共享。丹尼斯和罗曼诺（Danese and Romano，2004）发现产品模块化能够简化新产品开发和设计，改善产品生产和销售，协调组织之间的关系和信息共享活动。纪雪洪等（2012）则探讨了模块化产品设计与供应链战略协同问题，分析产品模块化程度带来的收益及对供应链的影响。

（2）模块化理论在具体供应链情景下的应用。例如，纪雪洪等（2004）认为 PC 行业的供应链管理是建立在模块化基础上的供应链整合。倪沈冰等（2004）研究了汽车制造业供应链整合中的流程模块化理论与方法。郭婧娟和徐寿波（2006）分析了房地产业的模块化设计。焦志伦（2005）通过对汽车行业供应链的研究，指出模块化理论对供应链生产结构、信息组织结构和供应链成员关系等方面有重要影响，可能成为供应链研究的新方向。许欣和张彦敏（2015）分析了模块化的分解和重组实现国际物流供应链协调机制的有效路径。黎丹（2015）在对金融产品进行模块划分的基础上研究了供应链金融创新的可视化和机制问题。此外，有部分学者研究了模块化供应链问题。例如，张欣和马士华（2006）认为模块化生产使传统的汽车行业供应链结构发生了变化，主要表现在同步供应、信息共享、订单信息的有效流动和转化等方面。朱瑞博（2006）论证了模块化供应链的价值创新实现依赖于企业之间的专业化分工以及资源和能力互补性所形成的协同效应。洪兆富、柴国荣和许瑾（2008）认为供应链的模块化就是在产品部件基础上的模块资源整合。易鸣（2009）研究了模块化环境下汽车整车企业与零部件供应商协作关系。陈兴华（2010）结合船用低速机制造企业的案例研究，发现模块化战略与供应链协作相结合可以实现对决策权和资源的有效配置，降低交易频率和不确定性，提高成员之间的密切程度。闫星宇（2011）认为零售制造商的模块化供应链网络的本质是零售商主导治理的，基于编码化信息的交换，并利用契约形成的开放式生产网络。徐义君（2013）认为模块化供应链的本质是通过公司间可编码信息的交流和传递把分散的节点企业整合为一体的产业组织结构。

(3) 模块化与供应链的适配性问题。对于产品模块化的匹配问题的结论并不统一,现有研究主要包含两种观点。一方面,有些研究认为,产品模块化会导致一个松散的供应链关系和结构。例如,霍克(Hoek,2000)通过对电子行业的案例研究,认为模块化的供应链架构表现为企业层面的联系和沟通以及信息共享都比较少。布鲁索尼和普林西比(Brusoni and Prencipe,2001)认为产品组件的创新可以不依靠供应链企业间的协作来完成。霍特克等(Hoetker et al.,2007)认为模块化设计可以有效地降低企业外部整合。刘(Lau et al.,2010)通过案例研究发现产品模块化使得供应链变得松散耦合。另一方面,一些研究却认为产品模块化程度越高,企业需要更加紧密的合作关系(付聪,2013)。例如,杨克洛(Ro et al.,2007)认为合作企业之间联系越密切,高模块化产品越能快速响应客户需求。刘和严(Lau and Yam,2010a;2010b)分别用案例和实证的方法研究了产品模块化与供应链整合的关系。研究结果表明模块化与供应链之间存在密切的关系。付聪(2013)指出,在服务主导逻辑基础上,产品拥有较高模块化程度时,企业供应链在横向集成的前提下,需要加强与消费者和合作企业的沟通交流,并优化供应链结构,筛选自己的合作伙伴,使得整个供应链变得稳定,且构建长期合作关系。刘会、宋华、冯云霞(2015)则认为不同类型、程度的产品模块化所强调的供应链整合内容也将有所不同。

从现有文献的回顾可以看出,产品模块化与供应链的协同管理、合作关系、整合之间存在一定的互动关系,这种关系更多的体现在产品设计阶段,很少考虑模块化生产阶段,而且结论上还存在一定的分歧。同时直接考察产品模块化与供应链协同之间直接关系的实证文章还比较少见。针对模块化战略与供应链匹配的研究主要集中于产品模块化与供应链整合之间的关系上。

通过对供应链协同(collaboration)的文献(Manthou et al.,2004;曾文杰和马士华,2010;Cao and Zhang,2011)和供应链整合(integration)的文献(Das,2006;Zhao X et al.,2006;霍宝锋等,2015)的对比,我们发现供应链协同和供应链整合在信息共享、目标一致、协同沟通等方面有一定程度的相关性。同时也存在一定的差别。首先，供应链协同是指供应链上各节点企业通过相互协调和合作，共同努力实现供应链整体目标的过程（Manthou et al.，2004），也是一种介于市场和科层治理之间的混合治理模式（Cao and Zhang，2011）。而供应链整合是指企业通过内外部流程和上下游伙伴关系的管理、协调，实现顾客创造最大价值的过程（Flynn et al.，2010）。供应链协同和整合都强调要围绕着核心企业加强节点企业之间的关系，但协同更侧重于通过实现供应链整体目标来提高竞争力，供应链整合更侧重于组织内外部流程的控制和优化。其次，供应链协同的内容主要包括信息共享、决策同步、激励同盟（Simatupang and Sridharan，2002）、目标一致、沟通协作（Cao and Zhang，2011）。而对于供应链整合的内容包括内部整合、客户整合、原材料/服务供应商整合、技术和计划整合、测量整合和关系整合（Stank et al.，2001）。供应链协同的内容涵盖了战略、策略、技术等不同层面，相比供应链整合来说更丰富，更完整。最后，国内外对于供应链整合的研究比较多，研究内容和方法更加成熟。而对于供应链协同的研究还需要大量的实证研究来支撑和检验。为了实现供应链协同，企业应该建立一套有利于形成供应链整合的机制，通过对企业的业务流程重新组合以及决策流程的协调、管理、控制，最终实现最大化协同效应的目的（励凌峰、黄培清，2005）。

因此，供应链协同是供应链整合的最终发展阶段，供应链整合是供应链协同的基础。现有对供应链整合的研究对于供应链协同的研究有一定的借鉴作用，但是仍然需要对产品模块化和供应链协同的关系进行更深入的研究，特别是实证方面的研究亟待补充。谷宗洪（2015）首先实证检验了产品模块化对供应链协同的直接影响，但只考虑了产品模块化对供应链相关变量的影响，没有考虑供应链相关变量对产品模块化的影响。架构理论认为，产品架构的复杂性越高，供应链的纵向整合就越深入（Novak and Eppinger，2001）。这种架构的组合和分解会影响供应链的激励效率（Baiman et al.，2001），并与供应链的集中或分散配置策略相互影响，但不一定一一对应（Ulku and Schmidt，2011）。产品架构、工艺流程架构与供应链架构之间的相互制约和支持机制（马玉波和陈荣秋，2007）会影响供应链的绩效（Randall and Ulrich，2001；纪雪洪等，2004），使组织陷入模块化陷阱（Chesbrough and kusunoki，2001）。结合现有研究和理论，产品模块化与供应链协同之间的存在匹配（fit）关系。在产品模块化与供应链协同之间匹配关系上的认识和分析，填补了相关研究的不足，对于模块化和协同相关的理论发展具有一定补充意义。

4.3.2　环境不确定性的调节作用

环境不仅包括物理环境，还包括市场，政策和社会等因素。环境不确定性表现为环境的动荡程度、复杂程度、竞争程度、不可预测性等多个方面。多数学者都认为环境不确定性对组织行为、结构和过程、竞争优势、价值创造和创新、战略等方面的影响存在调节效应。在环境不确定性与产品模块化方面，模块化思想不仅可以用于复杂产品系统的设计与生产，还可以作为组织架构设计的原则来指导组织活动（王凤彬等，2008）。在激烈的市场竞争中，模块化设计方法得到了广泛采用，这是因为模块化设计方法能够用更低的转换成本实现产品模块的兼容，进而快速响应客户需求（王亦乐，2009）。模块化设计能够提高系统的柔性（刘杰、方丁、赵卫东，2008），进而能够满足不同需求和利益相关者带来的复杂性，并应对日益凸显的环境不确定性问题（Heydari and Dalili，2015）。在环境不确定性与供应链协同方面，日益缩短产品周期、频繁变动的市场需求增加了环境的不确定性，在这种情况下，如何使企业的供应链运作能力与外部环境的变化相匹配成为企业管理的重要问题（于亢亢、宋华、钱程，2014）。在稳定的环境中，技术、产品的更新速度相对较慢，企业能够比较准确地预测竞争者的反应、供应商和客户的需求，及时调整自身战略和状态以保持持续的竞争优势。但是当环境动态变化时，企业难以准确获取竞争者、市场等方面的信息，难以及时调整计划，给一些富有侵略性和创新性的竞争对手留下了更多进入市场获取优势的机会（D'Aveni and Gunther，1994）。企业只有保持灵活性和柔性，不断创新并快速响应市场需求，才能获取连续的竞争优势。环境不确定性越高，越需要企业不断提升自身的创新能力,并通过供应链协同合作来应对环境变化带来的风险(Sezen and Yilmaz,2007)。

交易成本理论认为,不确定性会使交易在企业内部进行的难度。同时,机会主义行为的增多,会带来市场需求变动、产品质量降低以及生产流程波动等问题。而企业间的合作将有助于减弱不确定性带来的负面影响(Williamson,1985)。面对愈发复杂和不稳定的动态、竞争性环境的,特别是快速多变的客户需求,全球化产品供应链的时间敏感性越来越强,这必将需要更快的响应能力和更高的协同运作能力,并最终影响供应链的整体竞争优势和绩效。

组织管理领域的很多学者已经意识到不同的组织战略与环境的匹配和互动(Hambrick,1983),这种互动促进了企业战略演化和组织结构变化(钱德勒,2002)。产品模块化和供应链协同是企业应对环境不确定性的不同策略和方法,越是不稳定和复杂的环境,越需要模块化战略与供应链协同管理的共同作用。目前在模块化战略与供应链协同共同作用下的产品创新过程中,环境不确定性的调节作用需要进一步的探究和验证。

4.4 本章小结

对模块化产品创新路径的分析有利于识别本土企业模块化产品创新实现的关键因素。本章主要从技术创新的视角和模块化对产品创新内生影响的修正视角来分析模块化产品创新的路径和影响因素。

聚焦产品模块化背景下技术创新实现问题,本章从技术创新的视角分析了模块创新和架构创新的内在机制。从本土企业的技术集成创新、组织学习以及基于集成商控制视角下的模块可降解性等因素出发,探索这些因素对模块创新和架构创新的影响以及机制问题,为后续研究中对技术集成能力于模块化产品创新关系以及组织学习和模块可降解性的调节效应的实证分析提供逻辑及理论支撑。

聚焦产品模块化背景下产品创新的价值实现问题,本章在模块化促进产品创新的内生机制的基础上引入供应链协同的概念，分析了产品模块化与供应链协同的关系。并进一步思考了环境不确定性对这种关系的影响，为后续研究中产品模块化与供应链协同共同作用下的新产品绩效的实证检验提供逻辑及理论支撑。

第5章 技术集成下模块化产品创新实现机制研究

对模块化产品创新的理论、研究现状以及路径和影响因素分析的结果为本书的实证研究提供了基础。针对技术集成能力在模块化产品创新实现过程中的作用，经过问题提出、理论分析，提出细化假设和概念模型，通过数据收集和数据分析等步骤，对研究假设进行实证检验。

5.1 问题提出

经济全球化与社会分工细化催生了以模块化生产为手段的，旨在解决复杂系统产品生产与服务提供的新型合作方式。这种模块化生产模式为中国本土企业参与全球化价值创造提供了机会（李奇会，2008）。部分本土企业依托特定资源禀赋和比较技术优势与外部知识、技术的整合实现了模块化技术创新（郝斌和冯增田，2011）。然而，国际模块集成商利用产品架构设计主导、通用模块外包、核心技术控制等方法将本土模块供应商的创新行为限定于边缘化、同质化的外围非核心模块的创新领域（武建龙等，2014）。中国本土企业模块化创新的价值面临着被国际模块集成商俘获的风险，同时外围模块领域的大量竞争者基于外围知识的创新模仿也可能会导致本土企业模块化创新价值的流失（游博和龙勇，2014）。面对这些"模块化陷阱"和创新困境，本土模块供应商如何实现产品模块创新和架构创新以及创新价值获取，并借助模块化创新突破"低端锁定"最终实现价值链攀升，这一问题依然需要理论研究和管理实践的关注和解答。

对这一问题，现有研究侧重从模块化产品创新的技术实现和创新价值获取两个方面来探索。对于模块化产品创新的技术实现问题，首先，企业能力视角的学者们普遍认为后发企业技术能力是影响企业竞争力并实现全球价值链高端攀升的重要因素（金碚，2011；史本叶和李泽润，2014；陈劲和王方瑞，2007；唐海燕和张会清，2009）。杨水利等（2014）更具针对性地分析了本土模块供应商的再集成创新对价值链低端锁定的破解作用，这一研究虽然提升了问题的针对性，但并未进一步回答这种再集成依赖于企业哪种技术能力。相关研究指出，技术集成已成为影响技术创新的重要因素（陈向东等，2002；张米尔和杨阿猛，2004；郭亮、崔嵩、于渤，2014），本土企业的技术集成能力缺陷已成为其突破国际竞争力提升瓶颈的关键（Nerkar and Roberts，2004）。然而从技术集成能力角度研究模块创新和架构创新的技术实现的实证分析还较为少见。

其次，创新竞争效果的分析框架（PFI）指出了企业的互补资产和独占性机制对于创新模仿的抑制以及创新价值合理获取的巩固。然而伴随着模块化生产方式的发展，模块化形成的基于两类设计规则的网络式模块族群极大地解放了企业创新的互补资产约束（张刚和许乾，2007）。这一逻辑意味着在模块化产品创新过程中，互补资产的效用将被弱化。那么本土企业如何在实现模块化创新的同时能保证自身创新价值的获取？现有研究大多数是从模块供应商或者集成商一个角度来分析，且过分强调互补资产的作用。而组织学习理论则强调企业通过内外互动，如内部机制、资源、组织结构与外部技术、知识的融合来挖掘和把握创新机会（Dosi，1988）。针对不同的知识库会采取不同的学习形式，例如以日常管理为特征的积累性学习、以创新为特征的探索性学习（March，1991），在增加知识和能力积累并降低成本的同时，推动企业按照一定的技术轨迹实现技术进步（Malerba，1992）。许多研究都证明了组织学习对于企业创新以及创新价值获取的作用（Hult et al.，2004；王永贵等，2003；谢洪明和葛志良等，2008；王雁飞和朱瑜，2009；魏江和郑小勇，2010），然而鲜有针对本土企业的不同层次模块化产品创新来考察不同组织学习方式的作用的实证研究。

同时，由于模块化生产网络内部成员的权力不对等性（郝斌、吴金南、刘兰石，2010），在模块化产品的国际生产合作中发达国家集成商存在基于自利性经营战略考量下的、针对产品模块化贯彻深度的人为控制动机并最终间接影响外包模块的模块可降解性（陈向东，2004）。模块可降解性在某种意义上可被视为集成商控制与模块创新自由度的"表征参数"，现有关于模块可降解性的研究大多停留在理论探索阶段而且模块可降解性对于本土模块供应商价值链低端锁定的影响及机制问题还不清楚。

综上所述，企业技术集成能力作为集成创新最重要的来源之一（吴剑，

2011），其对模块化产品创新（模块创新和架构创新）影响的实证研究还比较少，且现有研究中很少涉及模块可降解性、探索式和利用式学习在模块化创新技术实现路径上的调节效应。因此整合技术集成能力、模块可降解性、探索式学习与利用式学习等因素，运用大样本数据层级回归分析，实证探索和分析这些因素在企业模块化产品创新技术实现过程中的作用对现有研究具有非常重要的补充意义。

5.2 研究假设

5.2.1 技术集成能力与模块化产品创新

模块化产品创新的内容主要表现为模块内部的技术创新和产品系统的不同模块间联系规则的改变，而这一过程通常依赖于企业基于内、外部知识的习得、吸收、转化、运用以及整合过程或企业技术创新能力的强弱（Hollenstein，1996）。研究表明模块创新和架构创新的实现路径与企业技术集成能力密切相关。因为模块化利于多领域、独立性的模块技术间的标准化整合（胡晓鹏，2005），这种集成创新相对于高投入、高知识积累、高风险且路径依赖的原创性创新活动而言，通过创造性的融合原创性技术或主导技术提升了创新效率并大大缩短了企业新产品开发的周期，对后发企业短时间内迅速提升创新水平具有重要的意义。而模块技术集成式创新过程取决于企业整体技术集成能力，企业技术集成能力对技术创新效果的影响尤为深远（张方华和吴剑，2011）。张米尔等（2004）的研究发现技术集成可以帮助企业高效利用外部技术源，主动开展技术创新，实现技术能力的提升和创新绩效的增长。而在行业实践中，国内光伏企业在硅片、电池片等外围模块的系统集成基础上实现了高效电池组领域的突变式技术创新。比亚迪、奇瑞等企业通过动力电池技术与汽车技术的集成也实现了动力电池这一新能源汽车关键模块的突变式技术创新。此外，部分电脑硬盘生产商在稳定的技术平台上，通过不间断地集成硬盘读取速度、准确性等改良技术，实现了硬盘模块的增量式技术创新。这些企业实践表明企业技术集成能力已然成为推动企业模块化产品创新的原动力。

技术集成能力是内嵌在企业的组织惯例中，根据市场需求构建产品体系，识别并选择恰当的外部技术资源，对现有技术基础加以整合并运用，以适应不断变化的动态环境，满足企业技术系统需求的能力（郭亮、于渤、罗晓光、刘静，2016），技术集成能力通常包含产品构建、技术选择、技术吸收及技术重构四个方面的能力。其中，产品构建能力通过利用技术和知识建立技术系统的层次结构来获取市场信息，形成可开发的产品雏形。技术选择能力通过有效监测外部技术和评估内部技术以及各种替代技术的成本和收益，选择与自身要素禀赋相融合的技术，从而帮助模块供应商摆脱传统观念的束缚（蒋璋生和胡珑瑛，2010）。技术吸收能力通过激发企业探索式与利用式组织学习来完成外部知识吸收、转化与新知识领域的开拓，为产品模块创新和架构创新提供知识支撑。技术重构能力帮助企业将新的技术元素融入自身的技术系统架构中，完成技术的再利用，实现产品市场化。技术集成能力作为一种动态的创新性能力，通过企业内外部资源、技术的匹配，实现企业技术创新整合的目标（游博和龙勇，2016）。此外，基于产品模块技术、知识的集成创新能够有效提高竞争者对本企业创新的模仿难度，保障企业创新收益的获取。模块供应商基于模块再整合或者基于技术再集成的模块创新（李晓华，2010）能适应技术发展情报、市场与需求变动，应对衰退技术被淘汰、再集成风险。以技术集成能力为基础的技术集成和再集成能实现新的技术架构的创新，以完成新产品开发或降低产品成本、加快市场引入等提高企业价值和竞争力的过程（王毅和吴贵生，2002）。因此，本章提出：

假设 5.1a：技术集成能力显著促进产品模块创新；

假设 5.1b：技术集成能力显著促进产品架构创新。

5.2.2　组织学习的调节效应分析

组织学习不仅是一种与知识创造和知识传递密切相关的过程，还是与组织持续创新、绩效提高及竞争能力提升等紧密联系的系列活动的组合。

模块化产品创新的实现需要依靠组织学习在技术创新过程中的辅助作用（Hult et al.，2004；王永贵等，2003；谢洪明和葛志良，2008；王雁飞和朱瑜，2009；魏江和郑小勇，2010）。对于本土模块供应商而言，技术集成能力能够帮助其在自身技术发展路径上，通过动态性的实现关联技术内化与融合，充分实现技术协同效应与核心技术范围经济，并促成企业在全球价值链中的地位提升。然而，即使在技术集成能力强劲的情况下，企业能否有效利用现有的技术知识，并在此基础上加强知识搜寻，进一步整合和应用外部知识，并将其融入原有的产品技术结构中，对于产品模块创新、架构创新的实现来说也非常重要。因此，在企业将知识性资源转化为自身创新能力的过程中，组织学习的能力建设和过程起到非常重要的作用（代吉林等，2009），然而现有研究中，组织学习在模块化产品创新技术实现过程中的调节作用并没有受到足够的重视。基于利希滕塔勒（Lichtenthaler，2009）的研究，本书进一步考察探索式学习和利用式学习这两种学习方式在技术集成实现模块创新和架构创新过程中的调节作用。

探索式学习同时在产品创新的模块层面和架构层面上体现其调节作用。首先，探索式学习所形成的技术知识，强化了模块供应商的知识基础（Brusoni and Prencipe，2001），可以从根本上加强企业的知识库存，从而为模块创新或架构创新的顺利开展提供坚实的基础。同时，探索式学习通过吸收和整合内外部技术，使得企业掌握更多模块技术以及核心架构知识（Grandori and Soda，1995），在需要新的知识进行模块研发时为企业技术集成创新提供更丰富的知识基础和更灵活的创新环境。其次，探索式学习的不断深入，还能为企业技术研发提供更多的知识组合，这种组织知识创新同样可以促进模块知识与技术的改变。最后，探索式学习从根本上改进了企业所获取的知识属性，使得企业的知识范围更广、层次更高，从而有利于改变企业的产业边界，进入更高的价值链层次。此外，探索式学习获取的外部知识可能来自价值链和供应链乃至产业链条的不同环节。这些知识的吸收和积累能够帮助企业较为容易地嵌入原有的知识架构中（Cohen and Levinthal，1990），促进企业知识架构的完全重组。现有相关实证研究也表明，探索性学习对企业模

块化创新的调节作用,既可能发生在模块层面,也可能出现在架构层面(冯增田和郝斌,2014)。因此,我们提出:

假设 5.2a:探索式学习越强,技术集成能力对模块创新的促进作用越大。

假设 5.2b:探索式学习越强,技术集成能力对架构创新的促进作用越大。

利用式学习更多的是通过既有知识的有效利用,充分发挥其潜在价值。主要体现为既有知识在新技术中的应用或者组合成新的知识结构,使得既有知识基础上的模块化创新和产品开发能够匹配更高层次的技术要求(Chesbrough and Teece,1996)。在模块生产商技术集成创新的过程中,利用式学习不断拓展企业已有的知识和技能,促使企业现有的知识基础和技术根基的性能不断完善,能够为技术集成创新提供更准确和快速的支持。对现有知识的利用式学习不仅体现在产品功能、模块技术层面,还可以体现在市场和客户层面。当模块化网络中的企业察觉到新的市场机会或者上下游企业如供应商、集成商及客户提出的新需求时,利用式学习能力可以帮助企业实现对已有知识的开发性利用,迅速响应市场变化。

与探索式学习相比,利用式学习往往更容易被企业掌握,模块供应商基于既有知识的模块创新行为,在研发成本和速度以及效率上都具有更大的优势。特别是对于目前并不具备核心模块技术和架构创新能力的模块厂商来说,利用式学习才能发挥出即有技术集成能力的潜能,承接模块的成本、价格、质量等功能性改进,完善产品模块设计,完成产品功能的升级。因此,我们提出:

假设 5.3a:模块供应商的利用式学习越强,技术集成能力对模块创新的促进作用越大。

相较于探索式学习而言,利用式学习对现有知识的利用和技术改进主要集中于模块层面,对模块之间联系规则和架构知识的影响却十分有限。首先,利用式学习只是针对企业自身知识基础的利用和改进行为。这种利用式学习行为往往只能着眼于对现有知识的调整,不能从根本上突破现有知识的局限。如果仅仅限定与现有知识的组合和利用，企业的学习行为难以实现产品核心架构知识的学习和整合以及模块间联系规则的改变（Langlois，2003）。其次，利用式学习难以颠覆现有的产品技术轨道。模块化产品创新必须建立在系统性共创基础之上，而产品模块创新是在特定标准、规则下实现的。由于模块之间"两类联系规则"的存在，模块供应商的创新行为受到模块之间联系规则的限制，在现有知识基础上的技术创新在一定程度上都要遵守界面规则。同时，利用式学习并不能从根本上改进现有的有限知识基础，因而没有足够的动力来改变现有的技术轨道，从而无法支撑产品架构调整对技术水平和知识积累的要求。最后，当现有的知识结构无法支撑系统的架构创新时，由产品模块联系规则构成的产品模块化架构也会制约系统性能的提升。基于现有知识和技术结构基础上的利用式学习，发挥出既有技术集成能力的潜能，但这种潜能更多发挥在模块创新方面，在架构创新方面的作用有限。因此，我们提出：

假设 5.3b：与利用式学习相比，探索性学习对技术集成能力与架构创新之间关系的调节作用更加显著。

5.2.3 模块可降解性的调节效应分析

具有一定程度可降解性的产品模块通常表现出模块功能、结构相对独立的特征，而且模块技术、功能的改进并不会影响其他模块的运行和效果。而表现为集成架构的低可降解性模块具有模块间知识、技术的依赖性强、模块内部创新受控性风险大的特点，这类模块的内部创新会受到系统匹配问题的影响（陈向东，2004）。而高降解性模块的创新自由度高、受控性弱。发达国家模块集成商可以通过人为影响外包模块的模块可降解性区别性地吸收、整合模块转包企业的制造或创新优势，进而实现自身利益最大化。

模块可降解性不但与产品物理功能可降解性有关，而且特定模块的加工技术、知识可分割性也会对模块可降解性造成影响（游博和龙勇，2016）。此外，模块可降解性也体现了集成商对模块供应商的模块创新过程和结果的战略控制。因此，模块可降解性越高，基于技术集成的模块创新实现过程越顺畅，同时，模块生产厂商对模块可分割知识，特别是产品架构知识的识别和利用也更容易。因此，我们提出：

假设5.4a：产品模块可降解性越高，技术集成能力对模块创新的促进作用越强。

假设5.4b：产品模块可降解性越高，技术集成能力对架构创新的促进作用越强。

因此，技术集成下模块化产品创新实现机制的概念模型如图5-1所示。

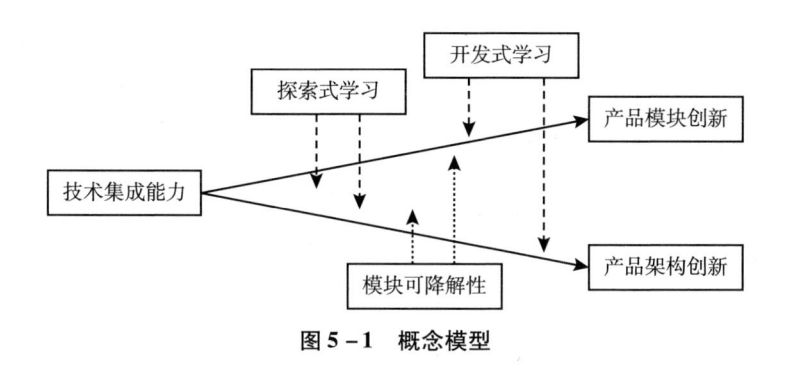

图5-1 概念模型

5.3 研究方法

5.3.1 样本与数据搜集

由于本书涉及的技术集成能力、组织学习、模块可降解性、模块创新、架构创新等变量数据从企业的公开资料中获取的信息十分有限，因此采用面向企业的问卷调查方式进行大样本数据收集。我们对基于文献研究基础上的初始问卷进行了预测试，以保证问卷的内容效度。问卷预测试过程中，邀请了相关领域的专家参与了问卷指标的修正。然后在重庆、成都等地对采用模块化设计的企业高层管理人员进行了小范围的访谈，进行了问卷的预测试并进一步修改和完善问卷内容，形成最终问卷。2015年4~7月，共向武汉、成都、西安、重庆、上海、深圳等地的模块化企业发放了问卷653份，回收问卷 215 份，剔除数据不全和不符合模块化生产方式的问卷 25 份，最终获得有效问卷 190 份。有效回收率 29.1%。

样本企业的选择严格参照成熟研究对模块化行业的认定标准［参考郝斌和 Annie Guerin（2011）的研究］，具体行业分布及占比如下：家用视听设备制造（行业代码：4071~4072）60 家（31.6%）、基础软件服务（行业代码：6211）36 家（18.9%）、集成电路制造（行业代码：4053）31 家（16.3%）、化工设备制造 27 家（行业代码：3621）（14.2%）、发电装备制造（行业代码：3911）11 家（5.8%）、汽车制造（行业代码：3721）11 家（5.8%）、航天器制造（行业代码：3762）14 家（7.4%）。这些行业的样本企业规模、占比分别为：1 000 人以上 68 家（35.8%）、500~1 000 人 39 家（20.5%）、200~500 人 57 家（30.0%）、200 人以内 26 家（13.7%）。问卷受试者职位、数量与占比：企业总经理 20 人（10.5%）、运营经理 49 人（25.8%）、研发主管 63 人（33.2%）、技术部门主管 42 人（22.1%）、其他管理人员 16 人（8.4%）。对样本的描述性统计详见表 5-1~表 5-3。

表 5-1　　　　　　　　　样本企业所在行业分类统计

行业	样本数量	比例（%）	累计比例（%）
家用视听设备制造	60	31.6	31.6
基础软件服务	36	18.9	50.5
集成电路制造	31	16.3	66.8
化工设备制造	27	14.2	81.0
发电设备制造	11	5.8	86.8
汽车整车制造	11	5.8	92.6
航天器制造	14	7.4	100.0
总计	190	100	—

表 5-2　样本企业员工人数统计

员工人数（人）	样本数量	比例（%）	累计比例（%）
<50 人	5	2.6	2.6
50~99 人	10	5.3	7.9
100~199 人	11	5.8	13.7
200~499	57	30.0	43.7
500~999	39	20.5	64.2
1 000~4 999 人	58	30.5	94.7
5 000 人或以上	10	5.3	100.0
总计	190	100	—

表 5-3　样本企业受访对象职务统计

职位（人）	样本数量	比例（%）	累计比例（%）
企业总经理	20	10.5	10.5
运营经理	49	25.8	36.3
研发主管	63	33.2	69.5
技术部门主管	42	22.1	91.6
其他管理人员	16	8.4	100
总计	190	100	—

5.3.2　变量测量

问卷中变量的题项采用 Likert 7 级量表形式（1 = 非常不同意；7 = 非常同意）进行测度。量表多数参考现有研究中的成熟量表并结合研究情景对部分量表做适当修改，对英文文献量表通过翻译与回译以确保题项清晰准确。本章研究的主要变量包括模块创新、架构创新（因变量），技术集成能力（自变量），探索式学习、利用式学习和模块可降解性（调节变量），以及控制变量。

（1）因变量：模块创新和架构创新。本章研究不同层次的模块化产品创新即模块创新和架构创新的实现路径。现有研究中对产品模块创新和架构创新的实证研究比较缺乏，特别是对架构创新的内涵、维度缺少清晰的认识和有效的检验。冯增田和郝斌（2014）对模块创新和架构创新的指标进行了测量，但该量表是从产品创新和技术创新整体的角度进行描述，而且没有区分模块和架构的不同。而本研究的目标是不同层次的模块化产品创新即模块创新和架构创新的技术实现机制实证检验。只是从产品创新和技术创新整体的角度并不能很好地概括和区分模块创新和架构创新的特性。因此本研究整合亨德森和克拉克（1990）及马格努森等（2003）的研究中对模块创新和架构创新的特征描述，借鉴李宏贵和熊胜绪（2010）及游博和龙勇（2016）的研究，从模块内部设计加强、功能优化、模块匹配度提升及核心技术改进四个方面来测度模块创新；综合张刚和许乾（2007）及朱瑞博等（2011）的研究，从模块间联系规则、组合方式、系统运行效率、系统匹配度、客户需求五个维度来刻画架构创新。

（2）自变量：技术集成能力。自伊斯坦蒂（Iansiti）提出技术集成能力的概念之后，学者们从不同的视角对其维度进行了划分。例如，从企业边界出发，认为技术集成能力包括内部技术集成能力和外部技术集成能力，从研究开发模式出发，将其划分为引进模仿能力、吸收能力、创新能力，或是根据技术集成的过程将其划分为产品建构能力、技术监测能力、技术融合能力等。同传统的研究开发模式相比，技术集成实际上就是企业在新产品开发过程中对多种技术选项进行评估和选择以解决产品开发中的问题的一个过程，它强调新技术、产品设计、制造流程以及用户需求的相互适应。因此，本书参考郭亮等（2016）的技术集成能力维度划分，从产品构建、技术选择、技术吸收、技术重构四个方面来刻画技术集成能力。

（3）调节变量：①模块可降解性。针对模块可降解性的研究多数都停留在理论推演和模型分析上，实证研究匮乏。借鉴陈向东（2004）、蒂瓦纳（Tiwana，2008）以及游博和龙勇（2016）的研究，从承接模块界面特征、模块功能、技术独立性及加工过程独立性四个方面来测度模块可降解性。②利用式学习与探索式学习。为了检验不同的组织学习方式对模块化产品创新的影响。借鉴朱朝晖和陈劲（2008）、利希滕塔勒（2009）及彭新敏

(2009)的研究，从八个题项来测度组织学习，其中从熟悉现有技术、挖掘现有技术、运用现有技术、体现现有技术四个方面来测度利用式学习；从开发革命性技术产品、实验突破性工艺方法、挑战传统的技术方法、共享探索性技术方法四个方面来测度探索式学习。

（4）控制变量：企业规模和行业特征。为控制其他因素对本研究模型的干扰，将企业规模与行业特征纳入控制变量。问卷中用员工人数代表企业规模，分为 7 个类别（＜50 人；50～99 人；100～199 人；200～499 人；500～999 人；1 000～4 999 人；5 000 人或以上）。本研究将行业特征设置为虚拟变量，参考已有研究对模块化行业的普遍认定与高新技术产业统计分类标准，行业中除汽车制造、发电装备制造及化工设备制造以外的行业均属于高新技术行业。高新技术行业赋值为 1，其他行业赋值为 0。

5.4 因子分析与信效度分析

5.4.1 探索式因子分析

因子分析是由心理学发展起来，并广泛运用于社会科学、医学、气象学等领域的多元统计分析技术。其主要目的包括：数据压缩、数据基本结构探索以及基于变量间内部关系假想下的数据结构反映，包含探索性因子分析与验证性因子分析两种形式。通过资料数据的统计软件分析，前者力图挖掘事物内在本质特征，而后者检验因子结构与资料数据的拟合程度。

在进行因子分析前，需要对观测数据进行因子分析适合性判断。使用 SPSS 统计分析软件，计算变量和相关题项的 Barlett 球型检验值、KMO 值以及显著水平作为因子分析适合性判断的指标。表 5-4 为主要变量的 KMO 值与 Barlett 球型检验结果。如表 5-4 所示，观测变量的 KMO 值大于 0.7 且 Barlett 球型检验的卡方值较大，P 值小于 0.001（拒绝零假设），因而适合对主要观测变量进行因子分析。

表 5-4　主要变量指标体系的 KMO 值和 Barlett 球体检验结果

变量	测度题项	KMO 值	Bartlett's 值	P
模块创新 （MI）	模块内部设计发生了较大程度的精炼与修正（MI1） 模块功能得到了较大的优化（MI2） 模块之间的匹配度得到较大提升（MI3） 模块核心技术发生较大变革（MI4）	0.757	193.422	0
架构创新 （AI）	功能模块间联系规则发生了较大的改变（AI1） 功能模块间组合方式发生了较大的改变（AI2） 产品系统运行效率得到了得到较大提升（AI3） 功能模块与产品系统之间的匹配度得到较大提升（AI4） 新的架构满足了客户需求（AI5）	0.723	429.130	0
技术集成能力 （TIC）	企业产品构建能力强（TIC1） 企业技术选择能力强（TIC2） 企业技术吸收能力强（TIC3） 企业技术重构能力强（TIC4）	0.789	202.471	0
利用式学习 （EIL）	企业开展多种活动全面学习现有技术（EIL1） 企业致力于挖掘现有技术的产品应用（EIL2） 企业在产品中充分运用现有技术（EIL3） 企业现有产品技术与过去相似（EIL4）	0.747	243.748	0
探索式学习 （ERL）	企业致力于开发革命性的技术产品（ERL1） 企业努力实验突破性的工艺方法（ERL2） 企业一直都在寻找挑战传统技术的产品方法（ERL3） 企业传递和共享全新的产品技术（ERL4）	0.739	336.155	0
模块可降解性 （DM）	模块完全独立运转（DM1） 与本模块匹配的界面清晰、稳定（DM2） 模块与其他模块在技术、功能方面的关联性低（DM3） 模块的加工过程相对独立（DM4）	0.752	379.200	0

在进行因子分析适合性判断后,运用主成分分析法提取公因子并确定因子个数。通常,基于特征值准则进行因子筛选(特征值大于 1 作为初始因子;特征值小于 1 的主成分则被放弃)。因子累计解释方差比也可用作因子个数确定的参考指标,因子累计解释方差比大于 50%,说明提取的公因子能较好地解释变量。在接下来的步骤中,本书使用正交旋转的最大方差(VariMax)方法,依照测度项与因子之间的相关系数大小(因子载荷),将因子载荷大于 0.6 的测度项视为共享一个公因子,而将因子载荷小于 0.6 的测度项删除,进而确定最终的因子结构。表 5-5 显示了主要研究变量的因子提取结果。表 5-6 归纳了量表指标的描述性统计和因子载荷。

表 5-5　　　　　　　　　主要变量的因子提取结果

观测变量	原有题项数	删除题项数	公因子个数	特征值	解释变异量(%)	累计解释变异量(%)
MI1 – MI4	4	0	1	2.248	56.203	56.203
AI1 – AI5	5	0	1	2.982	59.642	59.642
TIC1 – TIC4	4	0	1	2.442	61.058	61.058
EIL1 – EIL4	4	0	1	2.192	54.795	54.795
ERL1 – ERL4	4	0	1	2.153	53.828	53.828
DM1 – DM4	4	0	1	2.330	58.260	58.260

表 5-6　　　　　　　　　主要变量的探索式因子分析结果

变量	测量题项	均值	标准差	因子载荷
模块创新	模块内部设计发生了较大程度的精炼与修正(MI1)	4.642	1.613	0.768
	模块功能得到了较大的优化(MI2)	4.942	1.598	0.826
	模块之间的匹配度得到较大提升(MI3)	5.479	1.181	0.671
	模块核心技术发生较大变革(MI4)	5.453	1.489	0.726

续表

变量	测量题项	均值	标准差	因子载荷
架构创新	功能模块间联系规则发生了较大的改变（AI1）	5.405	1.490	0.801
	功能模块间组合方式发生了较大的改变（AI2）	5.426	1.484	0.852
	产品系统运行效率得到了得到较大提升（AI3）	5.684	1.270	0.764
	功能模块与产品系统之间的匹配度得到较大提升（AI4）	5.874	1.152	0.749
	新的架构满足了客户需求（AI5）	5.332	1.494	0.685
技术集成能力	企业产品构建能力强（TIC1）	5.553	1.258	0.754
	企业技术选择能力强（TIC2）	5.753	1.233	0.789
	企业技术吸收能力强（TIC3）	5.053	1.063	0.782
	企业技术重构能力强（TIC4）	4.826	1.275	0.799
利用式学习	企业开展多种活动全面学习现有技术（EIL1）	5.016	1.143	0.768
	企业致力于挖掘现有技术的产品应用（EIL2）	5.363	1.476	0.729
	企业在产品中充分运用现有技术（EIL3）	4.005	1.157	0.795
	企业现有产品技术与过去相似（EIL4）	5.511	1.383	0.661
探索式学习	企业致力于开发革命性的技术产品（ERL1）	5.016	1.096	0.762
	企业努力实验突破性的工艺方法（ERL2）	5.684	1.359	0.647
	企业一直都在寻找挑战传统技术的产品方法（ERL3）	4.968	1.418	0.716
	企业传递和共享全新的产品技术（ERL4）	5.505	1.356	0.801
模块可降解性	模块完全独立运转（DM1）	5.405	1.490	0.736
	与本模块匹配的界面清晰、稳定（DM2）	4.821	1.600	0.807
	模块与其他模块在技术、功能方面的关联性低（DM3）	5.063	1.496	0.736
	模块的加工过程相对独立（DM4）	4.237	1.533	0.773

5.4.2 验证性因子分析

验证性因子分析用于考察因子模型与观测数据的拟合能力。使用AMOS软件对每个潜变量的测量模型进行参数估计，得到表5-7所示的主要变量验证性因子分析结果。各个变量的 χ^2/df 均小于 3，GFI 与 CFI 均大于 0.9，RMSEA 小于 0.08，各回归系数均大于 0.6（多数都大于 0.7），并在 $p < 0.001$ 的水平上通过了显著性检验。因此，各个变量的测量模型拟合良好，因子结构通过了验证。

表 5-7　　　　　　　　研究变量的验证性因子分析结果

变量	题项	回归系数	标准差	C.R.	标准回归系数	组合信度	AVE	χ^2/df	GFI	CFI	RMSEA
模块创新	MI1	1.000			0.738	0.846	0.581	2.625	0.940	0.977	0.048
	MI2	1.145	0.150	7.631	0.853						
	MI3	0.946	0.081	11.679	0.750						
	MI4	0.923	0.103	8.921	0.698						
架构创新	AI1	1.000			0.854	0.898	0.640	1.554	0.912	0.929	0.067
	AI2	1.083	0.077	14.032	0.929						
	AI3	0.960	0.069	13.913	0.761						
	AI4	1.063	0.064	16.609	0.712						
	AI5	0.925	0.082	11.280	0.733						
技术集成能力	TIC1	1.000			0.748	0.810	0.517	2.435	0.998	0.909	0
	TIC2	1.064	0.146	7.279	0.703						
	TIC3	0.909	0.126	7.241	0.697						
	TIC4	1.136	0.153	7.400	0.726						
利用式学习	EIL1	1.000			0.669	0.804	0.506	1.729	0.970	0.996	0
	EIL2	1.179	0.190	6.218	0.731						
	EIL3	1.095	0.166	6.588	0.724						
	EIL4	0.938	0.170	5.533	0.719						
探索式学习	ERL1	1.000			0.655	0.812	0.521	1.306	0.928	0.998	0
	ERL2	0.925	0.177	5.230	0.688						
	ERL3	1.159	0.193	5.997	0.787						
	ERL4	1.417	0.221	6.415	0.749						

续表

变量	题项	回归系数	标准差	C. R.	标准回归系数	组合信度	AVE	χ^2/df	GFI	CFI	RMSEA
模块可降解性	DM1	1.000			0.809	0.809	0.517	2.861	0.985	0.979	0.079
	DM2	1.323	0.193	6.837	0.751						
	DM3	1.036	0.164	6.319	0.629						
	DM4	1.139	0.173	6.582	0.674						

注：C. R. = 回归系数与标准误差的比值；AVE = 平均变量抽取；χ^2/df = 相对卡方；GFI 是拟合优度指数；CFI 是比较拟合指数；RMSEA 是近似误差均方根。

5.4.3 信度和效度分析

在因子分析的基础上，从信度和效度两个方面来评价因子分析的结果。信度一般通过观察 CITC 和 Cronbach's α 系数来分析。如表 5 - 8 所示，所有的题项总体相关系数（CITC）均大于 0.3，各变量的总 Cronbach's α 系数均大于 0.7，而且删除某个题项后的 Cronbach's α 系数均比变量的总 Cronbach's α 系数小，说明各变量及其对应测度题项的内部一致性较高，信度良好。

表 5 - 8　　　　　　　　　　信度检验结果

变量	题项	CITC	删除该项后 Cronbach's α 系数	Cronbach's α 系数
模块创新	MI1	0.558	0.664	0.739
	MI2	0.637	0.612	
	MI3	0.448	0.725	
	MI4	0.498	0.698	
架构创新	AI1	0.663	0.780	0.827
	AI2	0.745	0.754	
	AI3	0.605	0.798	
	AI4	0.597	0.802	
	AI5	0.527	0.822	

续表

变量	题项	CITC	删除该项后 Cronbach's α 系数	Cronbach's α 系数
技术集成能力	TIC1	0.563	0.748	0.785
	TIC2	0.604	0.726	
	TIC3	0.595	0.735	
	TIC4	0.615	0.721	
利用式学习	EIL1	0.540	0.631	0.712
	EIL2	0.488	0.663	
	EIL3	0.578	0.609	
	EIL4	0.424	0.699	
探索式学习	ERL1	0.528	0.630	0.705
	ERL2	0.410	0.693	
	ERL3	0.476	0.654	
	ERL4	0.573	0.588	
模块可降解性	DM1	0.526	0.722	0.761
	DM2	0.615	0.673	
	DM3	0.527	0.722	
	DM4	0.570	0.699	

效度反映指标体系的有效性，一般分为内容效度、判别效度与收敛效度三种：（1）变量及对应指标均引自国内外权威期刊，且指标经过严格的回译与本土化修正，这保证了变量及其指标的内容效度；（2）表5-9中相关系数表对角线上加粗数值（变量 AVE 值的平方根）大于对应变量所在行、列的相关系数值，表明主要变量具有良好的判别效度；（3）本章验证性因子分析的结果（表5-7）表明变量指标因子载荷大于0.6且变量 AVE 值（表5-7）大于0.5，组合信度大于0.7，因而变量收敛效度通过检验。

表5-9提供了各变量均值、标准差及相关系数等统计结果。其中技术集成能力与模块创新（$r=0.596$，$p<0.01$）及架构创新（$r=0.576$，$p<0.01$）皆显著正相关。模块可降解性与模块创新（$r=0.121$，$p<0.01$）及

架构创新（r=0.252，p<0.01）显著正相关。利用式学习与模块创新（r=0.316，p<0.01）显著正相关。探索式学习与模块创新（r=0.273，p<0.01）及架构创新（r=0.243，p<0.01）显著正相关。这些结果为主要假设的检验提供了初步证据。

表 5-9　　　　　　　　　变量描述性统计与相关系数

变量	均值	标准差	企业规模	行业特征	模块创新	架构创新	技术集成能力	利用式学习	探索式学习	模块可降解性
企业规模	4.732	1.371	1							
行业特征	0.742	1.88	0.087	1						
模块创新	5.129	1.108	0.093	-0.013	**0.762**					
架构创新	5.544	1.065	0.046	-0.069	0.120**	**0.800**				
技术集成能力	5.796	0.945	0.117	-0.041	0.596**	0.576**	**0.719**			
利用式学习	5.724	0.951	0.152	-0.023	0.316**	0.184	0.118*	**0.711**		
探索式学习	5.543	0.957	0.107	0.005	0.273**	0.243**	0.288**	0.173*	**0.722**	
模块可降解性	5.132	1.168	0.082	0.012	0.121**	0.252**	0.186	0.120	0.072	**0.719**

注：N=190；* 表示 p<0.05；** 表示 p<0.01；*** 表示 p<0.001，对角线上加粗数值为对应变量 AVE 值的平方根。

5.5　多元回归结果

运用 SPSS 软件的多元线性回归功能对主要研究假设进行检验。对自变量及调节变量做均值中心化处理以消除引入交互项后产生的多重共线性问题。运用 Harman 单因子检测法对问卷全体测度指标进行因子分析，检验结果表明全体测度指标的因子分析结果解释了总方差的 64.293%，而其中的第一主成分载荷量占 17.004%，未达到多数。因此单因子并未出现，且第一因子并未能解释协方差的主要部分，这些结论都表明不存在严重的共同方法偏差。

表 5-10 展示了层级回归的结果，由以模块创新为因变量的左半表（模型 1～模型 5）与以架构创新为因变量的右半表（模型 6～模型 10）组成。模型 1 主要观察控制变量对模块创新影响，模型 2 加入自变量技术集成能力，模型 3 加入调节变量模块可降解性以及模块可降解性与技术集成能力的交互项，模型 4 和模型 5 逐步加入利用式学习和探索式学习及相应的交互项。模型 6～模型 10 变量加入顺序与模型 1～模型 5 相同。如表 5-10 所示，伴随着变量的不断加入，模型调整 R^2 显著递增，这表明模型解释力逐步提升。如模型 5 与模型 10 所示，企业规模、行业特征对两个层次的产品创新的影响皆不显著。而技术集成能力与模块创新、架构创新的回归系数分别为 0.206（$p<0.001$）与 0.179（$p<0.001$），这表明技术集成能力与这两种创新之间的正相关关系是显著的，假设 3.1a 与假设 3.1b 获得支持。相关研究指出，新产品的设计与生产需要企业对多领域的知识、技术进行集成创新。技术集成能力的水平越高，企业通过技术关联性将核心技术能力运用、扩展到更广泛领域的能力越强，从而更好地提升模块性能，优化产品架构。技术集成能力不仅可以改变产品组件的功能设置与技术参数，实现多领域知识的综合运用与产品功能优化，促进产品模块创新，同时可以促进核心技术与架构知识的整合来推动产品架构创新。

表 5-10　层级回归结果

变量	模块创新					架构创新				
	模型 1	模型 2	模型 3	模型 4	模型 5	模型 6	模型 7	模型 8	模型 9	模型 10
企业规模	0.052	0.064	0.049	0.057	0.042	0.020	0.017	0.019	0.022	0.015
行业特征	0.097	0.088	0.071	0.103	0.065	0.041	0.053	0.038	0.047	0.050

续表

变量	模块创新					架构创新				
	模型1	模型2	模型3	模型4	模型5	模型6	模型7	模型8	模型9	模型10
技术集成能力		0.151***	0.132***	0.114***	0.206***		0.325***	0.310***	0.303***	0.179***
模块可降解性			0.030**	0.019**	0.024**			0.036*	0.071*	0.070*
利用式学习				0.025**	0.038**				0.010**	0.008**
探索式学习					0.125**					0.031**
模块可降解性×技术集成能力			0.268***	0.235***	0.196***			0.096*	0.080*	0.062*
利用式学习×技术集成能力				0.107**	0.089***				0.050***	0.037***
探索式学习×技术集成能力					0.044***					0.161***
R^2	0.007	0.233	0.285	0.302	0.335	0.005	0.212	0.300	0.314	0.320
调整后R^2	0.003	0.190	0.259	0.290	0.317	0.000	0.198	0.285	0.293	0.302
ΔR^2	0.000	0.187***	0.069***	0.031***	0.027***	0.000	0.198***	0.077***	0.008***	0.009***

注：(1) *表示$p<0.05$；**表示$p<0.01$；***表示$p<0.001$；(2) 表中系数为非标准化系数。

模型5与模型10同时还显示，探索式学习与技术集成能力的交互项回归系数为0.044（$p<0.001$）和0.161（$p<0.001$），探索式学习在模块创新和架构创新的生成路径上具有显著正向调节作用，假设3.2a、假设3.2b获得支持。利用式学习与技术集成能力的交互项对模块创新的回归系数为0.087（$p<0.001$），表明利用式学习对模块创新的调节效应显著正向，假设3.3a成立。探索式学习与技术集成能力的交互项对架构创新的回归系数（0.162，$p<0.001$）明显大于利用式学习与技术集成能力的交互项对架构创新的回归系数（0.038，$p<0.001$），表明探索式学习对技术集成能力与

产品架构创新的调节作用更大，假设3.3b成立。一方面，两种组织学习方式的正向调节效应表明，产品模块创新和架构创新依赖于技术集成能力主导的集成创新，但同时模块供应商的主动学习行为强化了其自身的知识基础，扩展了企业的知识存量，从而为模块创新或架构创新的顺利开展提供了坚实的基础。另一方面，探索式学习比利用式学习表现出对架构创新更高的调节作用。探索式学习相比利用式学习来说，对企业的产品研发能力和投入的要求更高。随着模块专用性程度的提高，相关企业对探索性知识的依赖会逐渐增强。基于现有知识和技术结构基础上的利用式学习，能够明显地促进模块改进和升级，但对产品架构的作用很有限。相对来说，探索性学习比利用式学习更有利于产品架构创新。

模块可降解性与技术集成能力交互项对应回归系数分别为0.195（$p<0.001$）与0.063（$p<0.001$），因此模块可降解性对技术集成能力与产品模块创新和架构创新的调节作用正向显著，假设3.4a、假设3.4b通过检验。模块可降解性的调节作用表明，当产品技术、知识等方面的可降解性比较低时，模块供应商的创新更容易受制于模块加工技术、模块知识可分割性及模块集成商战略控制意图的制约而表现出模块化创新惰性。而伴随模块可降解性的提升，基于技术集成的模块创新实现过程越顺畅，同时，模块生产厂商对模块可分割知识，特别是产品架构知识的识别和利用也更容易。模块供应商基于技术集成能力的产品模块创新和架构创新更容易实现。假设验证结果如表5-11所示，主要调节变量的调节效应如图5-2所示。

表5-11　　　　　　　　　　假设验证结果

假设	描述	验证结果
假设5.1a	技术集成能力显著促进产品模块创新	通过
假设5.1b	技术集成能力显著促进产品架构创新	通过
假设5.2a	探索式学习越强，技术集成能力对模块创新的促进作用越大	通过
假设5.2b	探索式学习越强，技术集成能力对架构创新的促进作用越大	通过
假设5.3a	利用式学习越强，技术集成能力对模块创新的促进作用越大	通过

续表

假设	描述	验证结果
假设 5.3b	与利用式学习相比，探索性学习对技术集成能力与架构创新之间关系的调节作用更加显著	通过
假设 5.4a	产品模块可降解性越高，技术集成能力对模块创新的促进作用越强	通过
假设 5.4b	产品模块可降解性越高，技术集成能力对架构创新的促进作用越强	通过

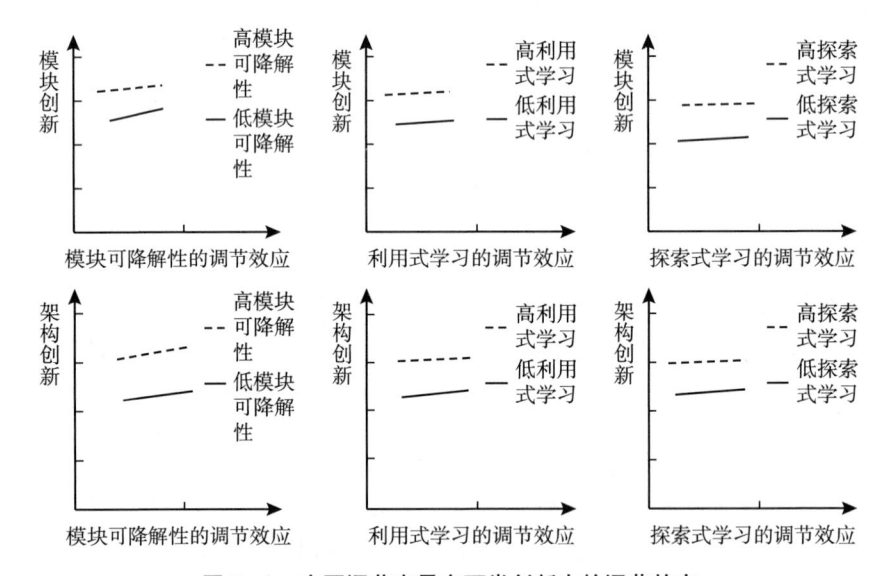

图 5-2 主要调节变量在两类创新中的调节效应

5.6 实证结果分析

（1）在模块化产品创新的直接影响因素分析方面：技术集成能力与模块创新、架构创新存在显著正相关关系。这是因为，一方面，技术集成通过多元化技术的交叉融合、碎片化技术再整合，达到了模块功能提振、模块边界延伸以及集成模块内部技术突变创新的效果，这种技术的集成创新模式往往有别于原始技术创新，而表现出创新的高效率、低投入、低风险等特征。同时，模块技术集成提升了集成模块相对于模块集成商而言的"选择权价

第5章 技术集成下模块化产品创新实现机制研究

值",通过技术积聚效应提升了同行竞争者创新模仿的"技术门槛",并使得创新价值的获取具有更高的独占性。因而,模块技术集成提升了模块供应商的利润空间,巩固了市场占有率,抢占了市场先机,并成为实现企业价值链位势攀升的有效途径。另一方面,架构创新的实现严重依赖于技术集成的基础(即企业技术集成能力),而企业技术集成能力作为企业一种特定的动态能力,通过产品构建、技术选择、技术吸收及技术重构四大功能的发挥,系统性地实现了新技术市场信息、新知识、需求动态变化等要素的融合,从而形成新的技术架构,从而得到架构创新,通过新产品或降低产品成本等提高企业创新和绩效。

(2) 在组织学习调节效应分析方面:①探索式学习在技术集成能力对产品模块创新和架构创新的影响路径中均存在显著的正向调节作用。②利用式学习对模块创新存在显著的正向调节作用,但是对于架构创新的影响有限。而探索式学习对架构创新的调节效应比利用式学习更显著。这表明,作为企业应对环境动态变化的关键因素,这两种组织学习方式在企业模块化产品创新过程中发挥了重要的正向辅助作用。这是因为,一方面,探索式学习所形成的技术知识可以从根本上扩大企业的知识存量,加大了知识识别和获取的广度和深度,使得企业可以在更大范围内整合技术知识,为企业技术集成创新提供了更丰富的知识基础和更灵活的创新环境,为模块化产品创新的顺利开展提供坚实的基础。同时,探索式学习从根本上改进了企业所获取的知识属性,使得企业的知识范围更广、层次更高,从而有利于改变企业的产业边界,进入更高的价值链层次。另一方面,利用式学习能够通过对既有知识的有效利用,更好地发挥已有知识的潜在价值,而既有知识在新技术中的应用或者组合成新的知识结构,使得既有知识基础上的技术开发和模块化创新能够匹配更高层次的技术要求。在模块生产商技术集成创新的过程中,利用式学习不断拓展企业已有的知识和技能,促使现有企业现有的知识基础和技术根基的性能不断完善,能够为技术集成创新提供更准确和快速的支持。模块供应商基于既有知识的模块创新行为,在研发成本和速度以及效率上都具有更大的优势,从而发挥出现有技术集成能力的潜能,承接模块的成本、价格、质量、功能性改进，完善产品模块设计，完成产品功能的升级。然而利用式学习对现有知识的利用和技术改进主要集中于模块层面，对模块之间联系规则和架构知识的影响比较有限。模块之间"两类联系规则"的存在，模块供应商的创新行为受到模块之间联系规则的限制，并不能从根本上改进现有的有限知识基础，因而没有足够的动力来改变已有的技术轨道，从而无法支撑产品架构调整对技术水平和知识积累的要求。

（3）在模块可降解性的调节效应分析方面：模块可降解性在企业技术集成能力与两类产品创新的关系中均存在显著的正向调节效应，这表明本土模块供应商所承接模块的模块可降解性水平越高，这些企业通过技术集成的方式更容易实现模块创新和架构创新，创新的价值也更高。这是因为，模块可降解性作为集成商战略控制与发包模块加工技术、知识的可降解性（或创新自由度）两类因素的综合表征参数，集中体现了这两类因素对于产品模块的自由度、开放性、外源性技术知识阻断、创新价值逆向吸收等与本土企业产品创新密切相关的关键要素的影响。这可以被解释为，本土企业承接模块的模块可降解性越高，则集成商的战略控制意图越弱且本土模块供应商所从事的模块生产活动越偏离依图纸加工、代工生产等"不允许失控"的制造模式，在这种情况下，集成商基于外围知识针对外包模块创新的逆向价值吸收、价值倾榨以及对模块化创新的外源性技术阻断、封锁等行动被弱化，且发包模块的创新自由度更大、创新模式更为开放化，因而模块创新和架构创新的发起企业能够获得更多的创新价值，进而提升创新绩效。

5.7 本章小结

本章利用实证研究方法对模块供应商的模块创新和架构创新实现机制进行了检验。首先，针对本土制造企业如何在与集成商的竞争合作中通过模块化产品创新来突破低端价值链锁定这一问题，在相关文献综述的基础上，初步形成包括企业技术集成能力、模块创新、架构创新、利用式学习、探索式学习以及模块可降解性等变量研究框架，并提出了研究假设。其次，设计了用于实证数据收集的调研问卷,并对问卷进行小样本测试以保证问卷内容的准确性、清晰度与可理解性,然后进行了大样本问卷发放下的实证数据汇总,并以此为基础对主要研究变量进行了探索式与验证性因子分析以检验变量信、效度。最后,通过带调节项的层级回归方法对主要研究假设进行了检验。本章通过对研究结论的归纳、思考,形成了具有企业实践指导意义的策略、建议。

第 6 章

产品模块化与供应链协同匹配下的新产品绩效

在特定知识领域中具有技术专长或者具有生产要素禀赋优势的企业，逐渐要求从模块化分工网络的被动参与者成为模块化分工网络的核心再到模块化分工网络的主导，并结合持续性的新产品开发及创新巩固维持自身竞争优势地位。这势必会引发学者对具有模块化新产品开发能力的本土企业实现模块化变革和创新价值获取的影响因素及机制的研究关注。

传统的研究范式过于强调模块化创新的内生影响机制问题，即模块化产品创新表现为产品模块化是否必然引发模块化产品创新以及由此引发的模块化产品创新的层次与绩效等问题。然而，模块化生产网络中的本土企业无法单独实现最终产品的制造，必须与自身所在的供应链条上其他企业协同合作，提升整个链条的竞争力实现价值的创造，通过链与链的竞争来实现全球生产网络中的位势攀升。因此，本章在文献综述和前文研究的基础上，从供应链视角对模块化产品创新的新产品绩效相关研究进行分析，尝试对模块化创新的内生机制进行修正。

6.1 问题提出

日益加剧的全球化进程、个性化客户需求与不断缩减的产品生命周期迫使企业努力寻求产品的多样化与迭代更新。这势必对新产品开发中的成本控制、技术复杂性克服、制造周期压缩及产品创新性提升等提出更高要求。因而，越来越多的企业通过践行技术、产品或设计、生产模块化战略来应对这些压力。对于具有模块化新产品开发能力的本土制造企业来说，可以通过主动采取产品架构模块化改造、产业组织一体化架构向开放式架构变革以及产品垂直整合型价值链向模块化整合型价值链切换等模块化战略来实现后发企业跨越式发展与生态位优化（朱瑞博、刘志阳、刘芸，2011）。然而，模块化战略如何主导产品架构的模块化变革的过程，以及本土制造企业如何主导产品模块化过程并提升企业的竞争优势还需要进一步的考察。此外，在全球化分工体系中，模块化产品生产企业无法单独实现最终产品的制造与价值的实现，必须与自身所在的供应链条上其他企业协同合作，提升整个链条的竞争力来实现价值的创造，通过链与链的竞争来实现全球生产网络中的位势攀升。那么本土制造企业如何在其主导的产品模块化过程中通过与顾客、合作伙伴协同合作来削减成本、快速创新，并实现创新价值实现呢？对于这个问题的回答必须建立在识别和深入探究产品模块化与供应链协同的内涵和关系的基础上。

现有研究从产品设计模块化、产品生产模块化以及产品模块化综合等视角来考察产品层面的模块化实践与新产品绩效间的关系（Lau et al.，2010；Danese and Fillipini，2010；Gokpinar and Iravani，2010；Magnusson and Pasche，2014；程文和张建华，2013；陈建勋等，2009）。现有研究表明：模块化产品设计能加速新产品研发、分散研发风险、降低研发成本，并通过新产品的面世实现企业的长期绩效（胡玉洲，2012）。产品模块化有利于提升新产品开发速度、降低开发成本、提升产品定制水平（Yeh et al.，2010；Lau et al.，2011）。产品制造模块化缩减了新产品制造、装配的时间，降低了生产成本，提升了定制化产品潜在利润率（Jacobs et al.，2011）。这些结论表明企业模块化战略对新产品绩效有显著的影响。同时，现有研究还从产品创新性的中介效应（Lau et al.，2010），组织学习与关系网络的调节效应（冯增田和郝斌，2014），环境动态性、先动柔性的正向调节效应与中介效应（谢卫红等，2014），企业竞争能力的中介效应（Lau et al.，2007）等方面对模块化促进新产品绩效路径上的影响因素进行了探索。这些研究结论加深了学界关于模块化对新产品绩效影响机制的认识，但仍却缺乏供应链系统协调合作的视角，企业的模块化战略与供应链系统之间的协调匹配关系还需要进一步的挖掘。

现有对模块化与供应链关系的研究主要集中于模块化理论在供应链情境下的应用以及产品模块化与供应链整合的关系方面。研究表明：产品模块化与供应链的管理（张欣和马士华，2006）、合作关系（Childerhouse et al，2002；焦志伦，2005）、整合（纪雪洪等，2004；Lau and Yam，2010a，2010b）、绩效（Hoetker et al.，2007；纪雪洪等，2012；王捷，2015）之间存在一定的互动关系。这种关系更多体现在产品设计阶段，很少考虑模块化生产阶段，而且结论上还存在一定的分歧。同时，直接考察产品模块化与供应链协同之间直接关系的实证文章很少见，这种特定关系的论证对于有效地识别模块化实践下的竞争优势提升路径以及模块化理论、供应链协同理论的普适性及本土化延展具有一定的补充意义。此外，产品模块化与供应链协同的匹配关系对于新产品绩效的影响还有待挖掘和验证。

因此，本章首先探索了产品设计模块化与生产模块化与供应链协同之间相互影响的关系。其次分析了产品模块化与供应链协同的匹配关系对新产品绩效的影响，力图揭示模块化战略与供应链系统之间协调匹配的机理。相关研究结论对本土企业模块化实践及新产品市场表现的提升具有一定的借鉴意义。

6.2 研究假设

6.2.1 产品模块化与供应链协同的匹配

当前学术界对于产品模块化与供应链的匹配问题的结论并不统一，现有研究主要包含两种观点：一方面，有些研究认为，产品模块化会导致一个松散的供应链关系和结构。例如，霍克（2000）通过对电子行业的案例研究，认为模块化的供应链架构表现为企业层面的联系和沟通以及信息共享都比较少。布鲁索尼和普林西比（2001）认为产品组件的创新可以不依靠供应链企业间的协作来完成。霍特克等（2007）认为模块化设计可以有效地降低企业外部整合。刘等（2010）通过案例研究发现产品模块化使供应链变得松散耦合。另一方面，一些研究认为产品模块化程度越高，企业越需要更加紧密的合作关系（付聪，2013）。当模块外包给供应商时，更深度的供应链整合将有助于供应商通过合作创新开发新产品（Ragatz et al, 2002；Twigg, 1998）。如果供应商和集成商不协调模块化产品设计的多个功能单元，可能会需要更多的时间和资源来完成产品创新（Fleming and Sorenson, 2001），新产品的生产无法持续很长时间（Sheu and Wacker, 1997），产品性能也无法达到最优（Nobelius and Sundgren，2002），甚至可能创新失败（Galvin and Morkel，2001）。迪兹（Diez，2000）观察到，在新产品开发过程中，紧密的供应链设计促进企业之间的信息共享，特别是默会知识共享，进而产生竞争优势（Mascitelli，2000；Grant，1996）。塞卡兰等（Squire et al.，2007）发现，模块化设计会增加供应商对关系特定投资的需求。刘克洛等（Ro et al.，2007）认为合作企业之间联系越密切，高模块化产品越能快速响应客户需求。刘和严（Lau and Yam，2010a；2010b）分别用案例和实证的方法研究了产品模块化与供应链整合的关系。研究结果表明模块化与供应链之间存在密切的关系。

这些研究的不足之处在于侧重于产品设计阶段但很少考虑模块化生产阶段的匹配。同时，现有研究只考虑了产品模块化对供应链相关变量的影响，没有考虑供应链相关变量对产品模块化的影响，更没有从理论出发构建和验证一个系统的分析产品模块化与供应链协同关系的框架。一方面，较高程度的产品模块化程度意味着产品组件的兼容性和界面标准化程度较高，减少了供应商之间的沟通，与集成商之间的合作会更加的紧密（Gadde and Jellbo，2002），也加强了消费者和合作企业的沟通交流，并优化供应链结构（付聪2013），从而使供应链更加柔性化和敏捷化（纪雪洪等，2004）。同时，产品分工的深入使得规则设计者或模块集成商可以利用强势地位，对供应链上的资源和关系等进行有效整合，最大限度发挥企业间的协同效应。另一方面，合作企业的联系变得日益密切，以使得高模块化产品快速相对应市场的需求（Ro et al.，2007）。较高的协同水平意味着合作关系比较紧密，生产和经营活动的步调协调一致，供应链节点企业之间的信息共享、同步决策、沟通和协调等方面的水平比较高，企业能够即时获得客户和市场的需求信息，快速准确地传递到内部制造部门并及时地通知模块供应商，加快产品开发的速度。企业之间的协同合作促进了知识共享和转移，特别是隐性知识的转移，促进了企业的技术能力提升，为企业的模块化技术创新打下基础。供应链协同促进了模块化供应链内部各组织模块的功能耦合和能力整合，这也使得分工更加专业化，整个供应链更具有竞争优势（纪雪洪等，2004）。因此，我们提出：

假设 6.1：产品模块化与供应链协同相互影响。

6.2.2　产品模块化与供应链协同的匹配与新产品绩效

我们已经假设了产品模块化与供应链协同是相互影响的。而在以往的研究中，产品模块化与供应链协同之间的关系是比较复杂的，研究结论也不统一。架构理论认为，产品架构的组合和分解会影响供应链的激励效率（Baiman et al.，2001），并与供应链的集中或分散配置策略相互影响（Ulku and Schmidt，2011）。产品架构、工艺流程架构与供应链架构之间的相互制约和支持机制（马玉波和陈荣秋，2007）会影响供应链的绩效（Randall and Ulrich，2001；纪雪洪等，2004），使组织陷入模块化陷阱（Chesbrough and kusunoki，2001）。因此，我们认为这种影响会通过产品模块化与供应链协同的匹配进行。

产品模块化涉及模块化设计与模块化生产两个阶段，涵盖了产品组件的可分离性、专用性、标准化、可替代性、可再利用性、可转换性以及并行生产等特征。供应链协同涉及企业与客户和供应商的战略合作、信息共享、交流、沟通和反馈、同步决策、激励同盟等。一方面，如果产品模块化设计和生产做得不够好，产品模块的划分和模块间联系规则的制定不清晰，将会影响模块分割的精益性和模块间交互以及模块的并行生产和创新组合，降低企业之间的沟通交流和信息共享程度，提高同步决策和激励同盟的实施难度，从而降低协同效应，如较短的提前期、较快的库存周转率及柔性等（Germain and Iyer，2006）。另一方面，供应链协同水平过低的话，企业之间很难通过及时有效的信息共享、沟通反馈来准确地预测客户需求，不能及时采购和精益化生产。没有企业内外流程的整合和企业之间的协同合作，产品模块的创意和设计乃至生产制造的效率也会大大降低，从而影响新产品绩效乃至整个供应链的绩效水平。因此，产品模块化与供应链协同是互补的。综上所述，我们提出：

假设 6.2：产品模块化与供应链协同是匹配的，产品模块化与供应链协同对新产品绩效的提升存在增强型的交互作用。

产品模块化与供应链协同的匹配模型如图 6-1 所示。

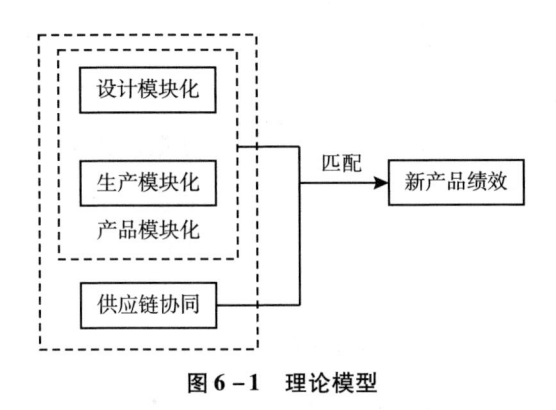

图 6-1 理论模型

6.3 研究方法

6.3.1 样本与数据搜集

研究数据来自企业访谈和问卷调研。我们对基于文献研究基础上的初始问卷进行了预测试，以保证问卷的内容效度。问卷预测试过程中，邀请了相关领域的专家参与了问卷指标的修正。随后在重庆对采用模块化设计的企业的高层管理人员进行了小范围的访谈，并进行了问卷的预测试，进一步修改和完善问卷内容，形成最终问卷。在 2016 年 4~7 月，对中西部模块化运用程度较高的行业内的多家企业进行了问卷调研。问卷发放采用 E-mail 形式，共向武汉、成都、广州、重庆、上海、深圳等地企业发放问卷 450 份，回收 235 份，剔除无效问卷 27 份（数据不全 21 份，不适合模块化设计企业 6 份），实际得到有效问卷 208 份，有效问卷回收率 46.2%。样本企业行业分布及占比如下：家用设备制造 45 家（21.6%）、软件开发 43 家（20.7%）、电子设备制造 38 家（18.3%）、计算机 32 家（15.4%）、汽车制造 8 家（3.8%）、航空航天 11 家（5.3%）、其他 31 家（14.9%），以上行业的选定参考已有研究对模块化行业的普遍认定。样本企业规模、占比分别为：1 000 人以上 45 家（21.6%）、500～1 000 人 78 家（37.5%）、200～500 人 63 家（30.3%）、200 人以内 22 家（10.6%）。问卷受试者职位、数量与占比：企业总经理 36 人（17.3%）、运营经理 47 人（22.6%）、研发主管 58 人（27.9%）、首席财务官 42 人（20.2%）、其他管理人员 25 人（12.0%），鉴于高层次管理人员更能充分把握企业运营、行业发展现状，将他们纳入受试对象能确保问卷调查的效度。对样本的描述性统计详见表 6-1～表 6-3。

表 6-1　　　　　　样本企业所在行业分类统计

行业	样本数量	比例（%）	累计比例（%）
家用设备制造	45	21.6	21.6
电子设备制造	38	18.3	39.9
计算机	32	15.4	55.3
软件开发	43	20.7	76.0
汽车整车制造	8	3.8	79.8
航空航天	11	5.3	85.1
其他	31	14.9	100
总计	208	100	—

表 6-2　　　　　　样本企业员工人数统计

员工人数	样本数量（人）	比例（%）	累计比例（%）
<50 人	5	2.4	2.4
50～99 人	6	2.9	5.3
100～199 人	11	5.3	10.6
200～499	63	30.3	40.9
500～999	78	37.5	78.4
1 000～4 999 人	40	19.2	97.6

续表

员工人数	样本数量（人）	比例（%）	累计比例（%）
5 000 人或以上	5	2.4	100.0
总计	208	100	—

表6-3　　　　　　　　样本企业受访对象职务统计

职位	样本数量（人）	比例（%）	累计比例（%）
企业总经理	36	17.3	17.3
运营经理	47	22.6	39.9
研发主管	58	27.9	67.8
首席财务官	42	20.2	88.0
其他管理人员	25	12.0	100
总计	208	100	—

6.3.2　问卷指标设计和变量测量

本章研究主要变量为产品模块化（设计模块化、生产模块化）、供应链协同与新产品绩效。问卷中变量的题项采用 Likert 7 级量表形式（1＝非常不同意；7＝非常同意）进行测度。

（1）产品模块化。产品模块化可分为两个维度：产品设计模块化与产品生产模块化。产品设计模块化的指标设计基于以下三个方面的考量：①产品的模块化过程：体现本土企业围绕全新产品概念进行的产品模块化设计、模块分割的精益性。②产品模块化的深度：体现模块间交互界面的生成与状态、模块设计的独立性、产品功能组分与物理组分间的结构性安排、产品模块间互赖性（interdependency）的高低以及产品模块标准化程度。③产品模块化的效果：产品模块在产品系中的通用性、产品物理模块或功能模块再配置后的产品功能衍生性、定制性模块在基础模块上的可添加性、产品模块再配置的可行空间等。为贴合本书具体研究情景，参考安东尼奥等（2007）与刘等（2011）的相关量表，生成 6 个题项的产品设计模块化量表，见表6-4。

表6-4　　　　　　　　　产品设计模块化的指标刻画

指标代码	指标描述
PDM1	产品可分解为独立模块
PDM2	产品核心组件的改进独立于其他组分的设计
PDM3	产品组成部件可在其他产品中实现再利用
PDM4	产品组成部件实现标准化
PDM5	产品采用模块化的思想进行设计
PDM6	通过改变部分模块，就能提供新的产品/服务

　　产品生产模块化的指标设计主要考量三个方面的特征：①并行生产。只需要保证模块与模块之间的接口保持一致，模块之间的独立改进和创新不受时间、空间、地点的限制。②模块组件可重新装配组合的能力。模块的组装重构可以实现不同的性能，不同的模块组合可以实现不同的产品，并不需要改变模块本身。③产品模块的维修和更换。模块之间标准化的接口使得模块在不同的系统中可以通用，维修时只需要更新或者改进独立的模块，从而提高维修的效率，延长模块的寿命。因此，参考雷如桥等（2004）的研究，生成4个题项的产品生产模块化量表，见表6-5。

表6-5　　　　　　　　　产品生产模块化的指标刻画

指标代码	指标描述
PPM1	产品的组成模块可在不同区域并行生产
PPM2	同一功能的模块（组件）可以具有不同的型号
PPM3	可以使用同一功能的模块（组件）装配不同的产品
PPM4	可以单独对出现问题的模块进行维修、更换，不需要改变整个模块

　　（2）供应链协同。西马图庞（2004）在供应链协同的基本概念和纬度方面进行了比较深入的研究，提出供应链协同的三个纬度，即信息共享、同

步决策和激励联盟。后续对供应链协同的测量基本上都包含了这三个维度。曹梅和张庆余（2011）整合了流程和关系两种观点，认为供应链协同是包含信息共享、目标一致、决策同步、激励联盟、资源共享、协同沟通和共同知识创造七个方面内容的一个伙伴关系流程（Cao and Zhang, 2011）。结合具体的研究情境，参考曹梅和张庆余（2011）与龙勇、潘红春（2014）的研究，本书通过信息共享、目标一致、同步决策、资源共享、激励同步、协同沟通和共同知识创造7个维度来刻画供应链协同，见表6-6。

表6-6 供应链协同的指标刻画

指标代码	指标描述
SCC1	共享及时、准确、可靠的、完整的对彼此有利的信息
SCC2	规划和运作上共同决策、协调以优化供应链收益
SCC3	收益共享、成本和风险共担
SCC4	频繁、双向、开放、平等的沟通
SCC5	有共同的或者相容的发展目标，通过相互支持、共同努力能够实现
SCC6	共享技术支持、管理协作流程以及其他财务和非财务资源
SCC7	共同搜索和获取新的知识，吸收和利用相关的知识

（3）新产品绩效。本书力图综合分析新产品绩效的构成维度并使研究体系和结果更加清晰，并且研究系统涉及供应链协同和供应链整体竞争力等问题，因此，本书中的模块化新产品绩效在综合以往研究中的企业财务绩效、企业增长绩效及企业竞争绩效的基础上，还加入体现协同效果的企业时间绩效这一表述。具体体现为以下四个方面：①企业财务绩效：体现为新产品实现较高利润率、实现预期销售目标等。②企业增长绩效：体现为企业对现有产品市场的巩固和对新市场的开拓，企业产品销售额及利润规模的增长等。③企业竞争绩效：体现为较于同行竞争者更高的产品差异化水平，对客户个性化需求更好的满足以及产品成本优势等。④企业时间绩效：更短的单位产品准备时间，更短的单位产品制造时间、新产品先于竞争对手面市以及

快速交货等。参考刘等（2011）与张婧和段艳玲（2010）的量表，在对相似题项进行整合的基础上最终形成了七个题项的量表。变量与测度指标详见表6–7。

表 6 – 7　　　　　　　　　新产品绩效的指标刻画

指标代码	指标描述
NPP1	新产品实现了预期销售目标
NPP2	新产品实现了预期利润目标
NPP3	新产品具有较高利润率
NPP4	新产品满足了客户需求
NPP5	新产品上市达到了预期速度
NPP6	新产品较于竞争者同类产品，差异化水平较高
NPP7	推向市场的新产品数量、成功率达到预期目标

（4）控制变量。将企业规模纳入控制变量。问卷中用员工人数代表企业规模，分为7个类别（<50人；50~99人；100~199人；200~499人；500~999人；1 000~4 999人；5 000人或以上）。

6.4　实证分析

6.4.1　因子分析

1. 因子分析适合性判断

使用 SPSS 统计分析软件，计算变量和相关题项的 Barlett 球型检验值、KMO 值以及显著水平作为因子分析适合性判断的指标。如表 6–8 所示，各组观测变量的 KMO 值大于 0.6 且 Barlett's 卡方值较大，P 值小于 0.001，所以观测变量适合进行因子分析。

表6-8 指标体系的 KMO 与 Barlett 球型检验结果

变量与测度指标	P	Barlett's 卡方值	KMO	因子载荷
产品设计模块化（PDM）	0	383.892	0.833	
1. 产品可分解为独立模块（PDM1）				0.782
2. 产品核心组件的改进独立于其他组分的设计（PDM2）				0.750
3. 产品组成部件可在其他产品中实现再利用（PDM3）				0.717
4. 产品组成部件实现标准化（PDM4）				0.792
5. 产品采用模块化的思想进行设计（PDM5）				0.796
6. 通过改变部分模块，就能提供新的产品/服务（PDM6）				0.795
产品生产模块化（PPM）	0	290.109	0.713	
1. 产品的组成模块可在不同区域并行生产（PPM1）				0.764
2. 同一功能的模块（组件）可以具有不同的型号（PPM2）				0.767
3. 可以使用同一功能的模块（组件）装配不同的产品（PPM3）				0.737
4. 可以单独对出现问题的模块进行维修、更换不需要改变整个模块（PPM4）				0.746
供应链协同（SCC）	0	517.501	0.856	
1. 共享及时、准确、可靠的、完整的对彼此有利的信息（SCC1）				0.796
2. 规划和运作上共同决策、协调以优化供应链收益（SCC2）				0.760
3. 收益共享、成本和风险共担（SCC3）				0.782
4. 频繁、双向、开放、平等的沟通（SCC4）				0.802
5. 有共同的或者相容的发展目标，通过相互支持、共同努力能够实现（SCC5）				0.781

续表

变量与测度指标	P	Barlett's 卡方值	KMO	因子载荷
6. 共享技术支持、管理协作流程以及其他财务和非财务资源（SCC6）				0.595
7. 共同搜索和获取新的知识，吸收和利用相关的知识（SCC7）				0.549
新产品绩效（NNP）	0	657.730	0.826	
1. 新产品实现了预期销售目标（NNP1）				0.866
2. 新产品实现了预期利润目标（NNP2）				0.700
3. 新产品具有较高利润率（NNP3）				0.732
4. 新产品满足了客户需求（NNP4）				0.841
5. 新产品上市达到了预期速度（NNP5）				0.841
6. 新产品较于竞争者同类产品，差异化水平较高（NNP6）				0.885
7. 推向市场的新产品数量、成功率达到预期目标（NNP7）				0.759

2. 提取因子

采用主成分分析法提取因子。表6-9提供了指标体系的因子提取结果：设计模块化的指标体系可以提取1个公因子，公因子命名为产品设计模块化，指标的累计解释变异量达到52.449%；产品生产模块化的指标体系可以提取1个公因子，命名为产品生产模块化，指标累计解释能力为56.749%；供应链协同的指标体系可以提取1个公因子，命名为供应链协同，对应的特征值为3.679，指标累计解释能力为52.564%，鉴于第6和第7指标题项标准因子载荷小于0.6，因而删除；新产品绩效的指标体系可以提取1个公因子，命名为新产品绩效且特征值为3.786，指标累计解释能力为54.087%。

表6-9　　　　　　　　　　指标体系的因子提取结果

观测变量	原有题项数	删除题项数	公因子个数	公因子命名	特征值	解释变异量（%）	累计解释变异量（%）
PDM1-PDM6	6	0	1	产品设计模块化	3.147	52.449	52.449
PPM1-PPM4	4	0	1	产品生产模块化	2.270	56.749	56.749
SCC1-SCC7	7	2	1	供应链协同	3.679	52.564	52.564
NPP1-NPP7	7	0	1	新产品绩效	3.786	54.087	54.087

3. 验证性因子分析

使用 AMOS 软件对每个潜变量的测量模型进行参数估计，得到表6-10所示的主要变量验证性因子分析结果。各个变量的 χ^2/df 均小于3，GFI 与 CFI 大于0.9，RMSEA 小于0.08，各回归系数都大于0.6（绝大多数大于0.7），并在 $p<0.001$ 的水平上通过了显著性检验。因此，各个变量的测量模型拟合良好，因子结构通过了验证。

表6-10　　　　　　　　　研究变量的验证性因子分析结果

变量	题项	回归系数	标准差	C.R.	标准回归系数	组合信度	AVE	χ^2/df	GFI	CFI	RMSEA
产品设计模块化	PDM1	1.000			0.695	0.873	0.534	2.622	0.945	0.937	0.013
	PDM2	1.066	0.167	6.371	0.755						
	PDM3	0.948	0.133	7.132	0.748						
	PDM4	1.142	0.146	7.841	0.715						
	PDM5	1.217	0.176	6.922	0.721						
	PDM6	1.255	0.161	7.807	0.749						
产品生产模块化	PPM1	1.000			0.760	0.858	0.603	1.977	0.952	0.906	0.021
	PPM2	1.219	0.176	6.908	0.775						
	PPM3	.906	0.137	6.614	0.822						
	PPM4	1.149	0.170	6.762	0.746						

续表

变量	题项	回归系数	标准差	C.R.	标准回归系数	组合信度	AVE	χ^2/df	GFI	CFI	RMSEA
供应链协同	SCC1	1.000			0.742	0.869	0.571	1.388	0.986	0.993	0.043
	SCC2	1.107	0.136	8.157	0.749						
	SCC3	1.047	0.141	7.418	0.748						
	SCC4	1.007	0.140	7.190	0.822						
	SCC5	1.228	0.155	7.912	0.711						
新产品绩效	NPP1	1.000			0.698	0.908	0.587	2.830	0.969	0.950	0.072
	NPP2	0.823	0.104	7.913	0.775						
	NPP3	1.134	0.139	8.176	0.721						
	NPP4	1.347	0.148	9.120	0.761						
	NPP5	0.924	0.111	8.324	0.735						
	NPP6	1.353	0.148	9.146	0.866						
	NPP7	0.916	0.101	9.069	0.793						

注：C.R. = 回归系数与标准误的比值；AVE = 平均变量抽取；χ^2/df = 相对卡方；GFI 是拟合优度指数；CFI 是比较拟合指数；RMSEA 是近似误差均方根。

6.4.2 信度与效度检验

通过观察 CITC 和 Cronbach's α 系数来分析量表的信度。如表 6-11 所示，所有的题项总体相关系数（CITC）均大于 0.3，各变量的总 Cronbach's α 系数均大于 0.7，而且删除某个题项后的 Cronbach's α 系数均比变量的总 Cronbach's α 系数小，说明各变量及其对应测度题项的内部一致性较高，信度良好。

表 6-11　　　　　　　　　信度检验结果

变量	题项	CITC	删除该项后 Cronbach's α 系数	Cronbach's α 系数
产品设计模块化	PDM1	0.539	0.787	0.810
	PDM2	0.495	0.800	
	PDM3	0.565	0.783	
	PDM4	0.662	0.760	
	PDM5	0.659	0.764	
	PDM6	0.465	0.788	

续表

变量	题项	CITC	删除该项后 Cronbach's α 系数	Cronbach's α 系数
产品生产模块化	PPM1	0.543	0.682	0.743
	PPM2	0.564	0.669	
	PPM3	0.511	0.700	
	PPM4	0.541	0.683	
供应链协同	SCC1	0.567	0.774	0.805
	SCC2	0.649	0.751	
	SCC3	0.563	0.776	
	SCC4	0.624	0.757	
	SCC5	0.552	0.779	
新产品绩效	NPP1	0.543	0.846	0.853
	NPP2	0.584	0.838	
	NPP3	0.610	0.834	
	NPP4	0.749	0.812	
	NPP5	0.756	0.810	
	NPP6	0.561	0.840	
	NPP7	0.522	0.845	

我们对基于文献研究基础上的初始问卷进行了预测试，并邀请了相关领域的专家参与了问卷指标的修正，保证了问卷的内容效度。表6-10所示变量的因子载荷大于0.6且AVE值大于0.5，组合信度大于0.7，因此收敛效度通过检验。表6-12所示相关系数表对角线上加粗数值（变量AVE值平方根）大于对应变量所在行、列的相关系数值，表明主要变量具有良好的判别效度。

表6-12　　　　　　　变量描述性统计与相关系数

变量	均值	标准差	企业规模	产品设计模块化	产品生产模块化	供应链协同	新产品绩效
企业规模	4.649	1.153	1				
产品设计模块化	5.760	0.916	0.136	**0.731**			
产品生产模块化	4.819	0.933	0.123	0.534**	**0.777**		

续表

变量	均值	标准差	企业规模	产品设计模块化	产品生产模块化	供应链协同	新产品绩效
供应链协同	5.146	1.076	0.125	0.421**	0.413**	**0.756**	
新产品绩效	5.488	1.005	0.117	0.321**	0.241*	0.409***	**0.766**

注：N = 208；* 表示 $p < 0.05$；** 表示 $p < 0.01$；*** 表示 $p < 0.001$，对角线上加粗数值为对应变量 AVE 值平方根。

表 6 – 12 提供了各变量均值、标准差及相关系数等统计结果。如表 6 – 12 所示，变量间的相关系数大多小于 0.6，不存在明显的多重共线性问题。产品设计模块化、产品生产模块化、供应链协同与新产品绩效皆存在显著相关关系（分别为：0.321，$p < 0.01$；0.241，$p < 0.05$；0.409，$p < 0.001$）。设计模块化与生产模块化显著相关（0.534，$p < 0.01$）。产品设计模块化、生产模块化与供应链协同显著相关（分别为：0.421，$p < 0.01$；0.413，$p < 0.01$）。主要变量间相关性、符号与研究假设大致相符，这也表明研究模型设定的科学性。

6.4.3 假设检验和结果分析

在假设检验之前，先进行模型整体拟合优度检验。一般性地，对模型整体拟合优度的评价通常建立在三类指标基础上，即模型的总体拟合优度指标、模型的比较拟合优度指标与模型的简化拟合优度指标。对于模型整体拟合优度指标，常用的有四种，包括卡方值与自由度的比值（χ^2/df）、拟合优度指数（GFI）、调整拟合优度指数（AGFI）、近似误差均方根（RMSEA）。对于模型的比较拟合优度判断，通常可以基于比较拟合指数（CFI）、递增拟合指数（IFI）、规范拟合指数（NFI）以及 Tucker Lewis 指数（TLI）等数值进行判断。对于模型的模型简化拟合优度考察，惯用的指标是 Akaike 信息标准（AIC）。这些指标的具体范围见表 6 – 13。

表6-13　　　　　　　　结构方程模型拟合优度

拟合指标及类别	模型估计	说明
总体拟合优度		
CMIN/DF（卡方值与自由度的比值）	2.681	χ^2/df 小于3，说明模型拟合较好
GFI（拟合优度指数）	0.904	GFI > 0.9，说明模型拟合较好
AGFI（调整拟合优度指数）	0.955	AGFI > 0.9，说明模型拟合较好
RMSEA（近似误差的均方根）	0.059	0.05 < RMSEA < 0.08，说明模型拟合合理
比较拟合优度		
CFI（比较拟合优度指数）	0.935	CFI接近1，说明模型拟合很好
TLI（Tucker–Lewis指数）	0.912	TLI接近1，说明模型拟合很好
IFI（递增拟合指数）	0.937	IFI接近1，说明模型拟合很好
NFI（规范拟合指数）	0.963	NFI接近1，说明模型拟合很好
RMR（均方根残差）	0.014	RMR < 0.1，说明模型拟合较好
简化拟合优度指标		
AIC（阿凯克信息标准）	144.200	AIC值比较小，说明模型拟合较好

使用AMOS软件对结构方程模型假设进行检验，标准化后的结果如图6-2所示。

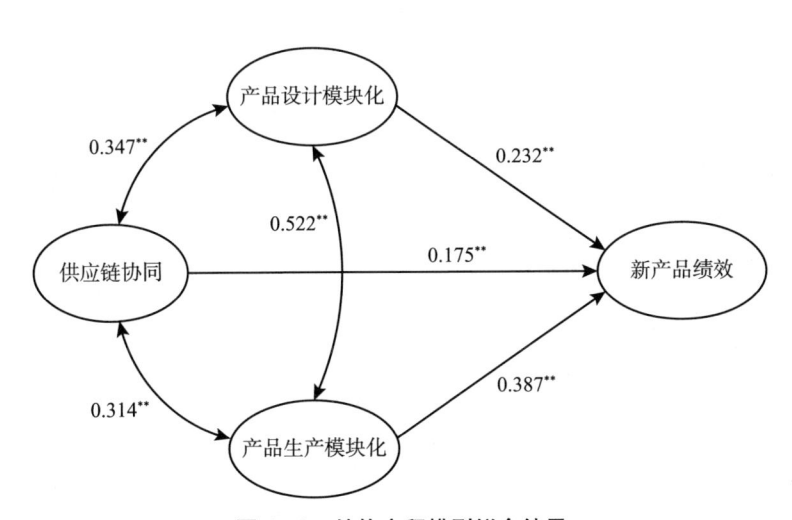

图6-2　结构方程模型拟合结果

该模型整体拟合优度指判别指标结果如下：$\chi^2/df = 2.681$，GFI = 0.904，CFI = 0.935，NFI = 0.935，IFI = 0.937，AGFI = 0.955，RMSEA = 0.059，RMR = 0.014。表 6 – 13 显示设定模型与观测数据间实现较好的拟合。指标结果优于胡和本德（Hu and Bender）提出的阈值，说明模型在可接受范围（Hu L T，1999），假设 6.1 获得了支持。

接下来，将通过多元回归方法来检验假设 6.2。首先在模型 1 中加入控制变量，在模型 2 中加入一次项，在模型 3 中加入二次项和交互项。多项式回归的结果如表 6 – 14 所示。模型 3 的结果是显著的（F = 32.22，$p < 0.01$），同时产品模块化（设计模块化与生产模块化）和供应链协同以及平方项、交互项都显著，说明假设 6.2 得到支持，即产品模块化和供应链协同要匹配，对新产品绩效的提升具有正向的交互作用。

表 6 – 14　　　　　　　　　　多元回归结果

变量	新产品绩效		
	模型 1	模型 2	模型 3
截距	5.38 **	1.97 **	1.74 **
企业规模	0.07	− 0.11	− 0.10
产品设计模块化		0.17 **	0.16 **
产品生产模块化		0.09 **	0.12 **
供应链协同		0.23 **	0.25 **
产品设计模块化 × 产品设计模块化			0.06 **
产品生产模块化 × 产品生产模块化			0.08 **
供应链协同 × 供应链协同			0.05 *
产品设计模块化 × 供应链协同			0.17 **
产品生产模块化 × 供应链协同			0.14 **
Adjusted R^2	0.000	0.211	0.233
ΔAdjusted R^2	–	0.211	0.022
F	1.25	56.06	32.22
ΔF	–	83.30 **	6.79 **

注：(1) * 表示 $p < 0.05$；** 表示 $p < 0.01$；*** 表示 $p < 0.001$；(2) 表中系数为非标准化系数。

6.4.4 实证结果分析

我们发现，产品模块化和供应链协同是相互影响的，与架构理论的推论一致，拓宽了架构理论的应用范围，并提供了实证依据。匹配研究中比较容易忽略的一个假设就是变量之间必须是密切相关且相互加强的（Dess et al.，1993），这为我们进一步研究产品模块化和供应链协同之间的匹配奠定了基础。结构方程模型的检验结果显示产品模块化和供应链协同是相互影响的。多项式回归的结果显示，产品模块化和供应链协同的匹配对于新产品绩效有显著的影响。产品模块化与供应链协同的匹配对新产品绩效的提升存在正向的交互作用。

（1）对应于新产品的研发、设计以及制造等环节，模块化提升供应链整体优势，实现产品创新，提高新产品绩效的逻辑关系表现为产品模块化与供应链协同的相互影响。这表明，企业在制定模块化战略时，要考虑模块化设计和生产可能给供应链的结构和关系带来的影响，而在供应链决策中提前做好应对，并且充分考虑供应链协同合作给产品模块化实践带来的变化，在此基础上选择确定适合的模块化战略并确定供应链协同合作的程度。同时，也要从信息共享、同步决策、激励同盟等方面加强供应链上各企业间的协同合作，为模块化产品创新提供快速反应的环境。

（2）产品模块化与供应链协同的匹配显著促进模块化新产品绩效。产品模块化与供应链协同的匹配对新产品绩效的提升存在正向的交互作用。产品模块化对新产品市场表现的促进作用源于简化产品设计、加速产品开发与实现模块并行、组合式创新，同时供应链协同带来的信息共享、柔性生产系统构建、群工艺使用及通用设备投资提升了企业制造敏捷性，加快了新产品开发速度，进而提升了新产品绩效。产品架构和供应链架构的相互影响和协同效应对绩效的影响显著。产品设计模块化与供应链协同的交互作用体现为在产品概念设计阶段就要考虑供应链设计，通过产品架构与供应链架构的匹配，实现加速新产品研发、分散研发风险、降低研发成本的目的。产品生产模块化与供应链协同的交互作用体现为在目标一致前提下，通过信息共享、资源共享、共同决策、激励同盟等途径来促进供应链资源的合理优化配置、协同生产，充分发挥各个组件的能力，实现新产品制造成本的节约、新产品制造周期的压缩、柔性制造模式下的多样化客户需求满足以及新产品制造效率的提升。

此外产品模块化的两个维度，设计模块化和生产模块化与供应链协同的关系有所不同。模块化设计与供应链协同的相关程度更高。企业做出产品创新方面的决策时，需要在认识自身模块化水平时，区分模块化设计与模块化生产两个不同的阶段。

6.5 本章小结

本章采用结构方程模型和多项式回归等实证分析方法，对本土企业模块化新产品创新绩效的影响因素及机制进行了实证探索。首先，带着模块化新产品绩效的影响因素及机制这一具体研究问题，对重庆本地部分汽车制造、计算机制造企业做了小范围调研，调研发现这些企业或多或少存在系统模块化退耦不彻底、产品模块划分深度欠佳以及模块生产柔性不足等问题。结合这些问题，本章在文献查阅、研读的基础上发现，产品层面上的模块化思想运用主要有产品设计模块化、产品生产模块化两种外在表现形式，这两种模块化对新产品绩效的影响及机制各有不同，而现有研究多考虑中介和调节因素的挖掘，对产品模块化与供应链协同合作的关系认识不足。在进一步的文献查阅与理论演绎后，初步形成了模块化新产品绩效问题的研究框架、主要假设。这主要涵盖产品设计模块化、产品生产模块化、供应链协同与新产品绩效的逻辑关系梳理，产生了产品模块化与供应链协同相互影响下的匹配问题以及这种匹配对新产品绩效的影响。其次，对这些主要研究问题的研究现状、涉及理论进行了回溯，指出了现有研究的不足之处，据此设计了主要变量的测度量表、开发了大样本实证调研问卷，并完成实证数据收集。在此基础之上，对主要变量的信、效度做了检测并验证了主要研究假设。

第 7 章

环境不确定性的调节作用

组织不是孤立生存的，必然存在于一定的环境中（Jaworski and Kohli，1993），企业战略、组织和文化等要素与环境相匹配（Miller and Roth，1994）。环境对企业各方面绩效的影响是战略领域研究的主要问题之一（Porter and Millar，1985）。在不同的环境下，企业应该制定与环境相匹配的战略，否则将不能改善绩效（Miller，1988）。而环境因素也可以被看作是创新战略与企业绩效之间的重要调节因素（McArthur and Nystrom，1991）。环境因素会影响企业识别风险与把握机会所需的信息，从而影响企业创造价值的过程（Sirmon et al.，2007）。企业的产品创新战略能否有效实施以及经营和创新绩效能否从产品创新中受益，很大程度上受到其所处环境的影响（Burgelman et al.，1996）。

不同的组织架构和战略在处于不同的环境中时，会显示出不同程度的匹配（Park and Lee，2006）。模块化战略和供应链协同管理作为企业竞争优势的重要来源，本质上是对企业异质性、互补的资源进行重构（Kogut，1991；Kogut and Zander，1992）。因此，有必要验证环境因素在产品模块化设计和生产与供应链协同的匹配对新产品绩效影响中的调节效应（Miller，1988）。实证研究的结果分析将更有助于本土企业在全球性模块化生产网络中进行产品模块化设计、生产和供应链管理模式的选择，从而实现更好的新产品绩效，进而提升企业的竞争力，实现后发追赶。因此，本章在上一章节产品模块化与供应链协同匹配关系的基础上，引入环境不确定性变量，实证检验环境因素在产品模块化与供应链协同的匹配关系对新产品绩效的影响路径中的作用。

7.1 研究假设

环境不确定性表现为影响企业绩效的环境不可预测性（Miles et al.，1978）。随着全球化分工的不断细化、科技发展的日新月异，企业面对的技术、市场环境表现出越来越强的不确定性（李大元，2010），在这样的情境下，模块化思想不仅可以用于复杂产品系统的设计与生产（王凤彬等，

2008），还可以作为组织架构设计的原则来提升组织的战略柔性，从而使得企业能够有效应对动态变化的外部环境和日益个性化的市场需求（Meyer and Lehnerd，1997）。模块化被认为是"动态变化时代的竞争战略"（欧阳桃花等，2010），模块化思想是在竞争环境日益激烈、技术更新日益加速的外部条件下企业战略选择的结果。

与此同时，环境的不断变化和高度动态性迫使很多企业调整供应链结构、关系以及交易规则（Sezen and Yilmaz，2007）。如何使企业的供应链运作能力与外部环境的变化相匹配成为企业管理的重要问题（于亢亢、宋华、钱程，2014）。组织管理领域的很多学者已经意识到组织与环境的匹配需要不同的战略选择，他们基于权变理论来识别和分析不同的环境状态下，组织结构、战略、计划是如何决策和运作的（Hambric，1983）。基于这一理解，适合引入环境不确定性作为产品模块化与供应链协同的匹配下对新产品绩效影响的调节变量，以期探明产品模块化与供应链协同的匹配在不同的不确定性环境下对新产品绩效的影响作用，从而为企业实践提供更有意义的指导。

较多的学者认同从稳定程度、复杂程度、竞争程度、不可预测性等方面来度量环境的不确定性，然而有研究认为复杂性与动态性联系紧密（张映红，2008），很难完全划分两者的区别，且在对复杂性进行实证检验时，现有量表缺少一定的效度，学者们更多研究的是环境的动态性维度而不是复杂性维度（Rosenbusch et al.，2007）。因此，现有研究多用动态性、敌对性（或竞争性）两个维度来分析环境不确定性（张映红，2008；Keats and Hitt，1988），结合本书的研究情境，本章从环境动态性和环境竞争性两个方面来考察环境不确定性的调节作用。

7.1.1 环境动态性的调节效应

环境动态性是指环境因素变化的速度和幅度（Dess and Beard，1984）、频度和密度（Volberda，1998）等。环境动态性的特征要求企业在面对环境变化时及时作出战略上的调整和适应，也就是增强企业的战略柔性的特质，从而使企业具有应变能力和动态适应能力。从企业战略决策制定过程的视角来看，环境动态性扩展了企业的视野（Hambrick，1983），改变了企业决策制定的偏好及其内在一致性（Cho and Hambrick，2006），增加了敌对性环境中不能实现的适应性战略选择的空间和范围（Hough and White，2003；Baum and Wally，2003）、降低组织惯性（能力惯性、结构惯性和竞争惯性等）（Miller and Chen，1994；DeTienne and Koberg，2002）、增强竞争过程中的进攻性（Brouthers et al.，2000）、需要管理者付出更多的努力（Yasai-Ardekani and Nystrom，1996）或者对自身战略进行重新定位（Lant et al.，1992）。

在稳定的环境中，技术、产品的更新速度相对较慢，企业能够比较准确地预测竞争者的反应、供应商和客户的需求，及时调整自身战略和状态以保持持续的竞争优势。但是当环境动态变化时，企业难以准确获取竞争者、市场等方面的信息，难以及时调整计划，给一些富有侵略性和创新性的竞争对手留下了更多进入市场获取优势的机会（D'Aveni and Gunther，1994）。如果企业只专注于开发现有的知识、技术，不积极进行产品创新，很可能会在竞争中失去先机，并由于核心能力的逐渐僵化，最终被新的知识、技术或市场所淘汰（杨瑾和孟艳梅，2016），企业只有保持灵活性和柔性，不断创新并快速响应市场需求，才能获取连续的竞争优势。产品模块化的效果恰恰是实现战略柔性和动态适应能力的提升，使企业具备快速响应客户多变需求的能力，从而有效应对动态环境的不利影响（谢卫红等，2014），因此外部环境的动态性势必会对产品模块化创新的过程产生重要的影响（伍希，2016）。

同时，在动荡性环境中，企业不可能通过规范的战略制定程序获得高绩效（何红渠和沈鲸，2012）。组织需要采取更加协调的供应链管理方式（Charan，2012）。而供应链节点企业之间的信息共享、同步决策、沟通和协调，使得企业能够及时获得市场和客户的需求信息，迅速地传递到内部制造部门并及时地通知模块供应商，加快产品开发的速度。企业之间的协同合作也能够促进知识共享和转移，特别是隐性知识的转移，促进了企业的技术能力提升，为企业的模块化创新打下基础。为了保持竞争力，供应链必须保持响应来应对产品生命周期、交货和制造的时间缩短以及各种产品迅速增加的变化（Singh and Sharma，2015）。协作产品设计可以提高响应速度和上市时间。流程和产品设计模块化有被建议作为企业降低供应链风险的方法以达到高度的灵活性（Kleindorfer and Saad，2010），从而快速有效地适应快速变化的客户需求（Lin et al.，2006）。综上所述，我们可以发现，越是动态变化的环境，越需要产品模块化与供应链协同的匹配，企业能够更好地应对动态环境的变化，及时满足客户不断变换的需求，快速反应，进而提升新产品绩效。

因此，我们提出：

假设 7.1：环境动态性在产品模块化与供应链协同匹配对新产品绩效的增强型交互作用中起正向的调节效应。即当环境动态性越大，产品模块化与供应链协同对促进新产品绩效提升的增强型交互作用越大。

假设 7.2a：环境动态性在产品设计模块化与供应链协同匹配对新产品绩效的增强型交互作用中起正向的调节效应。即当环境动态性越强，产品设计模块化与供应链协同对促进新产品绩效提升的增强型交互作用越大。

假设 7.2b：环境动态性在产品生产模块化与供应链协同匹配对新产品绩效的增强型交互作用中起正向的调节效应。即当环境动态性越强，产品生产模块化与供应链协同对促进新产品绩效提升的增强型交互作用越大。

7.1.2 环境竞争性的调节效应

环境竞争性反映了企业的竞争者参与竞争活动的程度（Song and Parry，2009；Zhou and Li，2010），是环境对组织生存与发展的不利程度（Tan and Litschert，1994），包含了资源的稀缺程度和对这些资源竞争的激烈程度（Covin and Slevin，1989）。

对于环境竞争性与创新之间的关系，现有观点并不统一：一种观点认为，在竞争性比较高的情况下，企业将实施防守型战略（Lumpkin and Dess，2001）。然而，高竞争性环境约束了企业对外部资源的利用，但却可能激发企业更充分有效地利用现有资源识别、获取、整合崭新的知识和技术，更加积极地进行新产品开发，努力提高企业绩效，确保企业在激烈的市场竞争中占据有利地位。另一种观点认为，环境竞争性过高时，企业的战略选择将受到限制，企业会减少有赢利前景但风险比较大的创新战略，而选择风险较低但消耗资源更少的战略计划。只有在竞争性很低的情况下，企业才会更多地追求成本较高的创新战略（Miller and Friesen, 1983; Rosenbusch et al., 2007）。

在竞争不是非常激烈的环境中，企业获取资源的难度不大，政府管制得不是很严格，价格竞争不太激烈，企业只需按照既定的规划进行大规模的标准化生产，其竞争优势体现在效率的提高和成本的降低上，在这种情况下，产品模块化难以发挥作用。同时，企业更倾向于独自进行新产品开发和生产，对于供应链伙伴之间的信息共享、激励同盟、共同决策等需求也不是特别强烈。实际上，在全球化模块化生产网络中，本土企业面临着来自"背靠背"的模块制造商，系统集成商和标准制定者等多个方面的竞争环境。在这样高竞争性环境下，激烈的价格促销手段会导致产品利润率降低。企业需要时刻关注竞争者的战略动向，同时不断调整自身战略方向，从柔性能力建设出发，指导资源的优化配置。现有研究认为，当竞争加剧时，战略柔性能力较强的企业能更为快速地实现对关键资源的配置（Grewal and Tanshhaj, 2001），并充分运用多样化战略实现比竞争对手更好的绩效（Gotteland and Boulé, 2006; Baker and Sinkula, 2007）。

在激烈的市场竞争中，模块化设计方法得到了广泛采用，这是因为模块化设计方法能够用更低的转换成本实现产品模块的兼容，进而快速响应客户需求（王亦乐，2009）。在越是竞争激烈的环境中，企业越倾向于与供应链伙伴之间开展深入的合作来防范风险，提高供应链整体的竞争力。供应链节点企业之间的信息共享、同步决策、沟通和协调，有效地促进了系统的动态资源分配。综上所述，我们可以发现，在竞争性越强的环境中，越需要产品模块化与供应链协同的匹配，企业能够更好地应对外部竞争环境给企业创新和发展带来的威胁，通过模块化战略促进产品创新的实现，通过供应链协同对环境做出快速反应，优化资源配置，降低创新失败的风险，进一步提升绩效。

因此，我们提出：

假设7.3：环境竞争性在产品模块化与供应链协同匹配对新产品绩效的增强型交互作用中起正向的调节效应。即当环境竞争性越强，产品模块化与供应链协同对促进新产品绩效提升的增强型交互作用越大。

假设 7.4a：环境竞争性在产品设计模块化与供应链协同匹配对新产品绩效的增强型交互作用中起正向的调节效应。即当环境竞争性越强，产品设计模块化与供应链协同对促进新产品绩效提升的增强型交互作用越大。

假设 7.4b：环境竞争性在产品生产模块化与供应链协同匹配对新产品绩效的增强型交互作用中起正向的调节效应。即当环境竞争性越强，产品生产模块化与供应链协同对促进新产品绩效提升的增强型交互作用越大。

7.2 变量测度

接下来将通过实证研究对上述调节效应假设进行验证分析和讨论。与第 5 章的实证研究一样，本章的数据收集也是通过企业问卷调查的方式进行，分析方法采用在通过信度和效度检验的基础上进行多元回归分析。问卷设计、数据收集方法和分析方法与第 5 章所述相同，故不再赘述。在层次回归模型中解释变量为产品模块化和供应链协同，被解释变量为新产品绩效，控制变量为企业规模，有关以上变量及其测度方法在第 5 章中已经论述，此处也不再重复。环境动态性和环境竞争性是本章研究模型中新引入的调节变量环境不确定性的两个维度，预期将对产品模块化和供应链协同的匹配与新产品绩效之间的关系产生影响，以下将对这两个变量的测度进行详细说明。

7.2.1 环境动态性

企业经营环境的动态性表现在许多方面，例如，经济政策的变化、技术变化、客户需求和喜好变化、竞争者的战略变化以及文化、竞争格局的变化发展，等等。对于环境动态性的测量，现有研究已经有非常成熟的量表，因此本书借鉴德斯和贝尔德（Dess and Beard，1984）、贾沃斯基和科利（Jaworski and KohliJansen，1993）、简森等（Jansen et al.，2005）、焦豪等（2007）、胡赛全等（2012）、寇元虎（2015）的研究，结合本书具体研究情景，用"我们行业中顾客的需求偏好变化很快""我们行业中产品或服务更新换代的速度很快""我们行业中技术发展变化很快""国家相关经济政策变化很快""顾客对价格的接受程度不断在变化"5个题项来测量环境动态性,如表7-1所示。

表7-1　　　　　　　　　环境动态性(ED)的指标刻画

指标代码	指标描述
ED1	我们行业中顾客的需求偏好变化很快
ED2	我们行业中产品或服务更新换代的速度很快
ED3	我们行业中技术发展变化很快
ED4	国家相关经济政策变化很快
ED5	顾客对价格的接受程度在不断变化

7.2.2　环境竞争性

环境竞争性一定程度上反映了竞争性环境对于组织战略选择和绩效的不利影响和敌对性。对于环境竞争性的测量,现有研究也已经有比较成熟的量表,因此本书借鉴贾沃斯基和科利(1993)、简森等(2005)、胡赛全等(2012)、寇元虎(2015)的研究,结合本书具体研究情景,用"我们行业价格竞争激烈""供应商议价能力很强""企业获取资源的难度很大""我们行业中竞争者进入的门槛比较低"4个题项来测量环境竞争性,如表7-2所示。

表7-2　　　　　　　　　环境竞争性(EC)的指标刻画

指标代码	指标描述
EC1	我们行业价格竞争激烈
EC2	供应商议价能力很强
EC3	企业获取资源的难度很大
EC4	我们行业中竞争者进入的门槛比较低

7.3 统计模型

7.3.1 因子分析

1. 因子分析适合性判断

与前两章的实证方法一样，先于因子分析，首先对环境动态性和竞争性的量表进行因子分析适合性判断。如表7-3所示，各组观测变量的 KMO 值大于0.6 且 Barlett's 卡方值较大、P 值小于0.001，所以各组观测变量适合进行因子分析。

表7-3　　指标体系的 KMO 与 Barlett 球型检验结果

变量与测度指标	P	Barlett's 卡方值	KMO
环境动态性（ED）	0.000	328.061	0.632
1. 我们行业中顾客的产品偏好变化很快（ED1）			
2. 我们行业中产品或服务更新换代的速度很快（ED2）			
3. 我们行业中技术发展变化很快（ED3）			
4. 国家相关经济政策变化很快（ED4）			
5. 顾客对价格的接受程度在不断变化（ED5）			
环境竞争性（EC）	0.000	279.969	0.645
1. 我们行业价格竞争激烈（EC1）			
2. 供应商议价能力很强（EC2）			
3. 企业获取资源的难度很大（EC3）			
4. 我们行业中竞争者进入的门槛比较低（EC4）			

2. 提取因子

采用主成分分析法，依据因子特征值大于1的原则来确定、提取因子。表7-4提供了指标体系的因子提取结果：环境动态性的指标体系可以提取1个公因子，公因子命名为环境动态性，指标的累计解释变异量达到

71.778%；环境竞争性的指标体系可以提取 1 个公因子，命名为环境竞争性，指标累计解释能力为 68.776%。

表 7 - 4　　　　　　　　　　指标体系的因子提取结果

观测变量	原有题项数	删除题项数	公因子个数	公因子命名	特征值	解释变异量（%）	累计解释变异量（%）
ED1 - ED5	5	0	1	环境动态性	1.938	71.778	71.778
EC1 - EC4	4	0	1	环境竞争性	1.772	68.776	68.776

3. 验证性因子分析

使用 AMOS 软件对每个潜变量的测量模型进行参数估计，得到表 7 - 5 所示的验证性因子分析结果。各变量的 χ^2/df 均小于 3，GFI 与 CFI 大于 0.9，RMSEA 小于 0.08，各标准回归系数都大于 0.6（绝大多数大于 0.7），并在 $p < 0.001$ 的水平上通过了显著性检验。因此，各个变量的测量模型拟合良好，因子结构通过了验证。

表 7 - 5　　　　　　　　　研究变量的验证性因子分析结果

变量	题项	回归系数	标准差	C.R.	标准回归系数	组合信度	AVE	χ^2/df	GFI	CFI	RMSEA
环境动态性	ED1	1.000			0.682	0.843	0.518	1.287	0.988	0.988	0.037
	ED2	1.101	0.158	6.968	0.710						
	ED3	0.939	0.181	5.189	0.714						
	ED4	0.935	0.086	10.872	0.749						
	ED5	1.284	0.155	8.284	0.742						
环境竞争性	EC1	1.000			0.734	0.856	0.599	0.992	0.995	0.998	0
	EC2	0.984	0.106	9.283	0.714						
	EC3	1.207	0.149	8.101	0.872						
	EC4	1.110	0.098	11.327	0.767						

注：C.R. = 回归系数与标准误的比值；AVE = 平均变量抽取；χ^2/df = 相对卡方；GFI 是拟合优度指数；CFI 是比较拟合指数；RMSEA 是近似误差均方根。

7.3.2 信度与效度检验

采用与第 5 章中相同的方法,通过 SPSS 统计分析软件计算 CITC 和 Cronbach's α 系数来分析量表的信度。如表 7-6 所示,所有的题项总体相关系数(CITC)均大于 0.3,各变量的总 Cronbach's α 系数均大于 0.7,而且删除某个题项后的 Cronbach's α 系数均比变量的总 Cronbach's α 系数小,说明各变量及其对应测度题项的内部一致性较高,因此信度通过检验。

表 7-6　　　　　　　信度检验结果

变量	题项	CITC	删除该项后 Cronbach's α 系数	Cronbach's α 系数
环境动态性	ED1	0.512	0.712	0.743
	ED2	0.609	0.708	
	ED3	0.535	0.714	
	ED4	0.626	0.728	
	ED5	0.698	0.663	
环境竞争性	EC1	0.680	0.689	0.834
	EC2	0.651	0.752	
	EC3	0.683	0.825	
	EC4	0.539	0.730	

对于内容效度的检验采用与前面相同的方法。对收敛效度的判别基于因子标准化载荷、AVE 值以及组合信度三项指标,见表 7-5。表 7-5 所示变量的标准化载荷大于 0.7 且 AVE 值大于 0.5,组合信度大于 0.7,因此收敛效度通过检验。表 7-7 变量 AVE 值平方根大于所在列的相关系数,因此变量区分效度通过检验。

表 7-7　　　　　　　　　　　　相关系数与区分效度

变量	均值	标准差	企业规模	产品设计模块化	产品生产模块化	供应链协同	环境动态性	环境竞争性	新产品绩效
企业规模	4.649	1.153	1						
产品设计模块化	5.760	0.916	0.136	**0.731**					
产品生产模块化	5.819	0.933	0.123	0.534**	**0.777**				
供应链协同	5.146	1.076	0.125	0.221**	0.113**	**0.756**			
环境动态性	4.899	0.769	0.218*	0.251**	0.162*	0.333**	**0.720**		
环境竞争性	4.525	0.873	0.136	0.156*	0.091	0.268**	0.516**	**0.774**	
新产品绩效	5.488	1.005	0.117	0.321**	0.241*	0.409***	0.371**	0.243**	**0.766**

注：N=208；* 表示 p<0.05；** 表示 p<0.01；*** 表示 p<0.001，对角线上加粗数值为对应变量 AVE 值平方根。

7.3.3　多元回归分析

产品模块化与供应链协同的匹配对新产品绩效影响机制模型通过了验证，在此基础上，本书将进一步考察环境动态性与环境竞争性在此机制中所起到的调节效应。同样也是将各变量标准化处理后相乘得到交互项，进入回归模型。本研究主要对调节效应进行集中讨论。回归结果如表 7-8 所示。

表 7-8　　　　　　　　　　　　调节效应回归结果

变量	新产品绩效				
	模型1	模型2	模型3	模型4	模型5
截距	5.38**	0.81	0.61	0.72	0.41
企业规模	0.07	-0.11	-0.10	0.05	0.02

续表

变量	新产品绩效				
	模型1	模型2	模型3	模型4	模型5
产品设计模块化		0.17**	0.16**	0.15**	0.13**
产品生产模块化		0.09**	0.12**	0.13**	0.16**
供应链协同		0.23**	0.25**	0.27**	0.31**
环境动态性			−0.14		−0.11
环境竞争性			0.26		0.22
产品设计模块化×产品设计模块化				0.06**	0.05**
产品生产模块化×产品生产模块化				0.08**	0.09**
供应链协同×供应链协同				0.05*	0.07*
产品设计模块化×供应链协同				0.15**	0.18**
产品生产模块化×供应链协同				0.24**	0.28**
产品设计模块化×环境动态性				0.09*	
产品生产模块化×环境动态性				0.10	
供应链协同×环境动态性				0.14*	
产品设计模块化×供应链协同×环境动态性				0.11**	
产品生产模块化×供应链协同×环境动态性				0.16**	
产品设计模块化×环境竞争性					0.05*
产品生产模块化×环境竞争性					0.11
供应链协同×环境竞争性					0.18*
产品设计模块化×供应链协同×环境竞争性					0.14**
产品生产模块化×供应链协同×环境竞争性					0.12**
R^2	0.00	0.22	0.24	0.35	0.36
$Adj-R^2$	0.00	0.21	0.23	0.32	0.33
ΔR^2	−	0.21	0.23	0.11	0.10
F	1.25	56.06	56.17	32.22	30.86
ΔF	−	83.30**	83.45**	7.02**	6.79**

注：(1) *表示 $p<0.05$；** 表示 $p<0.01$；*** 表示 $p<0.001$；(2) 表中系数为非标准化系数。

模型 1 用于观察控制变量对新产品绩效的解释作用。模型 2 和模型 3 分别用来分析产品设计模块化、产品生产模块化、供应链协同以及环境动态性、环境竞争性对新产品绩效的主效应。模型 4 在模型 2 中所含解释变量的基础上添加了表征环境动态性调节效应的 5 个二维交互项（产品设计模块化 × 供应链协同、产品生产模块化 × 供应链协同、产品设计模块化 × 环境动态性、产品生产模块化 × 环境动态性、供应链协同 × 环境动态性）和 2 个三维交互项（产品设计模块化 × 供应链协同 × 环境动态性、产品生产模块化 × 供应链协同 × 环境动态性）。模型 5 在模型 3 中所含解释变量的基础上添加了表征环境竞争性调节效应的 5 个二维交互项（产品设计模块化 × 供应链协同、产品生产模块化 × 供应链协同、产品设计模块化 × 环境竞争性、产品生产模块化 × 环境竞争性、供应链协同 × 环境竞争性）和 2 个三维交互项（产品设计模块化 × 供应链协同 × 环境竞争性、产品生产模块化 × 供应链协同 × 环境竞争性）。

表 7-8 中所有模型的 F 值显著，在模型 4 中，R^2 相对于模型 2 有较大幅度增加，表明回归模型总体效果理想，环境动态性对产品模块化与供应链协同的匹配和新产品绩效的关系有着显著的调节效应。具体来说，环境动态性和产品设计模块化与供应链协同的匹配的交互项回归系数为正（0.11），且显著异于 0（$p<0.01$），这意味着环境动态性在产品设计模块化与供应链协同的匹配和新产品绩效的关系中起正向调节效应，假设 7.2a 得到了支持；环境动态性和产品生产模块化与供应链协同的匹配的交互项回归系数为正（0.16），且显著异于 0（$p<0.01$），这意味着环境动态性在产品生产模块化与供应链协同的匹配和新产品绩效的关系中起正向调节效应，假设 7.2b 得到了支持，进而假设 7.1 得到了支持。

在模型 5 中，R^2 相对于模型 3 有较大幅度增加，表明回归模型总体效果理想，环境竞争性对产品设计模块化与供应链协同的匹配和新产品绩效的关系有着显著的调节效应。具体来说，环境竞争性和产品设计模块化与供应链协同的匹配的交互项回归系数为正（0.14），且显著异于 0（$p<0.01$），这意味着环境竞争性在产品设计模块化与供应链协同的匹配和新产品绩效

的关系中起正向向调节效应,假设7.4a得到了支持;环境竞争性和产品生产模块化与供应链协同匹配的交互项回归系数为正(0.12),且显著异于0（p<0.01),这意味着环境竞争性在产品生产模块化与供应链协同匹配和新产品绩效的关系中起正向调节效应,假设7.4b得到了支持,进而假设7.3获得了支持。

7.3.4 实证结果分析

根据研究假设的验证结果,环境动态性和环境竞争性对产品模块化与供应链协同的匹配和新产品绩效关系的最终调节效应模型如图7-1所示。

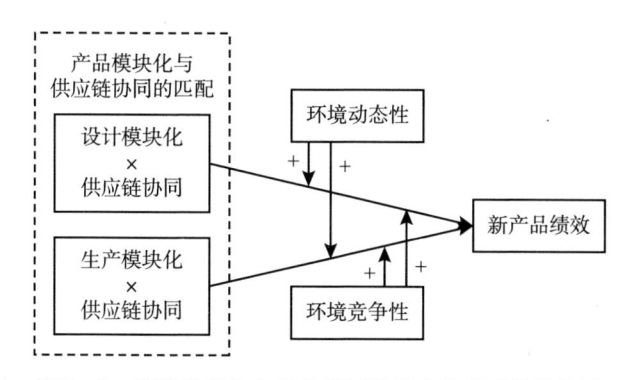

图7-1 环境动态性与竞争性调节效应的模型检验结果

由图7-1可以看出,环境动态性对产品设计模块化与供应链协同的匹配和新产品绩效的关系、产品生产模块化与供应链协同的匹配和新产品绩效的关系具有显著的调节效应;环境竞争性对产品设计模块化与供应链协同的匹配和新产品绩效的关系、产品生产模块化与供应链协同的匹配和新产品绩效的关系具有显著的调节效应。

由上述分析结果可知,假设7.2a通过了验证(回归系数0.11,$p<0.01$),意味着环境动态性越大,产品设计模块化与供应链协同对促进新产品绩效提升的增强型交互作用越显著。假设7.2b通过了验证(回归系数0.16,$p<0.01$),意味着环境动态性越大,产品生产模块化与供应链协同对促进

新产品绩效提升的增强型交互作用越显著。相比稳定的环境，高环境动态性下更能够发挥出产品模块化架构实现战略柔性和动态适应能力提升，以及产品生产模块化实现敏捷制造，提升响应速度的作用，同时供应链协同扩大了企业信息获取范围，使得企业更加具备战略灵活性，对新产品绩效的共同促进作用上升。

假设 7.4a 通过了验证（回归系数 0.14，$p<0.01$），意味着环境竞争性越大，产品设计模块化与供应链协同对促进新产品绩效提升的增强型交互作用越显著。相比竞争性比较低的环境，在激烈的市场竞争中，模块化设计方法得到了广泛采用，这是因为模块化设计方法能够用更低的转换成本实现产品模块的兼容，进而快速响应客户需求。在越是竞争激烈的环境中，企业越倾向于与供应链伙伴之间开展深入的合作来防范风险，提高供应链整体的竞争力。供应链节点企业之间的信息共享、同步决策、沟通和协调，有效地促进了系统的动态资源分配，产品设计模块化与供应链协同对新产品绩效的共同促进作用上升。

假设 7.4b 通过了验证（回归系数 0.12，$p<0.01$），意味着环境竞争性越大，产品生产模块化与供应链协同对促进新产品绩效提升的增强型交互作用越显著。相比竞争性比较低的环境，激烈的市场竞争中，模块化生产更能有效地实现敏捷制造，提升响应速度，同时供应链伙伴之间的协同合作降低了风险，提升了供应链整体的竞争力，进一步促进了企业自身的发展。产品生产模块化与供应链协同对新产品绩效的共同促进作用上升。

7.4 本章小结

本章在第 4 章验证通过的产品模块化与供应链协同的匹配对技术追赶绩效影响机制模型的基础上，引入环境动态性和环境竞争性来进一步探索这两个变量对此机制的调节效应。本章首先基于已有文献研究提出了相关假设，并运用信度效度检验和多元回归等统计方法对所收集问卷的数据进行分析验证，深入探讨了环境动态性、环境竞争性在产品设计模块化与供应链协同、产品生产模块化与供应链协同的匹配对新产品绩效影响中的调节效应。主要研究结论如下：综上所述，产品模块化和供应链协同的匹配对于新产品绩效有显著的影响。企业在进行制定模块化战略时，要考虑模块化对供应链变革所带来的影响，在供应链决策中做好提前应对，并且充分考虑产品模块化给成本与收益带来的变化。同时，也要从信息共享、同步决策、激励同盟等方面加强供应链上各企业间的协同合作，为模块化产品创新提供快速反应的环境。其次，产品模块化对新产品市场表现的促进作用源于简化产品设计、加速产品开发与实现模块并行、组合式创新，同时供应链协同带来的信息共享、柔性生产系统构建、群工艺使用及通用设备投资提升了企业制造敏捷性，加快了新产品开发的速度。越是在动态变化和竞争激烈的环境中，越需要产品模块化与供应链协同的匹配，企业能够更好地应对动态环境的变化，及时地满足客户不断变换的需求，快速反应，调整自身的战略，面对激烈的竞争不断创新，保持竞争优势，不断提升绩效。

第8章

R&D联盟情境下的模块化治理

R&D 联盟中知识与技能的高度密集使其面临限制私有知识过分暴露与分享私有知识达成联盟目标之间的困境；不同知识与技能、组织环境、工作流程及惯例等方面的异质性亦使合作伙伴间的协调更为困难。

8.1　问题提出

知识更新的日益加快、所需技能的愈发宽泛、研发成本的急剧上升，使得单个企业越来越难以独自完成整个复杂产品或系统的开发。越来越多的企业寻求与其他企业组建 R&D 联盟，以分担研发成本，降低失败风险（Rachelle C.，2004）。成功的战略联盟必须达成两个前提（Doz Y. L.，Hamel G.，2004）：抑制和减少伙伴间的机会主义行为并协调伙伴间投入资源的配置（汪谷腾和龙勇，2016）。但 R&D 联盟中知识与技能的高度密集使其可能面临合作伙伴各种各样的机会主义行为，如偷学、窃取企业投入联盟的知识与技能并用于实现自身的目标、不完全履约、"敲竹杠"等；不同知识与技能、工作流程、惯例、组织环境等方面的异质性亦增加了合作伙伴间协调的困难（Glenn Hoetker，Thomas Mellewigt，2009）。在之前的研究中，学术界提出了对该问题的两种对策：采用适当的治理结构或者缩小联盟的合作范围（Joanne E. Oxley，Rachelle C. Sampson，2009）。但两种对策均有各自的缺点：严密的结构或复杂的合同意味着高昂的治理成本，所提供的保护与协调效果亦有限；缩小联盟的合作范围可能会影响合作的效果（Dries Faems et al.，2010）。R&D 联盟能否通过对所投入知识与技能的模块化，降低联盟的内部风险，简化联盟治理结构？这些问题需要进一步的探索和实证检验。

尽管模块化经过长时间的发展成为一种广泛存在的现象，在 R&D 联盟中颇为常见，如某些研发部分的"外包"等，但目前学术界对 R&D 联盟的模块化、内部风险及治理结构还缺乏较为完整的系统性评价，模块化对内部风险、治理结构影响的相关研究并不多见。学者们多对模块化本身及降低研发风险的机制进行探讨。青木昌彦根据模块之中"信息包裹"的程度对模块化的模式进行了划分，并进一步提出信息包裹的功能体现在分散和降低企业研发风险的内在机制上（青木昌彦，2001）。王芳等（2009）发现项目体系和产品结构的模块化分解可有效降低复杂产品研发的不确定性。在为数不多的有关模块化与治理的研究中，桑切斯（2004）提出模块化具有"内嵌的协调机制"，这种机制比过度的管理控制更为有利于协调；蒂瓦纳（2008）进一步通过实证研究指出，模块化作为一种协调机制可以在一定程度上替代正式治理机制中的过程控制。

本章基于知识基础观（Knowledge-based view）和交易成本理论的视角，将R&D联盟模块化水平、内部风险及治理结构作为一个系统来讨论，从实证角度、基于现实数据对其进行更为全面的分析和验证。本章所讨论的主要问题包括：（1）R&D联盟的模块化水平对内部风险是否有影响，以及有怎样的影响；（2）R&D联盟的内部风险水平对其治理结构是否有影响，以及有怎样的影响；（3）R&D联盟的模块化水平对其治理结构是否有影响，以及有怎样的影响。

8.2 研究假设

8.2.1 模块化与内部风险关系

随着网络时代的信息知识和技能的迅速发展，越来越多的R&D联盟通过对内外部资源的整合，形成了包含各种分工环节的模块化组织（Schilling M. A.，2000）。鲍温和克拉克（Baldwin and Clark，1997）指出，模块化设计和生产能够很大程度上提高产品创新和技术研发的速度，是复杂产品研发的有效手段。青木昌彦（2001）通过对模块化历史演进过程的研究，发现模块化的本质是模块所包含信息的分解和隔离，即随着模块化古典型—丰田型—硅谷型的历史演进，模块中"信息包裹"的程度不断加大，而各模块间的交互作用日益减小。R&D联盟中企业并不需要独自完成复杂产品系统的所有组件的研发，而是通过对产品系统和所投入资源的模块化，将部分模块组件外包给合作企业，自身专注于核心技术和关键模块的研发，从而将核心知识和技能牢牢掌握在自己手中。同时，模块化研发缩短了产品研发的周期，提高了快速响应市场需求的能力。R&D 联盟内的模块化分工减少了企业间的知识分享，使合作伙伴只需要熟悉企业内部研发和生产的模块组件的相关信息和知识，而对于其他模块组件的信息、知识"一无所知"。以真正意义上实现了分享私有知识完成联盟目标和限制知识过分暴露两者之间的平衡（聂鹰，2010）。尽管联盟中知识和技能高度密集的状况没有改变，却有效减少了合作伙伴窃取知识、"搭便车"等机会主义行为。因此，提出以下假设：

假设 8.1a：模块化水平越高，R&D 联盟面临的机会主义威胁越低。

R&D 联盟知识高度密集，很多知识、诀窍与经验内嵌于企业内部的组织环境或工作流程中，不同知识技能、组织环境、工作流程及惯例等方面的异质性增加了合作伙伴间的协调上的困难。同时，联盟合作成员利益追求上的不完全一致（partially convergent interests）也容易导致相互之间的不协调和不融合。而模块化要求各模块间连接的界面标准化，并在一定程度上减少了各系统构成模块间的相互依赖性（汪谷腾和龙勇，2016）。模块化"两类设计规则"（Baldwin C Y，Clark K B，1997）的存在使得联盟各成员在遵守系统规则的前提下，可以采用自己习惯的技能和工作方式完成各自的工作，自主地完成各自模块的研发，同时也保证了系统目标的统一。模块化组织"松散耦合"的特性大大减弱了联盟内部反复协商的必要，降低了合作成员间协调的复杂性。因此，我们提出：

假设 8.1b：模块化水平越高，R&D 联盟面临的不协调性风险越低。

8.2.2　内部风险与治理结构关系

威廉姆森（2007）对交易主体进行了机会主义和有限理性的行为假定，目前学术界关于联盟内部的风险的解释，大多着眼于合作双方的机会主义威胁：合作伙伴可能借由合作机会来窃取其他企业的非共享知识和技能及商业机密。合作伙伴尽可能获取企业信息，而对自己的信息只提供最低的限度；

合作伙伴故意钻合同空子、逃避责任、对某些条款恶意解读等（Williamson，1998；Yang J.，et al.，2008；Yadong Luo，2008）。但除了机会主义威胁，联盟内部还存在不协调风险，这部分源于交易主体的有限理性。由于只具备有限理性，合作双方对彼此的组织文化、工作方式未必熟悉；对合作期望抱有不恰当的期待；不可能制定面面俱到的完备合同，导致执行中面对某些情况"骑虎难下"等，这些都会导致合作效率低下以致影响合作进展。在R&D联盟中，由于知识和技能的高密度，机会主义威胁和不协调风险尤其高，需要匹配合适的治理结构，降低内部风险，维护联盟的顺利运行从而达到战略目标。

现有研究中大多采用契约式和股权式的二分法来划分战略联盟的结构模式（Teece D. J.，1992）。这种分类法基于合作结构紧密程度的不同：契约联盟较为松散而股权联盟较为紧密。其中契约式联盟可以进一步细分为单边契约与双边契约，股权式联盟可以划分为单边持股、相互持股及合资企业三种类型（Joanne E. Oxley，1997）。本书根据紧密程度的不同，将联盟结构划分为五种——单边契约、双边契约、单边持股、双边持股、合资企业，这五种联盟结构中，单边契约的紧密程度最弱，合资企业的紧密程度最强。现有研究表明，联盟合作风险与合作结构中的紧密程度之间存在负相关关系，如股权式联盟与契约式联盟相比，其风险水平往往较低（龙勇和李薇，2009）。相对来说，股权联盟对其成员的控制能力更高，股权治理结构有利于发现和抑制R&D联盟中常见的各种机会主义行为，如窃取资源、隐瞒信息、不完全履行承诺等。股权联盟中合作企业之间联系紧密，这种密切的长期接触能够增加彼此间的信任程度，提高成员之间的关系资本，使联盟成员间彼此更易于协调，从而降低内生风险水平（聂鹰，2010）。因此，我们提出以下假设：

假设8.2a：当面临的机会主义威胁越高时，R&D联盟越倾向于较为紧密的结构。

假设8.2b：当面临的不协调性风险越高时，R&D联盟越倾向于较为紧密的结构。

合同是一种非常重要的联盟治理手段，在很大程度上与联盟结构起到相互补充的作用（Glenn Hoetker，Thomas Mellewigt，2009）。合同可以规定双方合作的沟通方法和工作规程，并通过一系列具体的指标评估产出（Tiwana A.，2008）。联盟为了达成合作目标，一方面企业必须向合作伙伴传授完成合作所必须的自有知识和特殊技能，另一方面企业又担心合作伙伴在其他合作项目中滥用这些知识和技能，甚至泄露给竞争对手（很多情况下合作伙伴即直接竞争对手）。相对应的，合作伙伴为了学习掌握这些知识和技能需要付出学习成本，因此有强烈的动机将知识和技能内化并长期使用以摊薄成本。R&D 联盟中知识和技能高度密集，面临的机会主义威胁更大，企业倾向于制定复杂详细的合同规定投入的知识和技能及使用范围，以限制合作伙伴的滥用。复杂详细的合同不仅规定了做什么，还规定了怎样做（聂鹰和龙勇，2012）。即不但通过一系列指标规定了产出和评估标准，还规定了诸如沟通方式、工作规程等，以及遵循或违反合同的奖励或惩罚措施。这在很大程度上避免了 R&D 联盟中常见的配合不够紧密、各行其是的不协调情况。因此，假设：

假设 8.3a：当面临的机会主义威胁越高时，R&D 联盟越倾向于较为复杂的合同。

假设 8.3b：当面临的不协调性风险越高时，R&D 联盟越倾向于较为复杂的合同。

8.2.3 模块化与治理结构的关系

模块化是在复杂系统的分工细化基础上发展起来的。这种分工合作模式只需要各个成员承担符合自身技术、知识优势的部分合作任务，其他任务由更具相对优势的合作伙伴来承担，这种合作模式能够有效避免重复建设，显著提高工作效率及专业化水平。模块化作为一种"内嵌"机制，在系统规则的约束下，给予了各合作成员以更大的自主权，使得各企业可以充分发挥自身的技术优势来完成模块的开发或运行，优化联盟的资源配置（Tiwana A.，2008）；模块内部的设计或更改对其他模块开发的干扰更少（汪谷腾和龙勇，2016），单个合作伙伴的研发出现问题或违约退出，企业也可以较为容易地寻求另一个合作伙伴完成外包模块开发或运行而不必付出较高的摩擦成本，同时也不会影响企业自身掌握的核心模块。模块化通过将信息包裹在不同模块中，减少联盟成员投入资源的共享，减弱了强调规则和程序的正式治理的需要（汪谷腾和龙勇，2016），因而紧密程度比较低的合作结构就可以监督和协调联盟成员间的行为。

但与传统的"任务分配"分工合作不同，各模块内部包裹了大量的信息，企业将自身所私有但为合作所必需的知识和技能以各模块连接界面编码标准化的方式与合作伙伴"分享"，这在事实上形成了隔离机制，实现了联盟知识的共享和私有知识保护之间的平衡（Tiwana A.，2008），既保证了完成联盟目标所必需的知识共享程度，同时也保护了知识优势企业的私有知识。模块化设计和研发使得用于限制知识分享和保护私有知识的复杂合同作用大大降低（聂鹰和龙勇，2012）。

紧密的联盟结构和复杂的合同能够减弱对企业的机会主义威胁，有效平衡资源、知识的保护和分享。而模块化的设计规则降低了联盟成员之间非主观意愿的知识接触和转移的可能，有效减少了合作伙伴窃取知识、"搭便车"等机会主义行为，同时减少各模块之间的联系和相互依赖，降低了合作成员间协调的复杂性。因而，模块化可以在一定程度上替代紧密联盟结构和复杂合同的作用。因此，假设：

假设 8.4a：模块化水平越高，R&D 联盟越不倾向于较为紧密的联盟结构。

假设 8.4b：模块化水平越高，R&D 联盟越不倾向于较为复杂的合同。

8.2.4 概念模型

综上所述，得到的模块化水平、内部风险与治理结构关系的概念模型如图 8-1 所示。

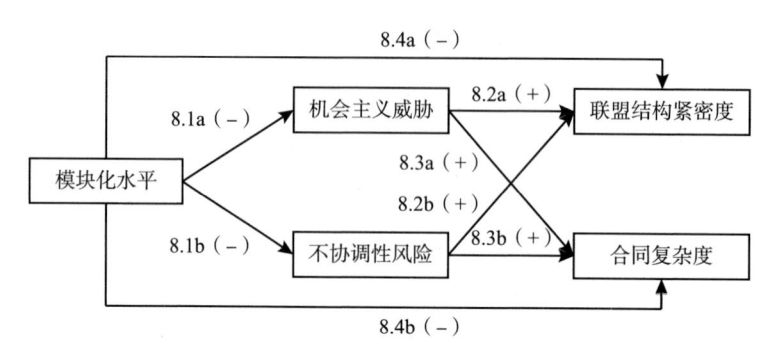

图 8-1　模块化水平、内部风险与治理结构关系的概念模型

8.3　实证研究设计

8.3.1　样本与数据收集

本章采用大样本数据和结构方程模型分析的方法来检验相关假设。我们对基于文献研究基础上的初始问卷进行了预测试，以保证问卷的内容效度。问卷预测试过程中，邀请了相关领域的专家参与了问卷指标的修正。然后在重庆、成都等地 R&D 联盟进行了小范围的访谈，并进行了问卷的预测试进一步修改和完善问卷内容，形成最终问卷。2015 年 11 月至 2016 年 7 月，共向重庆、成都、深圳、北京等多个地区 R&D 联盟企业发放了问卷 453 份，回收问卷 207 份，剔除数据不全和不符合研发联盟的问卷 22 份，最终获得有效问卷 185 份。调研企业所属行业覆盖电子信息、软件、新材料、生物工程及新医药、新能源与节能技术等领域，每个企业为一个样本。研究过程中的控制原则是：调研的行业集中于知识与技术密集行业；若企业目前涉及多项合作，则以与研发合作最相关的项目作答。

在正式调研阶段，本章采取了多种方式收集样本数据：（1）对于重庆、成都地区，在当地高新知识和技能产业开发区管委会支持下，对企业进行实地访谈和调研；（2）对于深圳、北京地区，在中国风险投资研究院、相关政府管理机构及风险投资机构的支持下，采取电话访谈和与当地科研机构合作调研的方式；(3) 对于 MBA、EMBA 学员进行了问卷发放和回收，严格限制所属企业涉及 R&D 联盟。问卷填写对象是企业的中高层管理人员或负责合作项目的主管。表 8-1 是对样本的描述性统计。

表 8-1　　　　　　　　　被调查企业的描述性统计

企业规模 (单选 N=237)	1 000 万人以下	34.7%	合作伙伴规模 (多选 N=185)	1 000 万人以下	0.36
	1 000 万~5 000 万人	45.5%		1 000 万~5 000 万人	0.48
	5 000 万~20 000 万人	13.5%		5 000 万~20 000 万人	0.21
	20 000 万人以上	6.30%		20 000 万人以上	0.11
行业分布 (单选 N=237)	电子与信息技术	28.4%	合作动机 (多选 N=185)	降低风险	0.27
	软件技术	20.7%		降低成本	0.32
	生物工程及新医药	14.6%		学习	0.22
	新材料技术	13.8%		获得资源	0.39
	新能源与节能技术	14.2%		其他	0.08
	其他	8.3%	合作方式 (多选 N=185)	技术许可	0.17
所有制 (单选 N=237)	国有	12.4%		研发协议	0.31
	民营	40.3%		OEM	0.24
	外商	26.1%		共同组织项目	0.35
	其他	21.2%		合资企业	0.28

8.3.2　变量测量

所有变量的统计指标都采用李克特 5 点量表法进行量化，其中 1 代表"完全不同意"，5 代表"完全同意"。本章研究的主要变量为模块化水平、机会主义威胁、不协调性风险、结构紧密度和合同复杂度。

(1) 模块化水平。模块化水平反映联盟交易的技术模块化程度。本书参考蒂瓦纳 (2008) 和刘等 (2011) 的研究，生成 3 个题项的量表。(2) 机会主义威胁。参考普尔和阿里诺 (Reuer and Arino, 2007) 和聂辉华、李金波 (2008) 的研究，成为 4 个题项的量表。(3) 不协调性风险。参考齐内尔丁 (Zineldin, 2004)、龙勇和李薇 (2009) 的研究，生成了 4 个题项的量表。

（4）联盟结构紧密度。参考古拉蒂和辛格（Gulati and Singh, 1998）和圣托尔和麦吉尔（Santoro and McGill, 2005）的研究，按照紧密程度由弱变强的顺序将联盟结构分为单边合约、双边合约、单边持股、双边持股、合资企业五种，并用数字 1~5 对其进行量化。（5）合同复杂度。借鉴雷尔和桑普森（Ryall and Sampson, 2007）的研究，形成了 4 个题项的量表。具体指标题项见表 8-2。

表 8-2　　　　　　　　主要变量的指标可靠性检验结果

变量	变量测度指标	因子载荷	Crobach's α 系数
模块化水平	V1. 合作涉及的知识和技能（产品）可分解为多个模块	0.713	0.7147
	V2. 各模块之间有稳定的标准化接口	0.696	
	V3. 各模块已经高度标准化	0.736	
机会主义威胁	V4. 合作伙伴存在隐瞒信息行为	0.784	0.8068
	V5. 合作伙伴存在不完全履约行为	0.846	
	V6. 合作伙伴存在窃取资源行为	0.772	
	V7. 合作伙伴存在"敲竹杠"行为	0.825	
不协调性风险	V8. 对合作伙伴的组织环境缺乏了解	0.747	0.7078
	V9. 对合作伙伴的合作期望缺乏了解	0.716	
	V10. 对合作伙伴的工作方式缺乏认同	0.648	
	V11. 对合作伙伴的履约能力缺乏信心	0.720	
结构紧密度	V12. 合作的方式（单边协议、双边协议、单边持股、双边持股、合资）	0.655	0.655
合同复杂度	V13. 定期报告所有相关交易	0.827	0.8235
	V14. 及时书面记录违背合作协议的事项	0.765	
	V15. 使用或涉及专有的信息或资源需签订保密条款	0.825	
	V16. 协议包括完整的终止条款	0.877	

8.4　实证分析及讨论

本书对各变量和题项进行了探索性因子分析，因子分析的结果及各要素可靠性检验结果见表 8-2。所有变量的 Crobach's α 系数均超过了 0.7，表明指标具有较高的内部一致性，因此信度通过检验。所有变量指标维度的因子载荷接近或超过 0.7，能够很好地描述其度量的相关要素符合统计检验应具备的基本要求。本书使用 AMOS 软件对假设和概念模型进行结构方程模型检验，其各项拟合指标检验结果见表 8-3，最终的各项拟合指标都很好。

表 8-3　　　　　　　　　　模型总体拟合优度

拟合指标	指标值	拟合情况
绝对拟合指数 F	0.019	>0.05，很好
拟合优度指数 GFI	0.931	>0.9，很好
调整的拟合优度指数 AGFI	0.853	>0.8，很好
标准拟合指数 NF	0.984	>0.9，很好
递增拟合指数 IFI	0.910	>0.9，很好
非正态化拟合指数 TLI	0.937	>0.9，很好
比较拟合指数 CFI	0.923	>0.9，很好
近似误差均方根 RMSEA	0.038	<0.06，很好
凯克信息标准 AIC	255.472	值相对较小
阿凯克信息标准 CAIC	738.065	值相对较小
期望交叉证实指数 ECVI	0.418	值相对较小

表 8-4 显示了结构方程模型假设检验的结果。如表 8-4 所示，主要变量间相关性、符号与研究假设大致相符，且大多数的路径关系都达到了显著水平，这也表明预期的假设和概念模型的科学性。结构方程模型的最终结果如图 8-2 所示。

表 8-4　　　　　　　　路径模型研究的假设检验结果

假设	路径说明	标准化路径系数	P 值	结论
假设 8.1a	模块化水平→机会主义威胁	-0.435	0.008	支持
假设 8.1b	模块化水平→不协调性风险	-0.321	0.023	支持

续表

假设	路径说明	标准化路径系数	P 值	结论
假设 8.2a	机会主义威胁→结构紧密度	0.162	0.035	支持
假设 8.2b	不协调性风险→结构紧密度	0.059	0.278	不支持
假设 8.3a	机会主义威胁→合同复杂度	0.357	0.014	支持
假设 8.3b	不协调性风险→合同复杂度	0.215	0.039	支持
假设 8.4a	模块化水平→结构紧密度	-0.226	0.017	支持
假设 8.4b	模块化水平→合同复杂度	-0.353	0.022	支持

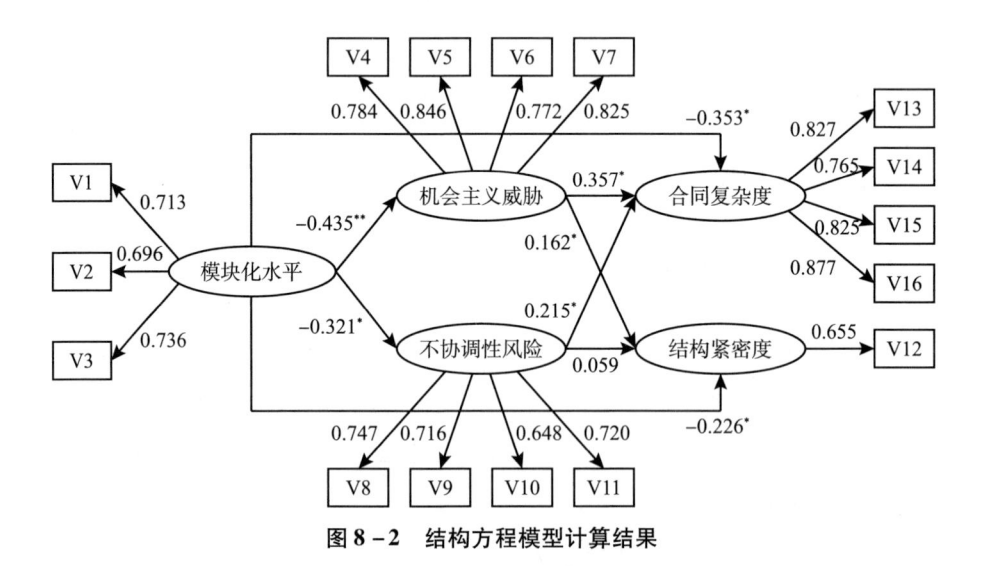

图 8-2 结构方程模型计算结果

假设 8.1a 获得了实证数据的支持，说明 R&D 联盟模块化水平越高受到的机会主义威胁越低，这与蒂瓦纳（2008）的实证结论一致。多兹和哈默尔（Doz and Hamel, 2004）也曾从知识和技能的专有属性角度进行过阐述，"如果某种技能是成体系的，即该知识系统是由其中某些要素、程序和数据相结合而产生的，无论对其中任意一个子系统的了解程度有多么深，都不能单独产生整体利益，那么这种技能也容易受到保护"。假设 8.1b 亦获得了实证支持，R&D 联盟模块化水平越高面临的不协调性风险越低。成功的战略联盟必须具备两个前提（Doz，Hamel，2004）：抑制和减少伙伴间的机会主义行为并协调伙伴间投入资源的配置（汪谷腾等，2016）。模块化通过限制知识的过分暴露减轻了机会主义行为，并通过连接界面标准化减少伙伴的复杂交互依赖，以增进协调。

  R&D 联盟内部风险对治理结构的影响也获得了支持。假设 8.2a 表明企业将通过设计严密的结构加强对合作伙伴的控制来减弱合作中的机会主义行为，这与现实中观察到的很多情况一致。更为极端的做法是将联盟发展为收购（Wang L. et al.，2007），通过一体化实现更为严密的层级结构消除合作伙伴的机会主义威胁，但是这样的措施同时又会增加由于内部层级增多带来的信息传递损失，企业将面临新的"边界"平衡（Oxley J. E.，Sampson R. C.，2004）。假设 8.2b 提出的不协调性风险高会使 R&D 联盟倾向于较为紧密结构的假设并没有获得样本数据的支持。可能的原因有两方面：一方面，联盟成员更多地采取关系治理来加强双方的协调（Cui C. C. et al.，2002）。一定程度上使用关系治理机制，如经常性的上下级交流，建立合作团队、更频繁的管理层联系、分享决策制定以及联合问题解决小组等，可以更多地增进联盟内部的相互信任及内部成员对自身身份的认同，有效地减缓机会主义和加强伙伴间资源的协调（Schilling M. A.，2000）。另外，本研究的样本数据中，很多 R&D 联盟是由发展经历、组织环境比较类似的中小高新技术企业组建的联盟，在一定程度上减少了协调的困难，这也会影响分析结果。

  假设 8.3a 与假设 8.3b 提出的机会主义威胁、不协调性风险对 R&D 联盟合同复杂度的影响获得了数据的支持。复杂的合同可以事前规定双方必须投入的资产、资源、技术以及其他允许的行为，并通过具体的绩效指标、争端解决方案规定联盟中每个伙伴的角色及应承担的责任（S. Comino et al.，2007），减缓机会主义行为及协调联盟伙伴间的努力。与假设 8.2b 不同，假设 8.3b 表明面临不协调性风险高时，R&D 联盟倾向于较为复杂的合同，暗示了合同与联盟成员伙伴关系存在某种程度的替代，这与劳拉等的研究结论相一致（Laura Poppo，Todd Zenger，2002）。

假设 8.4a 与假设 8.4b 提出模块化水平高使 R&D 联盟不倾向于较为紧密的结构和较为复杂合同的假设获得实证支持。模块化作为一种新兴的知识隔离机制，在联盟中获得了越来越广泛的使用（Schonfeld E.，2005）。模块化给予了联盟中各成员更大的自主权，实现了联盟知识的共享和私有知识保护之间的平衡（Tiwana A.，2008），使得各企业可以充分发挥自身的技术优势来完成模块的开发或运行，优化联盟的资源配置。蒂瓦纳（2011）认为模块化作为一种协调机制可以在一定程度上替代正式治理机制中的过程控制，假设 8.4a 和假设 8.4b 的实证结果支持了蒂瓦纳的这一论述。

8.5 本章小结

本章利用大样本的问卷调研，通过结构方程模型实证方法对模块化水平、联盟内部风险与治理结构之间的关系进行了验证。主要的研究假设和预期模型都获得了实证检验结果的支持。主要的研究结论如下：

（1）R&D 联盟模块化水平对其内部风险水平有重要影响。R&D 联盟所投入的高战略水平资源易于受到机会主义的威胁，合作伙伴有强烈的动机对这些资源进行学习、模仿、内化，之后无论使用于其他场合或泄露给竞争对手，都会削弱企业的竞争优势。而资源的模块化模块化给予了联盟中各成员更大的自主权，实现了联盟知识的共享和私有知识保护之间的平衡，弱化了机会主义威胁，同时通过接触界面的标准化和更少的交互依赖需求弱化了彼此的不协调风险。R&D 联盟中企业可通过控制投入资源的质量及调整模块化水平，有效控制内部风险水平从而更好地达成合作目标。

（2）R&D 联盟内部风险水平对其治理结构有重要影响。从内部风险的角度，面临的机会主义威胁较高时 R&D 联盟倾向于较为紧密的合作结构与较为复杂的合同。紧密的股权联盟对成员的控制力较强，可以及时、有效地发现和抑制 R&D 联盟中常见的各种机会主义行为；复杂的合同通过详细规定投入知识和技能的数量、形式及使用范围，限制合作伙伴的滥用，抑制机会主义行为。而当面临较高的不协调性风险时，R&D 联盟倾向于较为复杂的合同，通过对合作成果评估标准、合作过程如沟通方式、工作规程等详细规定增强双方的协调。治理结构的选择要能够与联盟的内部风险水平达到最佳的匹配，合适的治理结构才可以支持联盟的良好运行，完成企业的战略目标。

（3）R&D 联盟模块化水平对其治理结构有重要影响。本研究表明为了保护所投入的高战略水平资源，R&D 联盟倾向于采用较为复杂的合同，而资源的模块化则削弱了这一倾向。企业通过模块化所提供的较少交互依赖性实现了对核心知识和技能的保护，并赋予各联盟成员更多的自主权以充分利用各自的私有知识技能，从而降低了采用严密控制结构和复杂合同的必要。在本章的实证结果中，我们已看到了 R&D 联盟通过模块化对传统治理结构的部分替代，随着 R&D 合作在中国的进一步发展，未来 R&D 联盟可能对自身的模块化改造加以更多的重视和投入。

第9章

对本土企业参与全球模块化生产的思考

9.1　本土企业参与全球模块化生产的问题

产品生命周期理论（Vernon，1966）认为产品技术发展通常会经历产品新技术出现、技术成熟和产品标准化三个阶段，与之相对应的，产品最开始在发达国家实现技术创新、制造与出口，然后转变为发展中国家利用自身在劳动力及大规模生产技术上的优势实现产品制造，并最终反向出口给发达国家这一过程。而这一转化进程必须建立在产品技术标准化、发展中国家劳动力、自然资源等生产要素禀赋比较优势及产品内细致分工等条件之上（张军，2008）。相对于国外先进企业来说，中国后发企业的核心竞争力集中体现在产品主流设计成型之后，特别是产业体系转变为模块化专业分工形态之后的产业（罗珉和赵红梅，2009），在这些产业中，模块化的趋势促使新产品和产业细分的出现（Baldwin and Clark，1997），产业结构逐渐从垂直整合转变为专业分工或虚拟垂直整合。在此基础上，世界范围内的产品设计、生产与技术模块化变革以及分工经济、模块化内生效率等因素共同推动产业组织模式的模块化演进。模块化产业组织在主导规则和业务模块两方面作用下重塑了产业内部结构，并借由敏捷反应与持续创新的特点（郝斌和任浩，2010），逐渐成为产业组织研究领域的一大热点（芮明杰和张琰，2008）。

在本土制造企业以模块供应商身份切入全球产品价值链的过程中，部分企业规模小、技术落后的模块制造商长期被锁定在价值链的低端环节并陷入贫困式的发展模式，而一些具有创新优势的模块供应商依然面临集成商的价值盘剥，面对中国本土模块供应商与发达国家模块集成商的这些合作现状，如何实现这些企业向产业链中的高附加值环节攀升，并借此实现全面的产业转型升级，现有研究并未能提供一条行之有效的路径（刘冰和周绍东，2014）；另外，对于复杂产品系统、成熟模块化架构产品等本土优势制造领域（黄慧群和贺俊，2015）的部分大型制造企业而言，在这些企业模块化新产品开发过程中，其模块划分的精密程度、产品制造体系的模块化深度依然与发达国家企业存在较大差距，这与这些企业原始知识技术积累、基础研究投入以及对模块化原理的理解深度等因素不无关系。因此如何确保本土大型制造企业主导下的产品研发、设计与制造等不同分工环节间匹配和协同，进而实现模块化新产品的成功开发与成商业化，也成为这些企业面临的重大挑战之一（韩晶，2009）。

　　本土制造企业在融入全球性模块化生产网络后，在市场定位、发展模式、竞争优势和效果等方面表现出巨大的差异。具体体现为：（1）定位为模块供应商，与发达国家模块集成商开展竞争和合作：①以生产效率、劳工熟练度见长的本土制造企业，通过生产通用模块，并借助劳动力、自然资源等生产要素的比较优势嵌入产品全球价值链（尹建华和王兆华，2008；陈超凡和王赟，2015）。这类规模较小的企业，主要从事普通模块制造、组装等，且价值创造活动极易被锁定在价值链低端（Bazan，2004；卢福财和胡平波，2008；杨水利、易正广、李韬奋，2014），从而深陷模块化陷阱（宋磊，2008）。发达国家模块集成商针对外包模块过于精细的模块划分导致了技术的碎片化，并在一定程度上限制了这类企业的技术创新空间。这让这些企业基于自主创新摆脱低端锁定的可行性变得极其微弱。②对于具有一定模块创新能力的本土制造企业（即专用模块供应商或封闭模块供应商），发达国家模块集成商一方面通过筛选创新优胜型模块供应商并与之缔结市场契约关系，以实现模块供应商"背对背"的创新淘汰赛为基础的"选择权价值"最大化，并基于"外围知识"（peripheral knowledge）优势对外包模块创新实现逆向吸收（李奇会，2008）。另一方面，通过绝对控股、买断独资、企业兼并、收购逐步实现创新专长企业创新资源内化，并集中强大市场买方优势对模块创新价值实现倾轧。这加剧了企业创新价值的易逝性与可俘获性。这些现象表明，本土模块供应商与发达国家模块集成商间长期存在竞争合作关系。（2）在部分本土大型制造企业主导的模块化生产网络中，例如，华为、联发科等具有产品架构创新能力的后发企业，通过主动采取产品架构模块化改造、产业组织一体化架构向开放式架构变革以及产品垂直整合型价值链向模块化整合型价值链切换等策略，发挥供应链上下游企业之间的协同效应，各自塑造了在通信设备、移动终端产业的竞争优势，并实现后发企业跨越式发展与生态位优化（朱瑞博、刘志阳、刘芸，2011）。

本土制造企业基于模块化生产网络实践的巨大差异，必然会引发我们两个方面的思考：（1）本土制造企业如何才能突破低端价值链锁定并获得和保持模块化创新价值。（2）具有模块化新产品开发能力的本土制造企业如何通过供应链企业间的合作实现产品架构的模块化变革，换言之，本土制造企业如何在其主导的产品模块化过程中通过与顾客、合作伙伴的协同合作来削减成本、快速创新？产品模块化与供应链协同的关系是怎样的，这种关系是如何提升企业的竞争优势的？

9.2 本土企业模块化产品创新的概念模型

9.2.1 作为模块供应商融入全球化大生产

本土制造企业作为模块供应商在与国际集成商的竞争合作中突破低端价值链锁定，需要从技术创新出发，不断积累技术集成能力，利用模块化的特性，通过组织学习，进行模块创新，并在模块创新的基础上进行架构创新，从而突破低端锁定。本土制造企业作为模块供应商融入全球化大生产，进行模块化产品创新的概念模型如图 9-1 所示。

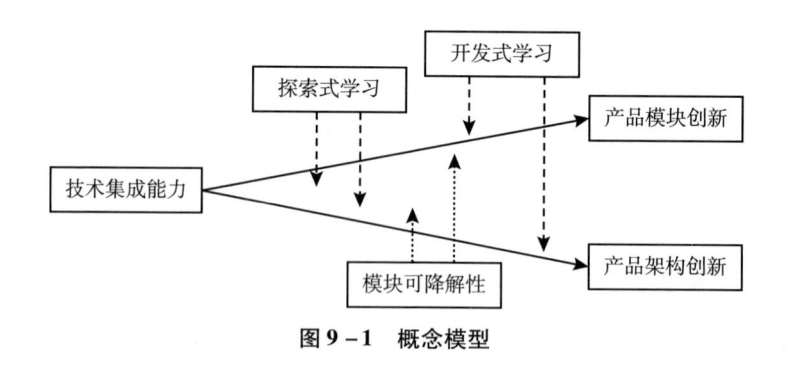

图 9-1　概念模型

9.2.2 作为供应链的主导者融入全球模块化大生产

本土企业积极寻求在全球供应链、产业链中的主导地位，通过供应链协同带来的信息共享、柔性生产系统构建、群工艺使用及通用设备投资，与产品模块化产生协同作用，面对动态变化和竞争激烈的环境，依靠整体供应链的力量，快速反应，保持竞争优势，不断提升绩效。作为供应链的主导者融入全球模块化生产的概念模型如图 9-2 所示。

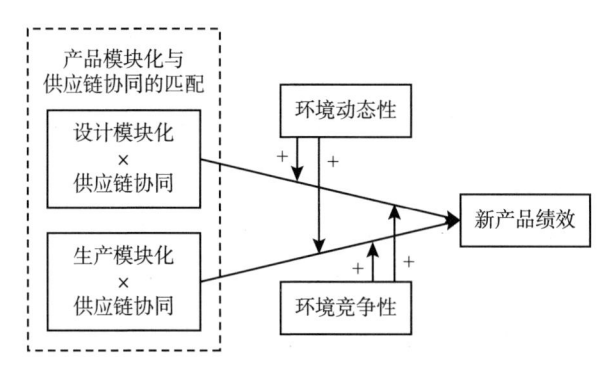

图 9-2 环境不确定性调节下的产品模块化与供应链协同匹配效应的模型

9.2.3 以 R&D 联盟的形式融入全球模块化大生产

本土企业要想突破发达国家企业的技术封锁，必须加大研发力度和投入，寻求技术上面的突破。由于企业不可能占有所需的全部技术和知识等资源，企业孤立经营的传统格局正在被打破，越来越多的企业采取 R&D 联盟模式进行技术创新。企业针对自己关键的技术优势，以合作的方式借助外力来进行资源的整合，以达到创造独特竞争优势的目的，企业之间通过建立联盟契约关系，在追求自身利益最大化的同时，在一段时间内共同进行新技术和新产品的开发，从而实现优势互补、利益共享、风险共担和共同发展。

模块化经过长时间的发展成为了一种广泛存在的现象，在 R&D 联盟中颇为常见。模块化在降低研发联盟的内部风险方面有着重要的作用。模块化在应对联盟内部风险和治理方面的概念模型如图 9-3 所示。

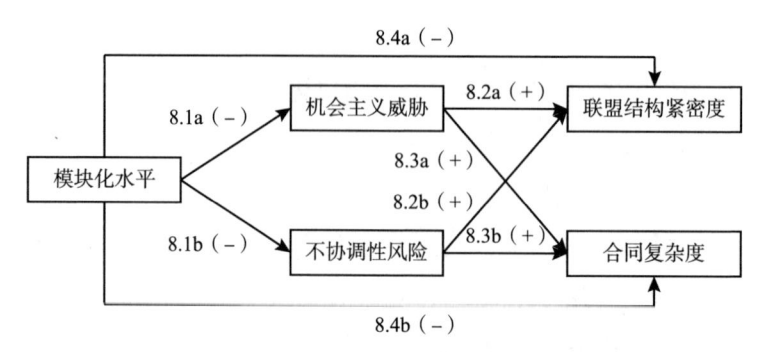

图 9-3　模块化水平、内部风险与治理结构关系的概念模型

9.3　对本土企业参与国际模块化生产的建议

9.3.1　通过技术集成和组织学习融入全球模块化大生产

技术集成影响模块创新和架构创新的实证研究表明，技术集成创新是中国本土模块企业实现技术追赶、跨越式发展及突破价值链低端锁定的有效方法和策略。技术集成能力作为企业关键的动态能力之一，其自身具有产品构建、技术选择、技术吸收及技术重构等功能，在复杂变动的市场环境下，技术集成能力上述四方面功能的发挥进一步要求企业必须实现技术、知识集成和产品架构间的高效协同。换言之，本土模块企业应实时关注、预测技术发展变化趋势，通过对新技术的破解、学习，广泛吸收企业外部技术知识，并积极参与自身研发与专利申请活动。不仅仅关注产品的内部模块创新，同时也要关注产品架构的创新，在实现技术集成对模块化产品创新的基础支撑作用之上，最大化地实现市场导向、战略引领及组织支撑三者协同发展。其次，在技术创新商业化过程中，模块化企业为了实现产品创新，两种组织学习方式与技术集成创新的协同必然成为重要的战略考量。这对企业重视核心能力培育（Teece，2006），而忽视组织外部环境影响，忽视企业主动学习与核心能力间匹配、协同的发展战略（王永贵等，2003）提出了预警。因此，本土企业应该以不同的组织学习方式为切入口，充分发挥不同的学习方式在

模块化创新中的作用，实现大规模技术集成创新。本土企业为实现模块创新和架构创新水平的快速提升也可以考虑外部合作机制主导下的外部学习机制。不同规模、不同技术水平的企业应当选择不同的学习机制，明确自身在模块化生产网络中的位置，制定适合自身的创新战略。最后，中国本土企业模块化产品创新的实现，离不开国际模块集成商弱控制、模块创新高自由度与开放性等特征。这要求企业在承接模块前，须对模块创新的自由度、开放性、受控性等特征进行提前甄别，在此基础上，企业应充分发挥技术集成能力引致的知识积聚效应与技术势能优势，从而实现对行业竞争伙伴创新模仿行为的抵御与集成模块"选择权价值"的提升，最终实现更高层次、更广范围内的模块技术创新与最优化的创新价值获取。

9.3.2　通过供应链协同，发挥模块化的优势，积极应对环境变化

供应链协同下的模块化新产品绩效部分的实证研究表明，产品模块化与供应链协同之间相互影响。这表明，企业在制定模块化战略时，要考虑模块化设计和生产可能给供应链的结构和关系带来的影响，而在供应链决策中做好提前应对，并且充分考虑供应链协同合作给产品模块化实践带来的变化，在此基础上选择确定适合的模块化战略并确定供应链协同合作的程度。同时，也要从信息共享、同步决策、激励同盟等方面加强供应链上各企业间的协同合作，为模块化产品创新提供快速反应的环境。其次，产品模块化与供应链协同的匹配对新产品绩效的提升存在增强型的交互作用。这表明产品模块化对新产品市场表现的促进作用源于简化产品设计、加速产品开发与实现模块并行、组合式创新，同时供应链协同带来的信息共享、柔性生产系统构建、群工艺使用及通用设备投资提升了企业制造敏捷性，加快了新产品开发速度，进而提升了新产品绩效。再次，产品模块化的两个维度，设计模块化和生产模块化与供应链协同的关系有所不同。模块化设计与供应链协同的相关程度更高。企业做出产品创新方面的决策时，需要认识自身的模块化水平，区分模块化设计与模块化生产两个不同的阶段。此外，本土制造企业应重视新产品的设计、开发、生产、调试、再创新等环节的参与，结合自身的

本土市场知识优势发展自主产品概念，指导分工网络成员的制造系统模块化改造、柔性生产系统构建、群工艺使用及通用设备投资，并最终通过分工网络的不断完善与创新环境优化，实现模块化新产品的成功商业化。最后，环境动态性和环境竞争性的调节效应表明，越是动态变化和竞争激烈的环境中，越需要产品模块化与供应链协同的匹配，企业能够更好地应对动态环境的变化，及时地满足客户不断变换的需求，快速反应，调整自身的战略，面对激烈的竞争不断创新，保持竞争优势，不断提升绩效。

9.3.3　发挥模块化的优势，应对联盟风险，选择恰当的治理结构

（1）R&D 联盟所投入的高战略水平资源易于受到机会主义的威胁，合作伙伴有强烈的动机对这些资源进行学习、模仿、内化，之后无论是使用于其他场合还是泄露给竞争对手，都会削弱企业的竞争优势。而资源的模块化给予了联盟中各成员更大的自主权，实现了联盟知识的共享和私有知识保护之间的平衡，弱化了机会主义威胁，同时通过接触界面的标准化和更少的交互依赖需求弱化了彼此不协调的风险。R&D 联盟中企业可通过控制投入资源的质量及调整模块化水平，有效控制内部风险水平，从而更好地达成合作目标。

（2）从内部风险的角度，面临的机会主义威胁较高时 R&D 联盟倾向于较为紧密的合作结构与较为复杂的合同。紧密的股权联盟对成员的控制力较强，可以及时、有效发现和抑制 R&D 联盟中常见的各种机会主义行为；复杂的合同通过详细规定投入知识和技能的数量、形式及使用范围，限制合作伙伴的滥用，抑制机会主义行为。而当面临较高的不协调性风险时，R&D 联盟倾向于较为复杂的合同，通过对合作成果评估标准、合作过程如沟通方式、工作规程等的详细规定增强双方的协调。治理结构的选择要能够与联盟的内部风险水平达到最佳的匹配，合适的治理结构才可以支持联盟的良好运行，完成企业的战略目标。

（3）本研究表明为了保护所投入的高战略水平资源，R&D 联盟倾向于采用较为复杂的合同，而资源的模块化则削弱了这一倾向。企业通过模块化

所提供的较少交互依赖性实现了对核心知识和技能的保护，并赋予各联盟成员更多的自主权，以充分利用各自的私有知识技能，从而降低了采用严密控制结构和复杂合同的必要。在本研究实证结果中，我们已看到了 R&D 联盟通过模块化对传统治理结构的部分替代，随着 R&D 合作在我国的进一步发展，未来 R&D 联盟可能对自身的模块化改造加以更多的重视和投入。

第10章

研究结论与研究展望

10.1　主要研究结论

由于嵌入全球产品价值链中的本土模块企业长期以来一直面临"价值链低端锁定"困局，且创新驱动下的价值链节点跃升又存在动能不足问题，对此，现有学术研究也未能提出一些行之有效的可操作性策略、方法以指导企业价值链位势攀升实践。此外，由于忽视基础研究、原始技术积累，加之对模块化原理的理解失位，部分具有模块化新产品开发能力的本土企业在新产品研发、设计及制造过程中存在模块化贯彻深度不足的弊端，严重制约了新产品的市场表现。针对这些问题，本书从本土企业的视角思考了不同层次的模块化产品创新（即模块创新和架构创新）的技术实现途径与机制，并进一步考察了不同环境下产品模块化与供应链协同之间的关系，以及这种关系对模块化新产品绩效的影响机制。同时，本书针对 R&D 联盟的具体情景，从知识基础观和交易成本的视角思考了模块化对内部风险和治理结构的影响。

首先，在文献回溯与理论分析的基础上，针对技术集成下模块化产品创新的实现和供应链协同下的模块化新产品绩效等问题进行探索，形成了相应的分析框架与概念模型。对于模块供应商与集成商竞合下的模块化产品创新的技术实现问题，本书综合了企业动态能力、集成商控制以及组织学习理论，重点分析了企业技术集成能力对模块创新、架构创新绩效的影响以及组织学习、模块可降解性在这些影响路径上的调节效应；对于供应链协同下的模块化新产品绩效问题，本书基于价值创新理论、架构理论、模块化产品周期理论、权变理论以及模块化与供应链系统间动态影响观点，重点分析了产品模块化（有两个维度，即产品设计模块化、产品生产模块化）与供应链协同的相互影响关系，检验这种关系如何促进新产品绩效，并在此基础上验证了环境不确定性（动态性和竞争性）在产品模块化与供应链协同的匹配和新产品绩效的关系中的调节效应。对于模块化对 R&D 联盟内部风险和治理机构的影响问题，综合了交易成本理论、知识基础观等，分析了模块化水平对不同的联盟内部风险和不同层次的治理结构的影响。其次，基于实证数据收集，对本书涉及的变量进行了因子分析，对主要变量间量化关系进行层级回归或结构方程模型分析，并完成对主要研究假设的实证检验。

10.1.1 理论部分

在理论分析部分，鉴于模块创新和架构创新的影响因素纷繁复杂，而现有研究呈现的影响因素包括企业创新能力、集成商控制、创新可模仿程度、系统架构兼容性、政策法规约束、产业特征及竞争强度等，因此，本书首先对模块化产品创新做了类型划分，并将其划分为模块创新与架构创新两类。其次，为了提高研究内容的科学性与研究框架的清晰度，本书结合组织学习理论发展了蒂斯（1986）提出的创新竞争效果分析框架。在创新竞争效果PFI 分析框架下，创新独占性与互补资产成为创新价值获取的两个重要影响因素，然而伴随着模块化生产方式的发展，模块化形成的基于两类设计规则的网络式模块族群极大地解放了企业创新的互补资产约束，互补资产的作用被弱化。企业对创新机会的挖掘和使用需要通过内部机制和外部机会之间的互动过程来实现（Dosi，1988），而创新的实现则要依托企业核心创新能力。对此，本书做了以下四方面的工作：（1）针对本土模块企业多数规模小、技术薄弱、原始创新能力不高以及原始创新自身的高投入、高风险、高技术知识积累等特征，在企业核心创新能力界定上绕过了以往研究对企业原创能力的过度强调，而将技术集成能力这一企业动态能力作为企业核心创新能力。（2）由于 PFI 分析框架将创新独占性视为影响创新竞争效果的重要因素，对此，本书在文献回溯的基础上发现集成创新可以降低外部创新资源的可分享程度，通过技术积聚效应提升同行竞争者创新模仿的"技术门槛"高度，通过模块功能整合、模块物理、技术边界拓展提升集成模块相对于发达国家集成商的选择权价值，因而，集成创新可被视为实现创新独占性的有效手段。（3）组织学习理论为我们提供了一个提高模块化网络企业间资源共享程度的方法，而主流研究主要探索组织学习在创新商业化过程中的辅助作用，针对这一点，本书在文献回溯的基础上发现本土企业的利用式学习、探索式学习一直是知识获取和转移的重要来源，因此，将这两类组织学习纳入模块创新和架构创新的调节因素分析中。(4) 结合本土企业模块化创新饱受发达集成商过程控制、结果控制、技术阻断以及逆向价值吸收倾榨的现象与本土模块企业图纸式制造、代工等模块创新"受限"问题，本书采用模块可降解作为以上现象的综合表征参数，并将此纳入调节因素分析中。

针对供应链协同下的模块化新产品绩效分析问题，本书在理论分析上主要做了以下三方面工作：(1) 结合模块化产品周期理论，分析了新产品从研发、设计到制造环节中模块化思想对应的外在表现形式。结合供应链管理理论，分析了供应链协同在新产品创新中的作用。对此，本书抽取了产品技术模块化、产品生产模块化这两个概念，对这两者与供应链协同之间的逻辑关系进行了理论分析。(2) 结合架构理论与价值创新理论，对新产品绩效的核心要义进行界定，即体现为产品效用、价格、成本以及创新的有机融合，在此基础上，通过文献回溯与理论分析，发现产品模块化与供应链协同之间的逻辑关系对新产品绩效会施加重要影响。(3) 通过对产品设计模块化、产品生产模块化与供应链协同之间关系的梳理，以及这种关系对与新产品绩效间关系的理论分析，建立了针对这部分内容的概念模型。(4) 基于权变理论，在充分认识模块化产品创新企业所面临的动态变化、竞争激烈的环境的基础上，分析环境动态性和竞争性对于企业的模块化战略和供应链协同合作的影响，将环境动态性和竞争性纳入影响产品模块化与供应链协同共同促进新产品绩效提升的调节因素中。

10.1.2 实证部分

在实证分析部分，主要对以上理论分析中提出的研究假设进行了统计实证检验，分析的结果是：

(1) 在模块化产品创新的创新能力影响因素分析方面：①企业技术集成能力显著促进产品模块创新。②企业技术集成能力显著促进产品架构创新。

(2) 在利用式学习、探索式学习调节效应分析方面：①探索式学习越强，技术集成能力对模块创新的影响越大。②探索式学习越强，技术集成能力对架构创新的影响越大。③利用式学习越强，技术集成能力对模块创新的影响越大。④与利用式学习相比，探索性学习对技术集成能力与架构创新之间关系的调节作用更加显著。

(3) 在模块可降解性的调节效应分析方面：①模块可降解性在企业技术集成能力与模块创新的关系中存在显著的正向调节效应。②模块可降解性在企业技术集成能力与架构创新的关系中存在显著的正向调节效应。

(4) 产品模块化与供应链协同的关系问题：假设检验结果表明，对应于新产品的设计、生产环节，产品模块化与供应链协同之间存在相互影响的关系。

(5) 产品模块化与供应链协同的匹配问题：假设检验结果表明，产品模块化与供应链协同之间存在匹配关系，产品模块化与供应链协同的匹配对新产品绩效的提升存在增强型的交互作用。

(6) 环境不确定性的调节效应分析方面：假设检验结果表明，环境动态性在产品（设计、生产）模块化与供应链协同匹配对新产品绩效的增强型交互作用中起正向的调节效应。环境竞争性在产品（设计、生产）模块化与供应链协同匹配对新产品绩效的增强型交互作用中起正向的调节效应。

(7) 模块化对内部风险和治理结构的影响：假设检验结果表明，R&D联盟的模块化水平降低了机会主义威胁，并且降低了不协调性风险；机会主义威胁高时R&D联盟倾向于紧密的结构模式与复杂的合同，而当不协调性风险高时R&D联盟倾向于复杂的合同；模块化水平高时R&D联盟不倾向于复杂的合同，亦不倾向于紧密的结构。

10.2 本书的新颖之处

(1) 在划分了模块供应商的模块化产品创新类型的基础上，阐释了技术集成对同行竞争者创新模仿的抵制以及对新模块"选择权价值"的提升，进而揭示创新独占性机制可以通过技术集成创新的形式得以实现，并进一步实证验证了技术集成能力对模块化产品创新的两种类型（即模块创新和架构创新）的促进作用。

此前，企业核心能力理论（Prahalad and Hamel，1990；Grunert and Hildebrandt，2004）提出企业核心能力是实现价值链低端突破的重要基础；而普费弗和萨拉奇克（Pfeffer and Salancik，2003）认为发展中国家企业的内部资源、技术整合与外部创新资源吸收是实现价值链攀升的前提。这些研究表明，发展中国家企业实现价值链攀升必须依赖于核心能力与内外部资源整合。但是如何实现资源整合且价值链低端突破依赖何种核心能力，现有研究缺乏针对性的策略与方法的探索（杨水利、易正广、李韬奋，2014）。

同时，现有研究中对于模块化产品创新的划分和刻画，大多停留在理论推演和模型分析上。特别是对架构创新的内涵、维度缺少清晰的认识和有效的检验，相关实证研究比较缺乏。本书在文献回顾和逻辑推演的基础上描述了模块供应商的两类模块化产品创新，并明确提出了企业技术集成创新可以作为企业实现内外部资源整合，进而摆脱价值链低端锁定的有效备选策略之一，形成了技术集成能力促进模块化产品创新概念模型，并通过大样本数据验证了技术集成能力对模块创新和架构创新的显著影响。

（2）针对模块化生产方式下的互补资产弱化问题，提出组织学习在技术集成能力影响模块化产品创新路径上的辅助作用。同时，在本土企业与国外模块集成商合作关系中引入了集成商控制视角，并实证分析了由集成商控制导致的模块可降解性的调节效应。

在创新竞争效果 PFI 分析框架中指出，独占性与互补资产对于创新收益分配具有重要影响，而基于企业技术集成能力的技术集成创新活动，降低了创新资源可模仿的程度，因而较好体现了独占机制的逻辑。同时在模块化创新商业化过程中，互补资产的效用将被弱化，模块化形成的基于两类设计规则的网络式模块族群极大地解放了企业创新的互补资产约束（张刚和许乾，2007）。而组织学习理论为我们提供了一个提高模块化网络企业间资源共享程度的方法，将企业技术集成能力、组织学习等因素纳入模块化产品创新内在机制的分析框架中，在某种程度上是对 PFI 分析框架和组织学习理论在本土企业模块化产品创新研究情景下的综合运用，丰富了这些理论的内涵。

同时，模块化创新内生视角过度强调模块内部依存度（Interdependency）与模块间的低协调需求，这必然导致模块化创新具有自发性、自适应性的论断，然而这种观点忽视了模块化创新中的集成商控制因素。本书将传统研究中设定的合作关系发展为竞争合作关系，从本土模块供应商与国际集成商竞争合作的角度，引入集成商控制视角的表征参数模块可降解性，更加贴合了现实情景，并在分析框架的科学性上有一定程度的提升。

（3）识别了产品模块化与供应链协同之间的关系。首次对产品模块化与供应链协同之间的匹配关系进行了实证检验，并进一步验证了不确定环境下这种匹配关系对新产品绩效的影响。

模块化生产网络中的本土企业无法单独实现最终产品的制造，必须与自身所在的供应链条上的其他企业协同合作，提升整个链条的竞争力来实现价值的创造。对于具有模块化新产品开发能力的本土企业来说，在其主导的生产网络中，需要通过与上下游企业间的信息共享、同步决策、共同激励、协同沟通来完成模块化变革。这必然要求对模块化战略与供应链系统之间的关系有更清晰的认识。然而现有研究中模块化战略与供应链系统之间的关系尚未达成一致，结论并不统一。本书为这种争论提供了新的解决方向。

同时，许多研究都认为模块化影响新产品绩效的路径受到产品创新性（Lau et al.，2010）、组织学习、关系网络（冯增田和郝斌，2014）、环境动态性、先动柔性（谢卫红等，2014）等因素的影响；许多研究一直强调模块化内生影响新产品绩效的路径受到产品创新性与产品制造策略作为模块化内生影响新产品绩效的中介因素（Lau et al.，2011；Swamidass and Newell，1987；Vickery et al.，1993），却忽略了供应链协同的视角。现有研究往往忽视了模块化战略与供应链协同合作的适配性。本书验证了产品模块化与供应链协同之间的匹配关系表现为产品模块化与供应链协同对新产品绩效的提升存在增强型的交互作用，为模块化背景下新产品绩效的提升提供了实证依据。

不同的组织架构和战略在处于不同的环境中时，会显示出不同程度的匹配度（Park and Lee，2006）。模块化战略和供应链协同管理作为企业竞争优势的重要来源，本质上是对企业异质性、互补的资源进行重构。因此，有必要验证环境因素对产品模块化与供应链协同匹配关系的影响。本书从产品模块化与供应链协同关系的视角研究新产品绩效问题，对匹配问题的研究进行了补充和发展。环境因素的引入加深了对模块化与供应链协同之间的关系的认识，为模块化背景下新产品绩效的提升提供更加系统性的依据。

（4）从知识基础观（Knowledge-based view）和交易成本理论的视角，将 R&D 联盟模块化水平、内部风险及治理结构作为一个系统来讨论，从实证角度、基于现实数据对其进行更为全面的分析和验证。

青木昌彦根据模块之中"信息包裹"的程度对模块化的模式进行了划分，并进一步提出信息包裹的功能体现在分散和降低企业研发风险的内在机制上（青木昌彦，2001）。王芳等（2009）发现项目体系和产品结构的模块化分解可有效降低复杂产品研发的不确定性。在为数不多的有关模块化与治理的研究中，桑切斯（2004）提出模块化具有"内嵌的协调机制"，这种机制比过度的管理控制更为有利于协调；蒂瓦纳（2008）进一步通过实证研究指出，模块化作为一种协调机制可以在一定程度上替代正式治理机制中的过程控制。

本书基于知识基础观（knowledge-based view）和交易成本理论的视角，探讨了 R&D 联盟模块化水平对内部风险和治理结构的影响，从实证角度、基于现实数据对其进行更为全面的分析和验证。

10.3　研究局限性与未来研究展望

（1）从企业技术集成能力的视角研究其对模块创新和架构创新的影响。技术集成能力作为企业的动态能力之一，其形成、发展的影响因素与机制在文中并未展开讨论。这些问题为后续全面解密技术集成能力留下研究空间。其次，后续研究可继续深挖模块创新和架构创新生产路径上的其他调节因素。例如，企业间关系因素、资产专用性因素、行业因素等是否显著调节产品创新的实现？再次，针对本研究中关于企业规模、行业特征等因素对创新绩效无显著直接影响的结论，未来研究可深入探索并补充合理解释。最后，对于模块创新和架构创新的刻画和实证检验还需要进一步的深入。

（2）供应链协同下的模块化新产品绩效这部分内容的研究，本书存在以下几个方面的不足：首先，本研究中采用结构方程模型和多项式回归来检验产品模块化与供应链协同之间的匹配关系。而结构方程模型分析工具适合特定模型内变量间数量关系的检验，却不能用于对变量间动态发展关系的预测。同时除了研究设定模型外可能还存在其他备选模型同样可以实现较高水平的数据拟合，因此未来的研究可采用案例研究或基于面板数据的时间序列分析方法，更深入地探索产品模块化与供应链协同之间的动态关系。其次，产品模块化的两个维度产品设计模块化和产品生产模块化之间的关系本书并没有论证，同时这两种模块化与供应链协同之间是否存在不同的关系还有待验证。再次，环境因素包含很多方面，本书的研究更多地涉及技术环境和市场环境，对于制度环境涉及较少。最后，受制于本研究特定研究背景及行业选择，研究结论普适性有待后续研究的检验。

（3）本书仅从R&D联盟的模块化水平的角度分析了内部风险、治理结构之间的关系，对于进一步讨论资源性质、资产类型，如资源的流动性、资产产权的明晰性对联盟治理机制的影响及模块化对传统联盟治理的影响并未涉及，这些都是值得进一步研究的问题。

参考文献

[1] 艾尔弗雷德·钱德勒. 战略与结构: 美国工业企业史上的篇章 [M]. 云南人民出版社, 2002.

[2] 奥利弗·威廉森. 资本主义经济制度 [M]. 北京: 商务印书馆, 2007.

[3] 蔡彬清, 陈国宏. 链式产业集群网络关系、组织学习与创新绩效研究 [J]. 研究与发展管理, 2013, (4): 126-133.

[4] 蔡莉, 单标安, 刘钊, 郭洪庆. 创业网络对新企业绩效的影响研究——组织学习的中介作用 [J]. 科学学研究, 2010, (10): 1592-1600.

[5] 蔡瑞, 宋健. 装备制造业集群创新网络研究 [J]. 科学管理研究, 2009, (2): 24-27.

[6] 曹虹剑, 罗能生. 个性化消费与模块化生产 [J]. 消费经济, 2007, 23 (1): 35-37.

[7] 陈超凡, 王赟. 垂直专业化与中国装备制造业产业升级困境 [J]. 科学学研究, 2015, 33 (8): 1183-1192.

[8] 陈国铁. 基于模块化的产品策略研究 [J]. 科技管理研究, 2008, 10: 305-307.

[9] 陈建勋, 张婷婷, 吴隆增. 产品模块化对组织绩效的影响: 中国情景下的实证研究 [J]. 中国管理科学, 2009, 17 (3): 121-130.

[10] 陈劲, 桂彬旺. 复杂产品系统模块化创新流程与管理策略 [J]. 研究与发展管理, 2006, (3): 74-79.

[11] 陈劲, 王方瑞. 中国本土企业自主创新的路径模式探索 [J]. 自

然辩证法通讯，2007，129（3）：49-58.

[12] 陈柳. 模块化、信息包裹与研发风险的分散 [J]. 科学学研究，2006，24（1）：112-116.

[13] 陈涛，王铁男，朱智洺. 知识距离、环境不确定性和组织间知识共享 [J]. 科学学研究，2013，31（10）：1533-1542.

[14] 陈伟，张旭梅. 供应链伙伴特性，知识交易与创新绩效关系的实证研究 [J]. 科研管理，2011，32（11）：7-17.

[15] 陈伟，张旭梅. 供应链伙伴特征对跨企业知识交易影响路径的实证研究——基于关系质量的中介效应 [J]. 商业经济与管理，2013，1（1）：32-42.

[16] 陈向东. 模块化在制造企业知识管理战略设计中的应用——我国航空企业国际转包生产的模块化战略分析 [J]. 中国工业经济，2004，1（1）：36-42.

[17] 陈向东，严宏，刘莹. 集成创新与模块创新——创新活动的战略互补性 [J]. 中国软科学，2002，12：52-56.

[18] 陈晓红，蔡志章. 顾客互动、市场知识能力和商品成功化程度研究——基于中国台湾地区数码产业的实证 [J]. 科研管理，2007，28（5）：94-101.

[19] 陈兴华. 基于模块化理论的船用低速机制造业"多核"供应链协同研究 [M]. 上海交通大学，2010.

[20] 陈雁铭. 企业战略联盟的稳定性研究——基于不完全契约理论的视角 [J]. 技术经济与管理研究，2008，（3）：46-48.

[21] 陈震红，黄丽. 模块化生产网络的功能与绩效评述 [J]. 现代管理科学，2008，11：82-84.

[22] 程文，张建华. 中国模块化技术发展与企业技术创新——对Hausmann-Klinger模型的扩展及实证研究 [J]. 管理评论，2013，25（1）：34-43.

[23] 代吉林，张书军，李新春. 知识资源的网络获取与集群企业模仿

创新能力构建——以组织学习为调节变量的结构方程检验［J］.软科学，2009，(7)：76-82.

［24］戴爱明，肖灵机，龚敏.复杂产品供应链协同优化的演进与发展［J］.南昌航空大学学报（自然科学版），2007，(4)：88-92.

［25］窦红宾，王正斌.网络结构对企业成长绩效的影响研究——利用性学习、探索性学习的中介作用［J］.南开管理评论，2011，14（3）：15-25.

［26］杜尚哲，加雷特，李东红.战略联盟［M］.北京：中国人民大学出版社，2006.

［27］范爱军，杨丽.模块化对分工演进的影响——基于贝克尔-墨菲模型的解释［J］.中国工业经济，2007，13：67-73.

［28］冯增田，郝斌.模块化对产品创新影响的实证研究——组织学习和关系网络的调节效应［J］.技术经济，2014，33（2）：1-8.

［29］付聪.服务主导逻辑下产品模块化与供应链的匹配问题［D］.华中科技大学，2013.

［30］葛亮，张翠华.供应链协同技术与方法的发展［J］.科学学与科学技术管理，2005.（6）：151-154.

［31］谷宗洪.产品模块化与供应链协同的实证研究［D］.华中科技大学，2015.

［32］顾元勋，纪佩宁，刘子键，肖忠东.产品架构的作用：研究综述与发展方向［J］.技术经济，2015，34（3）：38-50.

［33］桂华明，马士华.基于供应驱动的供应链协同运作模式［J］.湖北大学学报：哲学社会科学版，2012，39（1）：82-87.

［34］郭婧娟，徐寿波.基于模块化理论的房地产供应链研究［J］.物流技术，2006（10）：43-46.

［35］郭亮，崔嵩，于渤.技术集成能力内涵及其维度构成的实证研究——以装备制造企业为例［J］.科学学研究，2014，32（8）：1271-1280.

［36］郭亮，于渤，罗晓光，刘静.企业技术集成能力的测量与功效［J］.研究与发展管理，2016，28（3）：55-66.

[37] 郭晓丹. 制造业创新选择与环境不确定性（PEU）的关系——基于大连装备制造业的观测与实证 [J]. 东北财经大学学报，2008，(4)：33-40.

[38] 韩晶. 基于模块化的中国装备制造业自主创新的制约与突破[J]. 科学学与科学技术管理，2009，(12)：92-96.

[39] 郝斌，Anne-Marie Guerin. 组织模块化对组织价值创新的影响：基于产品特性调节效应的实证研究 [J]. 南开管理评论，2011，14 (2)：126-134.

[40] 郝斌，冯增田. 模块化如何推动企业创新——基于文献回顾与理论构建研究 [J]. 科学学与科学技术管理，2011，32 (2)：78-85.

[41] 郝斌. 模块化创新企业间的价值吸收——以丰田汽车公司为例的分析 [J]. 科学学研究，2011，29 (1)：147-153.

[42] 郝斌，任浩. 模块化组织关联界面：形式、机理与效力机制[J]. 科研管理，2010，31 (6)：118-125.

[43] 郝斌，吴金南，刘兰石. 模块化组织治理问题研究 [J]. 外国经济与管理，2010，32 (5)：17-24.

[44] 何红渠，沈鲸. 环境不确定性下中国国际化企业双元能力与绩效关系 [J]. 系统工程，2012，30 (8)：30-37.

[45] 何霞，苏晓华. 环境动态性下新创企业战略联盟与组织合法性研究——基于组织学习视角 [J]. 科研管理，2016，37 (2)：90-97.

[46] 洪兆富，柴国荣，许瑾. 基于网络技术的模块化供应链响应时间的优化研究 [J]. 统计与决策，2008，(15)：171-172.

[47] 胡赛全，詹正茂，刘霞，等. 什么决定企业产品创新：外部环境还是核心能力？[J]. 科学学研究，2012，(12)：1891-1899.

[48] 胡晓鹏. 模块化整合标准化：产业模块化研究 [J]. 中国工业经济，2005，(9)：67-74.

[49] 胡玉洲. 模块化企业的技术能力与创新绩效研究 [D]. 武汉大学，2012.

[50] 黄群慧，贺俊. 中国制造的核心能力、功能定位与发展战略——

兼评《中国制造 2025》[J]. 中国工业经济, 2015, (6): 5-17.

[51] 黄媛媛. 供应链协同管理的研究 [D]. 武汉大学, 2005.

[52] 霍宝锋, 李丝雨. 供应链整合与绩效: 文献综述 [J]. 北京联合大学学报 (自然科学版), 2015, (3): 81-92.

[53] 纪雪洪, 陈荣秋, 唐中君. PC 行业的模块化与整合研究 [J]. 中国工业经济, 2004, (10): 91-96.

[54] 纪雪洪, 吴永林, 孙道银. 产品模块化与供应链协同设计 [J]. 物流技术, 2012, 31 (13): 318-320.

[55] 江小娟. 理解科技全球化——资源重组、优势集成和自主创新能力的提升 [J]. 管理世界, 2004, (6): 4-13.

[56] 江小娟. 利用全球科技资源提高自主创新能力 [J]. 求是, 2006, (7): 7-10.

[57] 蒋璋生, 胡珑瑛. 不确定条件下知识获取能力对技术创新联盟稳定性的影响 [J]. 管理工程学报, 2010, 24 (4): 41-47.

[58] 焦豪, 周江华, 谢振东. 创业导向与组织绩效间关系的实证研究——基于环境动态性的调节效应. 科学学与科学技术管理, 2007, 28 (11): 70-76.

[59] 焦志伦. 基于模块化理论的汽车行业供应链研究 [J]. 物流技术, 2005, (6): 55-58.

[60] 金碚. 中国工业的转型升级 [J]. 中国工业经济, 2011, (7): 5-14.

[61] 康荣平, 柯银斌. 格兰仕集团的成长、战略与核心能力 [J]. 管理世界, 2001, (1): 189-195.

[62] 寇元虎. 环境不确定性内涵—测量维度及实证研究——基于中国房地产开发企业的数据 [J]. 中国管理信息化, 2015, 18 (5): 195-200.

[63] 雷如桥, 陈继祥, 刘芹. 基于模块化的组织模式及其效率比较研究 [J]. 中国工业经济, 2004, (10): 83-90.

[64] 黎丹. 基于模块化理论的供应链金融产品可视化建模与创新机制

研究[D]. 广东财经大学, 2015.

[65] 李大元. 企业环境不确定性研究及其新进展[J]. 管理评论, 2010, 22 (11): 81-87.

[66] 李宏贵, 熊胜绪. 互补资产对突破式创新绩效的影响研究——一个理论模型[J]. 科学学与科学技术管理, 2010, (7): 64-71.

[67] 李奇会. 模块化: 机遇还是陷阱——全球价值链背景下的研究[J]. 现代管理科学, 2008, (8): 42-44.

[68] 李奇会. 外围知识、模块化和本土企业创新[J]. 现代管理科学, 2009, (3): 91-93.

[69] 李文博, 郑文哲. 企业集成创新的动因、内涵及层面研究[J]. 科学学与科学技术管理, 2004, 25 (9): 41-46.

[70] 李晓华. 模块化、模块再整合与产业格局的重构——以"山寨"手机的崛起为例[J]. 中国工业经济, 2010, (7): 136-145.

[71] 李忆, 司有和. 组织结构、创新与企业绩效: 环境的调节作用[J]. 管理工程学报, 2009, 23 (4): 20-26.

[72] 李支东, 金辉. 企业产品创新与网络嵌入——组织学习的中介作用[J]. 管理评论, 2016, (1): 62-72.

[73] 励凌峰, 黄培清. 企业并购中的供应链协同与整合[J]. 商业研究, 2005, (8): 21-24.

[74] 林春培, 张振刚. 既有知识资产对企业持续创新与破坏性创新的影响[J]. 技术经济, 2011, 30 (10): 16-22.

[75] 林筠, 薛岩, 高海玲. 企业—供应商关系对企业合作绩效影响的理论研究[J]. 软科学, 2008, 22 (4): 1-7.

[76] 林亚清, 赵曙明. 构建高层管理团队社会网络的人力资源实践、战略柔性与企业绩效——环境不确定性的调节作用[J]. 南开管理评论, 2013, (2): 4-15.

[77] 刘冰, 周绍东. 基于技术与市场互动的中国产业升级路径研究[J]. 管理世界, 2014, (2): 180-181.

[78] 刘会,宋华,冯云霞. 产品模块化与供应链整合的适配性关系研究 [J]. 科学学与科学技术管理, 2015, (9): 93-104.

[79] 刘杰,方丁,赵卫东. 基于模块化理论的柔性流程及其影响因素的实证研究 [J]. 上海管理科学, 2008, 30 (5): 48-55.

[80] 刘世锦. 关于我国增长模式转型的若干问题 [J]. 管理世界, 2006, (2): 1-9.

[81] 刘伟,秦波,李翔. 产品平台开放项目的选择和规划方法 [J]. 科技进步与对策, 2009, (3): 41-44.

[82] 刘洋,应瑛. 架构理论研究脉络梳理与未来展望 [J]. 外国经济与管理, 2012, 34 (6): 73-81.

[83] 刘友金,胡黎明. 产品内分工、价值链重组与产业转移——兼论产业转移过程中的大国战略 [J]. 中国软科学, 2011, (3): 149-159.

[84] 龙勇,陈奕嘉. 模块化组织不同成员知识基础对产品柔性的影响——包含环境不确定性的调节效应 [J]. 科技进步与对策, 2016, 33 (17): 139-144.

[85] 龙勇,李薇. 竞争性联盟内生合作效应的中介效应分析 [J]. 科研管理, 2009, 30 (4): 97-104.

[86] 龙勇,潘红春. 供应链协同对企业创新的影响效应研究——基于知识共享视角 [J]. 科技进步与对策, 2014, (3): 138-143.

[87] 卢福财,胡平波. 全球价值网络下中国企业低端锁定的博弈分析 [J]. 中国工业经济, 2008, (10): 23-32.

[88] 陆杉,高阳. 供应链的协同合作:基于商业生态系统的分析[J]. 管理世界, 2007, (5): 160-161.

[89] 陆杉. 供应链关系资本及其对供应链协同影响的实证研究 [J]. 软科学, 2012, 26 (9): 39-43.

[90] 路风,张宏音,王铁民. 寻求加入WTO后中国企业竞争力的源泉——对宝钢在汽车板市场赢得竞争优势过程的分析 [J]. 管理世界, 2002, (2): 110-124.

[91] 罗珉, 赵红梅. 中国制造的秘密：创新+互补资产 [J]. 中国工业经济, 2009, (5): 46-56.

[92] 骆品亮. 模块化创新的网络化知识集成模式 [J]. 科学学与科学技术管理, 2009, 30 (3): 132-138.

[93] 马玉波, 陈荣秋. BTO 模式下产品架构、流程架构与供应链架构决策协调研究 [J]. 价值工程, 2007, (11): 8-11.

[94] 毛蕴诗, 欧阳桃花, 魏国政. 中国家电企业的竞争优势——格兰仕案例研究 [J]. 管理世界, 2004, (6): 123-133.

[95] 梅丽霞, 王缉慈. 权力集中化、生产片断化与全球价值链下本土产业的升级 [J]. 人文地理, 2009, (4): 32-37.

[96] 慕玲, 路风. 集成创新的要素 [J]. 中国软科学, 2003, (11): 105-111.

[97] 倪沈冰, 陈俊芳, 诸葛良. 制造业供应链流程模块化理论及其实证研究 [J]. 中国机械工程, 2004, 15 (4): 313-317.

[98] 聂辉华, 李金波. 资产专用性、敲竹杠和纵向一体化 [J]. 经济学家, 2008, (4): 1-9.

[99] 聂鹰. 竞争性战略联盟效率边界的内生因素研究 [D]. 重庆大学, 2010.

[100] 聂鹰, 龙勇. 契约联盟中的知识泄漏风险与合同治理——技术模块化的调节作用 [J]. 科技进步与对策, 2012, 29 (5): 133-137.

[101] 欧阳桃花, 杨晓莹, 徐京悦. 基于模块化架构的产品竞争力研究——以海信平板彩电为例 [J]. 管理案例研究与评论, 2010, (4): 285-298.

[102] 裴学亮, 田也壮, 孙洪义. 制造企业供应链协调与绩效关系：环境不确定性视角下的实证研究 [J]. 管理评论, 2013, 25 (3): 135-145.

[103] 彭本红. 模块化生产网络的治理模式选择 [J]. 产业经济研究, 2011, 2: 59-58.

[104] 彭灿. 虚拟企业中的组织间知识转移与学习 [J]. 科技进步与对策, 2005, 22 (3): 10-12.

［105］彭伟，符正平．联盟网络对企业创新绩效的影响——基于珠三角企业的实证研究［J］．科学学与科学技术管理，2012，33（3）：108 - 115.

［106］彭新敏．企业网络与利用性—探索性学习的关系研究：基于创新视角［J］．科研管理，2011，（3）：15 - 22.

［107］青木昌彦，安藤晴彦．模块化时代［M］．上海：远东出版社，2003.

［108］青木昌彦．比较制度分析［M］．上海：上海远东出版社，2001.

［109］邱斌，叶龙凤，孙少勤．参与全球生产网络对我国制造业价值链提升影响的实证研究［J］．中国工业经济，2012，（1）：57 - 67.

［110］芮明杰，陈娟．高技术企业知识体系概念框架及其内部互动模型——一个解释知识创新的新框架［J］．上海管理科学，2004，（2）：7 - 10.

［111］芮明杰，张琰．模块化组织理论研究综述［J］．当代财经，2008，280（3）：122 - 128.

［112］沈于，安同良．再集成：一种"模块化陷阱"——基于演化视角的分析［J］．中国工业经济，2012，（2）：89 - 97.

［113］施放，朱吉铭．创新网络、组织学习对创新绩效的影响研究——基于浙江省高新技术企业．华东经济管理，2015，（10）：21 - 26.

［114］史本叶，李泽润．基于国际专业化垂直分工的中国制造企业产业升级研究［J］．商业研究，2014，（1）：48 - 54.

［115］宋磊．中国版模块化陷阱的起源、形态与企业能力的持续提升［J］．学术月刊，2008，40（2）：88 - 93.

［116］苏敬勤，洪勇．发展中国家技术能力研究评述［J］．研究与发展管理，2009，21（3）：91 - 97.

［117］苏敬勤，刘静．复杂产品系统制造企业的动态能力演化：一个纵向案例研究［J］．科研管理，2013，34（8）：58 - 67.

［118］苏敬勤，吕一博，傅宇．模块化背景下后发国家产业技术追赶机理研究［J］．研究与发展管理，2008，20（3）：30 - 38.

[119] 苏中锋,李嘉. 控制机制对组织学习与企业绩效关系的影响研究 [J]. 研究与发展管理, 2012, 24 (2): 28-33.

[120] 孙莉. 产品族架构与供应链关联影响与优化研究 [D]. 天津大学, 2014.

[121] 孙锐, 赵晨. 高新技术企业组织情绪能力、组织学习与创新绩效 [J]. 科研管理, 2017, (2): 93-100.

[122] 唐海燕, 张会清. 产品内国际分工与发展中国家的价值链提升 [J]. 经济研究, 2009, (9): 81-93.

[123] 汪谷腾, 龙勇. 知识模块化对联盟治理机制的影响——基于知识密集联盟的实证研究 [J]. 经济与管理研究, 2016, 37 (11): 135-144.

[124] 王芳, 赵兰香. 重大科技项目模块化创新管理方法研究——对美国国防采办管理方法的探析 [J]. 科研管理, 2009, 30 (1): 1-7.

[125] 王飞绒, 陈文兵. 领导风格与企业创新绩效关系的实证研究——基于组织学习的中介作用 [J]. 科学学研究, 2012, (6): 943-949.

[126] 王凤彬, 陈公海, 李东红. 模块化组织模式的构建与运作——基于海尔"市场链"再造案例的研究. 管理世界, 2008, (4): 122-139.

[127] 王凤彬, 李东红, 张婷婷, 杨阳. 产品开发组织超模块化及其对创新的影响 [J]. 中国工业经济, 2011, (2): 131-141.

[128] 王节祥, 盛亚, 蔡宁. 合作创新中资产专用性与机会主义行为的关系 [J]. 科学学研究, 2015, 33 (8): 1251-1260.

[129] 王捷. 产品与供应链协同设计研究 [D]. 南京理工大学, 2015.

[130] 王淑英, 孔宁宁. 战略柔性、突破性创新与企业绩效关系研究——基于环境不确定性及组织合法性的调节效应 [J]. 企业经济, 2016, (8): 39-46.

[131] 王雁飞, 朱瑜. 组织创新、组织学习与绩效——一个调节效应模型的实证分析 [J]. 管理学报, 2009, 6 (9): 1257-1265.

[132] 王亦乐. 可演化的模块化平台产品设计的建模与优化 [D]. 上海交通大学, 2009.

[133] 王益民, 宋琰玟. 全球生产网络效应、集群封闭性及其"升级悖论"——基于大陆台商笔记本电脑产业集群的分析 [J]. 中国工业经济, 2007, 4: 19 – 28.

[134] 王毅, 吴贵生. 以技术集成为基础的构架创新研究 [J]. 中国软科学, 2002, (12): 66 – 70.

[135] 于永贵, 张玉利, 杨永恒, 等. 对组织学习、核心竞争能力、战略柔性与企业竞争绩效的理论剖析与实证研究——探索中国企业增强动态竞争优势之路 [J]. 南开管理评论, 2003, (4): 54 – 60.

[136] 魏晨, 马士华. 基于瓶颈供应商提前期的供应链协同契约研究 [J]. 中国管理科学, 2008, 16 (5): 50 – 56.

[137] 魏江. 创新系统演进和集群创新系统构建 [J]. 自然辩证法通讯, 2004, 26 (1): 48 – 54.

[138] 魏江, 郑小勇. 关系嵌入强度对企业技术创新绩效的影响机制研究——基于组织学习能力的中介性调节效应分析 [J]. 浙江大学学报（人文社会科学版）, 2010, (9): 68 – 80.

[139] 温德成, 李开鹏. 供应链协同竞争环境下波特竞争模型的适用性研究 [J]. 统计研究, 2006, (10): 64 – 67.

[140] 吴冰, 刘义理. 供应链协同知识创新的激励设计 [J]. 科学学与科学技术管理, 2008, 29 (7): 120 – 124.

[141] 吴冰, 刘仲英, 赵林度. 供应商协同知识创新的定价策略研究 [J]. 中国管理科学, 2008, 16 (2): 91 – 96.

[142] 吴辉凡, 许治. 从创新中获利: PFI 分析框架及其发展 [J]. 科学管理研究, 2009, 27 (5): 19 – 23.

[143] 吴剑. 中小企业集成能力影响创新绩效的实证分析 [J]. 预测, 2011, (5): 18 – 21.

[144] 吴伟伟, 于渤, 吴冲. 基于技术生命周期的企业技术管理能力评价研究 [J]. 科学学与科学技术管理, 2012, 33 (5): 115 – 121.

[145] 吴晓波, 许庆瑞. 二次创新模型与后发优势分析 [J]. 管理工程

学报, 1995, 9 (1): 7-15.

[146] 武建龙, 王宏起, 李力. 模块化动态背景下我国新兴产业技术创新机会、困境与突破 [J]. 科学学与科学技术管理, 2014, 35 (6): 45-57.

[147] 谢洪明, 葛志良, 王成. 社会资本、组织学习与组织创新的关系研究 [J]. 管理工程学报, 2008, 22 (1): 5-10.

[148] 谢洪明, 张霞蓉, 程聪, 等. 网络关系强度、企业学习能力对技术创新的影响研究 [J]. 科研管理, 2012, (2): 55-62.

[149] 谢卫红, 王永健, 蒋峦, 等. IT能力与竞争优势关系研究——组织技术中介效应与环境不确定性调节效应 [J]. 科学学与科学技术管理, 2010, (12): 122-131.

[150] 谢卫红, 王永健, 蓝海林, 李颖. 产品模块化对企业竞争优势的影响机理研究 [J]. 管理学报, 2014, 11 (4): 502-509.

[151] 谢伟. 模块化与中国手机制造业的兴起 [J]. 科技管理研究, 2004, 24 (4): 20-22.

[152] 谢伟. 全球生产网络中的中国轿车工业 [J]. 管理世界, 2006, (12): 69-93.

[153] 徐强, 郑德叶. 基于创新视角的模块化发展研究 [J]. 科技管理研究, 2012, (2): 7-11.

[154] 徐义君. 零售商自有品牌的模块化供应链研究 [D]. 南京财经大学, 2013.

[155] 许德惠, 李刚, 孙林岩, 等. 环境不确定性、供应链整合与企业绩效关系的实证研究 [J]. 科研管理, 2012, (12): 40-49.

[156] 许冠南, 周源, 刘雪锋. 关系嵌入性对技术创新绩效作用机制案例研究 [J]. 科学学研究, 2011, 29 (11): 1728-1735.

[157] 许强, 郑德叶. 基于创新视角的模块化发展研究 [J]. 科技管理研究, 2012, 32 (2): 7-11.

[158] 许欣, 张彦敏. 基于服务模块化的国际物流供应链协调机制研究 [J]. 物流技术, 2015, 34 (3): 200-204.

[159] 闫星宇. 零售制造商的模块化供应链网络 [J]. 中国工业经济, 2011, (11): 139–147.

[160] 杨德林, 陈春宝. 模仿创新自主创新与高技术企业成长 [J]. 中国软科学, 1997, (8): 107–112.

[161] 杨瑾, 孟艳梅. 产品模块化对中国航空高端制造业集群升级的影响——一个有调节的中介效应模型 [J]. 技术经济, 2016, 35 (1): 9–16.

[162] 杨水利, 易正广, 李韬奋. 基于再集成的"低端锁定"突破路径研究 [J]. 中国工业经济, 2014, (6): 122–134.

[163] 杨曦东. 战略导向、组织学习对产品创新的影响研究 [J]. 管理评论, 2010, (4): 47–55.

[164] 杨智, 邓炼金, 方二. 市场导向、战略柔性与企业绩效: 环境不确定性的调节效应 [J]. 中国软科学, 2010, (9): 130–139.

[165] 伊夫·多兹, 加里·哈默尔. 联盟优势 [M]. 北京: 机械工业出版社, 2004.

[166] 易鸣. 模块化环境下汽车供应链协作关系研究——以广州为例 [D]. 暨南大学, 2009.

[167] 尹建华, 王兆华. 模块化理论的国内外研究述评 [J]. 科研管理, 2008, 29, (3): 187–191.

[168] 游博, 龙勇. 技术集成能力对模块创新绩效的影响及相关调节效应分析 [J]. 软科学, 2016, (5): 45–49.

[169] 于洪彦, 孙宇翔. 产品创新决策的影响因素研究 [J]. 生产力研究, 2009, (16): 166–167.

[170] 于亢亢, 宋华, 钱程. 不同环境下的供应链运作柔性的绩效研究 [J]. 管理科学, 2014, (1): 43–54.

[171] 余东华, 芮明杰. 模块化网络组织中的知识流动与技术创新 [J]. 上海管理科学, 2007, (1): 20–26.

[172] 余志良, 张平, 区毅勇. 技术整合的概念、作用与过程与管理 [J]. 科学学与科学技术管理, 2003, 20 (8): 38–40.

[173] 苑泽明,严鸿雁. 技术创新专用性投资与治理机制 [J]. 科学学与科学技术管理, 2009, 30 (5): 36-39.

[174] 曾文杰,马士华. 制造行业供应链合作关系对协同及运作绩效影响的实证研究 [J]. 管理学报, 2010, 7 (8): 1221-1227.

[175] 张超. 产品创新的绩效与路径研究 [D]. 南京大学, 2012.

[176] 张翠华,任金玉,于海斌. 供应链协同管理的研究进展 [J]. 系统工程, 2005, (4): 1-6.

[177] 张翠华,周红,赵森,等. 供应链协同绩效评价及其应用 [J]. 东北大学学报(自然科学版), 2006, 27 (6): 706-708.

[178] 张方华,吴剑. 中小企业集成能力影响创新绩效的实证研究——以苏南地区为例 [J]. 预测, 2011, (5): 18-24.

[179] 张刚,高若阳,薄秋实. 组织模块性与动态能力:基于巨人通力电梯公司的探索性案例研究 [J]. 管理学报, 2011, 8 (8): 1122-1132.

[180] 张刚,许乾. 模块化产业结构中的企业自主创新 [J]. 中国软科学, 2007, (4): 49-56.

[181] 张辉. 全球价值链理论与我国产业发展研究 [J]. 中国工业经济, 2004, (5): 38-46.

[182] 张捷,蔡莉,单标安,等. 创业导向与顾客信息获取:组织学习的调节作用——以IT行业新企业为例 [J]. 情报科学, 2010, 28 (2): 279-285.

[183] 张婧,段艳玲. 市场导向均衡对制造企业产品创新绩效影响的实证研究 [J]. 管理世界, 2010, (12): 119-130.

[184] 张军. 产品生命周期理论及其适用性分析 [J]. 华北电力大学学报, 2008, 2 (1): 31-36.

[185] 张莉莉,董广茂,杨玲. 模块化下的产品创新策略 [J]. 科学学研究, 2005, 23 (增刊): 275-278.

[186] 张琳. 中小企业组织学习力与企业绩效关系实证研究 [D]. 华中农业大学, 2008.

[187] 张米尔,杨阿猛. 基于技术集成的企业技术能力成长 [J]. 研究与发展管理, 2004, 16 (6): 79 – 84.

[188] 张鹏. 分工均衡演化视角下中国模块化陷阱演进及其跨越 [J]. 中国科技论坛, 2013, (10): 25 – 33.

[189] 张若勇,刘新梅,王海珍,等. 顾客—企业交互对服务创新的影响: 基于组织学习的视角 [J]. 管理学报, 2010, 7 (2): 218 – 224.

[190] 张巍,张旭梅,肖剑. 供应链企业间的协同创新及收益分配研究 [J]. 研究与发展管理, 2008, 20 (4): 81 – 88.

[191] 张欣,马士华. 基于模块化生产的汽车制造业的订单流管理 [J]. 物流技术, 2006, (11): 69 – 72.

[192] 张映红. 动态环境对公司创业战略与绩效关系的调节效应研究 [J]. 中国工业经济, 2008, (1): 105 – 113.

[193] 张治栋,荣兆梓. 基于契约结构的模块化设计及其演进 [J]. 中国工业经济, 2006, (9): 62 – 70.

[194] 张治栋,荣兆梓. 模块化悖论与模块化战略 [J]. 中国工业经济, 2007, (2): 67 – 74.

[195] 赵放,曾国平. 全球价值链与国内价值链并行条件下产业升级的联动效应——以深圳产业升级为案例 [J]. 中国软科学, 2014, (11): 50 – 58.

[196] 郑兵云,李邃. 环境对竞争战略与企业绩效关系的调节效应研究 [J]. 中国科技论坛, 2011, (3): 60 – 66.

[197] 钟庭军. 模块化理论的局限与超越——一个修正文献的综述 [J]. 财经科学, 2005, (6): 111 – 117.

[198] 朱朝晖,陈劲. 探索性学习和挖掘性学习的协同与动态: 实证研究 [J]. 科研管理, 2008, (6): 1 – 9.

[199] 朱朝晖. 基于开放式创新的技术学习动态协同模式研究 [J]. 科学学与科学技术管理, 2009, 30 (4): 99 – 103.

[200] 朱瑞博,刘志阳,刘芸. 架构创新、生态位优化与后发企业的跨越式赶超——基于比亚迪、联发科、华为、振华重工创新实践的理论探索

[J]. 管理世界, 2011, (7): 69-97.

[201] 朱瑞博. 模块生产网络价值创新的整合架构研究 [J]. 中国工业经济, 2006, (1): 98-105.

[202] Anderson D., Lee H. Synchronized supply chains: the new frontier. [J]. *D Anderson Achieving Supply Chain Excellence through Technology*, 1999, 44 (4): 12-18.

[203] Anderson P., Tushman M. L. Technological discontinuities and dominant designs: a cyclical model of technological change [J]. *Administrative Science Quarterly*, 1990, 35 (4): 604-633.

[204] Anderson P., Tushman M., O'Reilly C. Technology cycles, innovation streams and ambidextrous organizations [J]. Anesthesia & Analgesia, 1997, 84 (5): 950-957.

[205] Antonio K. W. L., Richard C. M. Y., Tang E. The complementarity of internal integration and product modularity: an empirical study of their interaction effects on competitive capabilities [J]. Journal of Engineering and Technology Management, 2009, 26 (4): 305-326.

[206] Antonio K. W. L., Richard C. M. Y., Tang E. The impacts of product modularity on competitive capabilities and performance: An empirical study [J]. International Journal of Production Economics, 2007, 105 (1): 1-20.

[207] A. Parkhe. Strategic alliance structuring: a game theory and transaction cost examination of interfirm cooperation [J]. *Academy of Management Studies*, 1996, 33: 827-844.

[208] Argyris C., Schon D. *Organizational learning: a theory of action approach* [M]. MA: Addision Wesley. 1978.

[209] Arrow K. E. *The Limits of Organization* [M]. New York: Norton and Co., 1974.

[210] Asan U., Polat S., Sanchez R. Scenario driven modular design in managing market uncertainty [J]. *International Journal of Technology Manage-*

ment, 2008, 42 (4): 459 - 487.

[211] Baiman S., Fischer P. E., Rajan M. V. Performance measurement and design in supply chains [J]. *Management Science*, 2001, 47 (1): 173 - 188.

[212] Baker W. E., Sinkula J. M. Does market orientation facilitate balanced innovation programs? An Organizational Learning Perspective [J]. *Journal of Product Innovation Management*, 2007, (24): 316 - 334.

[213] Baker W. E. Sinkula J M. The synergistic effect of market orientation and learning orientation on organizational performance [J]. *Journal of the Academy of Marketing Science*, 1999, 27 (4): 411 - 427.

[214] Baldwin C. Y., Clark K. B. *Design rules: the power of modularity* [M]. Cambridge, Massachusetts MIT Press, 2000.

[215] Baldwin C. Y., Clark K. B. Managing in an age of modularity [J]. *Harvard Business Review*, 1997, 75 (5): 84 - 93.

[216] Baldwin C. Y., Clark K. B. The option value of modularity in design [J]. *Harvard NOM Research Paper*, 2002, (3): 22 - 39.

[217] Baum J. R., Wally S. Strategic decision speed and firm performance [J]. *Strategic Management Journal*, 2003, 24 (11): 1107 - 1129.

[218] Bazan L., Navasalemã¡ N. L. The underground revolution in the Sinos Valley: a comparison of ungrading in global and national value chains [M]. *Local Enterprises in the Global Economy*: Issues of Governance and Upgrading. Chapter5. Edward Elgar Publishing, 2004.

[219] Bin Hao, Yanan Feng, Frigant V. Rethinking the 'mirroring' hypothesis: implications for technological modularity, tacit coordination, and radical product innovation [J]. *R&D Management*, 2015, 32 (1): 1 - 14.

[220] Bourgeois L. J. Strategy and Environment: A Conceptual Integration [J]. *The Academy of Management Review*, 1980, 5 (1): 25 - 39.

[221] Bowersox D. J., Closs D. J., Stank T. P. How to master cross-enter-

prise collaboration [J]. *Supply Chain Management Review*, 2003, 7 (4): 18 – 27.

[222] Boyd B. K., Dess G. G., Rasheed. A. M. A. Divergence between Archival and Perceptual Measures of the Environment: Causes and Consequences [J]. *The Academy of Management Review*, 1993, 18 (2): 204 – 226.

[223] Bozarth C., Mcdermott C. Configurations in manufacturing strategy: A review and directions for future research [J]. *Journal of Operations Management*, 1998, 16 (4): 427 – 439.

[224] Brockhoff K. R&D cooperation between firms—a perceived transaction cost perspective [J]. *Management Science*, 1992, 38 (4): 514 – 524.

[225] Brouthers L. E., Brouthers K. D., Werner S. Perceived environmental uncertainty, entry mode choice and satisfaction with EC – MNC performance [J]. *British Journal of Management*, 2000, 11 (3): 183 – 195.

[226] Brown J. S., Duguid P. Organizational learning and communities-of-practice: Toward a unified view of working, learning, and innovation [J]. *Organization Science*, 1991, 2 (1), 40 – 57.

[227] Brusoni S., Prencipe A. Unpacking the black box of modularity: technologies, products and organizations [J]. *Industrial & Corporate Change*, 2001, 10 (1): 179 – 205.

[228] Burgelman R. A., Maidique, M. A., Wheelwright, S. C. *Strategic Management of Technology and Innovation* [M]. New York: McGraw – Hill, 1996.

[229] Bush A. A., Tiwana A., Rai A. Complementarities between product design modularity and IT infrastructure flexibility in IT – enabled supply chains [J]. *IEEE Transanctions on Engineering Management*, 2010, 57 (2): 240 – 254.

[230] Buzzell R. D., Gale B. T. The PIMS principles: Linking strategy to performance [M]. *Journal of Marketing*, 1987.

［231］ Calunic D. C., Eisenhardt K. M. Architectural innovation and modular corporate forms ［J］. *Academy of Management Journal*, 2001, 44（6）: 1229－1249.

［232］ Campagnolo D., Camuffo A. The concept of modularity in management studies: a literature review ［J］. *International Journal of Management Reviews*, 2010, 12（2）: 259－283.

［233］ Cao Mei, Zhang Qingyu. Supply chain collaboration: Impact on collaborative advantage and firm performance ［J］. *Journal of Operations Management*, 2011, 29（3）: 163－180.

［234］ Chang T. S., Ward A. C. Design-in-modularity with conceptual robustness ［J］. *Researching in Engineering Design*, 1995, 7（2）: 67－85.

［235］ Charan P. Supply chain performance issues in an automobile company: a SAP－LAP analysis ［J］. *Measuring Business Excellence*, 2012, 16（1）: 67－86.

［236］ Cheng J. H. Inter-organizational relationships and knowledge sharing in green supply chains—Moderating by relational benefits and guanxi ［J］. *Transportation Research Part E: Logistics and Transportation Review*, 2011, 47（6）: 837－849.

［237］ Chen Kuomin, Liu Ren－Jye. Interface strategies in modular product innovation ［J］. *Technovation*, 2005, 25（7）: 771－782.

［238］ Chesbrough H., Kusunoki K. The modularity trap: Innovation, technology phases shifts and the resulting limits of virtual organization ［C］/NONAKA I, TEECE D. Management Industrial Knowledge. Sage Press, 2001.

［239］ Chesbrough H. W., Teece D. J. When is virtual virtuous? Integrated virtual alliances organizing for innovation ［J］. *Harvard Business Review*, 1996, 65－73.

［240］ Chesbrough H. W. Toward a dynamics of modularity: a cyclical model of technical advance ［J］. *Business of Systems Integration*: 2003, 174－199.

[241] Childerhouse P., Aitken J., Towill D. R. Analysis and design of focused demand chains [J]. *Journal of Operations Management*, 2002, 20 (6): 675 - 689.

[242] Chil D. J. Organizational Structure, Environment and Performance [J]. Sociology, 1997, (6): 1 - 22.

[243] Chiu M. C., Okudan GE. An investigation of the impact of product modularity level on supply chain performance metrics: an industrial case study [J]. *Journal of Intelligent Manufacturing*, 2014, (25): 129 - 145.

[244] Cho T. S., Hambrick D. C. Attention as the mediator between top management team characteristics and strategic change: the case of airline deregulation [J]. *Organization Science*, 2006, 17 (4): 453 - 469.

[245] Christensen, Clayton M., Michael E. *The innovator's solution: creating and sustaining successful growth* [M]. Harvard Business School Cases. 2003.

[246] Clark K., Fujimoto T. *Product Developmet Performance: Strategy, Organization and Management in the World Auto Industry* [M]. Boston, MA: Harvard Business School Press, 1991.

[247] Cohen W. M., Levinthal D. A. Absorptive Capacity: A New Perspective on Learning and Innovation [J]. *Strategic Learning in A Knowledge Economy*, 1990, 35 (1): 39 - 67.

[248] Conner K. R., Prahalad C. K. A resource-based theory of the firm: Knowledge versus opportunism [J]. *Organization Science*, 1996, 7 (5): 477 - 501.

[249] Covin J. G., D. P. Slevin. Strategic Management of Small Firms in Hostile and Benign Environments [J]. *Strategic Management Journal*, 1989, 10 (1): 75 - 87.

[250] Cremer J. Common knowledge and the co-ordination of economic activities [A]. In the firm as a nexus of treaties [C]. ed. By M. Aoki, B Gustafsson and O. Williamson, London: Sage Publications, 1990: 53 - 76.

[251] Crossan M. M., Lane H. W., White R. E. An organizational learning framework: from intuition to institution [J]. *Academy of Management Review*, 1999, 24 (3): 522 –537.

[252] Cui C. C., Ball D. F., Coyne J. Working effectively in strategic alliances through managerial fit between partners: some evidence from Sino – British joint ventures and the implications for R&D professionals [J]. *R&D Management*, 2002, 32 (4): 343 –357.

[253] Danese P., Filippini R. Modularity and the impact on new product development time performance: investigating the moderating effects of supplier involvement and interfunctional integration [J]. *International Journal of Operations & Production Management*, 2010, 30 (11): 1191 –1209.

[254] Danese P., Romano P. Improving inter-functional coordination to face high product variety and frequent modifications [J]. *International Journal of Operations & Production Management*, 2004, 24 (9): 863 –885.

[255] Das A., Narasimhan R., Talluri S. Supplier integration – Finding an optimal configuration [J]. *Journal of Operations Management*, 2006, 24 (5): 563 –582.

[256] D'Aveni R. A., Gunther R. *Hypercompetition: Managing the dynamics of strategic maneuvering* [M]. New York: Free Press, 1994.

[257] Davies J., Joglekar N. Supply chain integration, product modularity, and market valuation evidence from the solar energy industry [J]. *Production and Operations Management*, 2013, 22 (6): 1494 –1508.

[258] D. C. Mowery, J. E. Oxley, B. S. Silverman. Strategic alliances and interfirm knowledge transfer [J]. *Strategic Management Journal*, 1996, (17): 77 –91.

[259] Dess G. G., Beard D. W. Dimensions of Organizational Task Environments [J]. *Administrative Science Quarterly*, 1984, 29 (1): 52 –73.

[260] Dess G. G., Newport S., Rasheed A. M. Configuration research in

strategic management: Key issues and suggestions [J]. *Journal of Management*, 1993, 19 (4): 775 -795.

[261] Detienne D. R. , Koberg C. S. The Importance of Environmental and Organizational Factors on Discontinuous Innovation within High Technology Industries [J]. *IEEE Transactions on Engineering Management*, 2002, 49 (4): 352 -364.

[262] D. H. Kent. Joint ventures vs. non-joint ventures: An empirical investigation [J]. *Strategic Management Journal*, 1991, (12): 387 -393.

[263] Diez J. R. Innovative networks in manufacturing: some empirical evidence from the metropolitan area of Barcelona [J]. *Technovation*, 2000, 20 (3): 139 -150.

[264] D. J. Teece. Competition, cooperation and innovation: Organizational arrangements for regimes of rapid technological process [J]. *Journal of Economic Behavior & Organization*, 1992, (18): 1 -25.

[265] Doran D. , Hill A. , Hwang K. S. , Jacob G. Supply chain Modularization: cases from the French automobile industry [J]. *International Journal of Production Economics*, 2007, 106 (1): 2 -11.

[266] Dosi G. Sources, Procedures, and Microeconomic Effects of Innovation [J]. *Journal of Economic Literature*, 1988, 26 (3): 1120 -1171.

[267] Dries Faems, Maddy Janssens, Bart Van Looy. Managing the Co-operation-competition Dilemma in R&D Alliance: A Multiple Case Study in the Advanced Materials Industry [J]. *Creativity and Innovation Management*, 2010, 19 (1): 467 -489.

[268] Duncan R. B. Characteristics of Organizational Environments and Perceived Environmental Uncertainty [J]. *Administrative Science Quarterly*, 1972, 17 (3): 313 -327.

[269] Durand R. Firm selection: an integrative perspective [J]. *Organization Studies*, 2001, 22 (3): 393 -417.

［270］Eblinger, Ulrich H. Economic progress and prospects in the third world [J]. *Review of Political Economy*, 1995, 7 (4): 460 – 465.

［271］Eisenhardt K. M., Tabrizi B. N. Accelerating adaptive process: product innovation in the global computer industry [J]. *Administrative Science Quarterly*, 1995, 40 (1): 84 – 110.

［272］Ellram L., Hendrick T. Partnering characteristics: a dyadic perspective [J]. *Journal of Business Logistics*, 1995, 16 (1): 41 – 64.

［273］Ernst D. Limits to modularity: reflections on recent developments in chip design [J]. *Industry and Innovation*, 2005, 12 (3): 303 – 335.

［274］Ernst R., Kamrad B. Theory and methodology: evaluation of supply chain structures through modularization and postponement [J]. *European Journal of Operational Research*, 2000, 124: 495 – 510.

［275］Erzurumlu S. Collaborative product development with competitors to stimulate downstream innovation [J]. *International Journal of Innovation Management*, 2000, 14 (4): 573 – 602.

［276］Ethiraj S. K., Levinthal D. Modularity and innovation in complex systems [J]. *Management Science*, 2004, 50 (2): 159 – 173.

［277］Ethiraj S. K., Levinthal D., Roy R. R. The dual role of modularity: innovation and imitation [J]. *Management Science*, 2008, 54 (5): 939 – 959.

［278］Feitzinger E., Lee H. L. Mass customization at Hewlett – Packard: the power of postponement [J]. *Harvard Business Review*, 1997, 75 (1): 116 – 121.

［279］Ferraro F., K. Gurses. Building architectural advantage in the US motion picture industry: Less Wasserman and The Music Corporation of Ameirca [J]. *European Management Review*, 2009, 6 (4): 233 – 249.

［280］Fine C. H., Golany B., Naseraldin H. Modeling tradeoffs in three-dimensional concurrent engineering: A goal programming approach [J]. *Journal of Operations Management*, 2005, 23 (3/4): 389 – 403.

[281] Fixson S. K., Park J. The power of integrity: linkages between product architecture, innovation, and industry structure [J]. *Research Policy*, 2008, 37 (8): 1296 – 1316.

[282] Fixson S. K. The multiple faces of modularity—a literature analysis of a product concept for assembled hardware products [R]. Technical Report 03 – 05, Industrial and Operations Engeerings, University of Michigan. 2003.

[283] Fleming L., Sorenson O. The dangers of modularity [J]. *Harvard Business Review*, 2001, 63: 240 – 242.

[284] Flynn B. B., Huo B., Zhao X. The impact of supply chain integration on performance: A contingency and configuration approach [J]. *Journal of Operations Management*, 2010, 28 (1): 58 – 71.

[285] Fores L. G., Catalanello R F, Rau D, Saxena N. Organizational learning as a moderator of the effect of strategic planning on company performance [J]. *international Journal of Management*, 2008, 25 (3): 267 – 295.

[286] Freeman C. *The Economics of Industrial Innovation* [M]. Cambridge, MA: MIT Press. 1982.

[287] Gadde L. E., Jellbo O. System sourcing—opportunities and problems [J]. *European Journal of Purchasing & Supply Management*, 2002, 8 (1): 43 – 51.

[288] Galvin P., Morkel A. The effect of product modularity on industry structure: the case of the world bicycle industry [J]. *Industry & Innovation*, 2001, 8 (1): 31 – 47.

[289] Galvin P. Product modularity, information structure and the diffusion of innovation [J]. *International Journal of Technology Management*, 1999, 17 (5): 467 – 479.

[290] Garcia R., Calantone R. A critical look at technological innovation typology and innovativeness terminology: a literature review [J]. *The Journal of Product Innovation Management*, 2002, 19 (1): 110 – 132.

[291] Gereffi B. G. International trade and industrial upgrading in the apparel commodity chain [J]. *Journal of International Economics*, 1999, 48 (1): 37 – 70.

[292] Gereffi B. G. The Governance of Global Value Chains: An Analytic Framework. Underview at [C]//Review of International Political, 2010, (12): 78 – 104.

[293] Germain R. , Iyer K N. The interaction of internal and downstream integration and its association with performance [J]. *Journal of Business Logistics*, 2006, 27 (2): 29 – 52.

[294] Gershenson J. K. , Prasad G. J. , Allamneni S. Modular product design: a life cycle view [J]. *Journal of Integrated Design and Process Science*, 1999, 3 (3): 13 – 26.

[295] Gershenson J. K. , Prasad G. J. , Zhang Y. Product modularity: definitions and benefits [J]. *Journal of Engeering Design*, 2003, 14 (3): 295 – 313.

[296] Gershenson J. K. , Prasad G. J. , Zhang Y. Product modularity: measures and design methods [J]. *Journal of Engineering Design*, 2004, 15 (1): 33 – 51.

[297] Gherardi S. , Nicolini D. The Organizational Learning of Safety in Communities of Practice [J]. *Journal of Management Inquiry*, 2000, 9 (1): 7 – 18.

[298] Glenn Hoetker, Thomas Mellewigt. Choice and performance of governance mechanisms: Matching alliance governance to asset type [J]. *Strategic Management Journal*, 2009, 30: 1025 – 1044.

[299] Gokpinar B. , Iravani S. M. R. The impact of misalignment of organizational structure and product architecture on quality in complex product development [J]. *Management Science*, 2010, 56 (3): 468 – 484.

[300] Gotteland D. , Boulé J. The Market Orientation-new Product Perform-

ance Relationship: Redefining the Moderating Role of Environmental Conditions [J]. *International Journal of Research in Marketing*, 2006, (23): 171 - 185.

[301] Grandori A., Soda G. Inter-firm networks: antecedents, mechanisms and forms [J]. *Organization Studies*, 1995, 16 (2): 183 - 214.

[302] Grant R. M. Toward a knowledge-based theory of the firm [J]. *Strategic Management Journal*, 1996, 17 (S2): 109 - 122.

[303] Grewal R., Tanshhaj P. Building Organizational Capabilities for Managing Economic Crisis: The Role of Market Orientation and Strategic Flexibility [J]. *Journal of marketing*, 2001, (65): 67 - 80.

[304] Grunert K. G., Hildebrandt L. Success factors, competitive advantage and competence development [J]. *Journal of Business Research*, 2004, 57 (5): 459 - 461.

[305] Gulati R., Singh H. The architecture of cooperation: Managing coordination uncertainty and interdependence in strategic alliances [J]. *Administrative Science Quarterly*, 1998, 43 (4): 781 - 814.

[306] Hambrick D. C. An empirical typology of mature industrial-product environments [J]. *The Academy of Management Journal*, 1983, 26 (2): 213 - 230.

[307] Hamel G., Prahalad C. K. *Competing for the future* [M]. Harvard Business School Press, 1994.

[308] Hammer M. The superefficient company [J]. *Harvard Business Review*, 2001, 79 (79): 82 - 91, 160.

[309] Heiman B., Nickerson J. A. Towards reconciling transaction cost economics and the knowledge-based view of the firm: The context of interfinn collaborations [J]. *International Journal of the Economics of Business*, 2002, 9 (1): 97 - 116.

[310] Henderson R., Clark K. B. Architectual innovation: the reconfiguration of existing product technologies and the failure of established firms [J]. *Ad-*

ministrative Science Quarterly, 1990, 35 (1): 9-30.

［311］Heydari B., Dalili K. Optimal system's complexity, an architecture perspective [J]. *Procedia Computer Science*, 2012, (12): 63-68.

［312］He Zilin, Wong P. K. Exploration V S exploitation: An empirical test of the ambidexterity hypothesis [J]. *Organization Science*, 2004, 15 (4): 481-494.

［313］Hoek R. V. Clockspeed: Winning Industry Control in the Age of Temporary Advantage [J]. *Supply Chain Management*, 2000, 40 (3): 104.

［314］Hoetker G. Do modular products lead to modular organization? [J]. *Strategic Management Journal*, 2006, 27 (6): 501-518.

［315］Hoetker G., Swaminathan A., Mitchell W. Modularity and the impact of buyer-supplier relationships on the survival of suppliers [J]. *Management Science*, 2007, 53 (2): 178-191.

［316］Hollenstein H. A composite indicator of a firm's innovativeness: an empirical study based on survey data for for Swiss manufacturing [J]. *Research Policy*, 1996, 25 (4): 633-645.

［317］Horng C., Chen W. From contract manufacturing to own brand management: the role of learning and cultural heritage identity [J]. *Management and Organization Review*, 2008, 4 (1): 109-133.

［318］Hough J. R., White M. A. Environmental dynamism and strategic decision-making rationality: An examination at the decision level [J]. *Strategic Management Journal*, 2003, 24 (5): 481-489.

［319］Howard M., Squire B. Modularization and the impact on supply relationships [J]. *International Journal of Operations & Production Management*, 2007, 27 (11): 1192-1212.

［320］Hsu C., Pereira A. lnternationalization and performance: the moderating effects of organizational learning [J]. *Omega*, 2008, 36 (2): 569-594.

［321］Hu L. T., Bender P. M. Cutoff criteria for fit indexes in covariance structure analysis: Conventional criteria versus new alternatives [J]. *Structural Equation Modeling: A Multidisciplinary Journal*, 1999, 6 (1): 1 –55.

[322] Hult G. , Hurley R. F. , Knight G. A. Innovativeness: Its Antecedents and Impact on Business Performance [J]. *Industrial Marketing Management*, 2004, 33 (5): 429 –438.

[323] Hult G. T. M. , Ketchen D. J. , Slater S. F. Information processing, knowledge development, and strategic supply chain performance [J]. *Academy of Management Journal*, 2004, 47 (2): 241 –253.

[324] Humphrey J. , Schmitz H. Chain governance and upgrading: taking stock [A]. in Schmitz H. (eds), Local Enterprise in the Global Economy: Issue of Governance and Upgrading [C]. Cheltenham: Elgar, 2004: 349 –381.

[325] Humphrey J. , Schmitz H. Developing country firms in the world economy: governance and upgrading in global value chains [R]. INEF Report, Heft. 2002.

[326] Iansiti M. , Clark K. B. Integration and dynamic capability: evidence from product development in automobiles &mainframe computers [J]. *Industrial & Corporate Change*, 1994: 557 –605.

[327] Iansiti M. How the incumbent can win: managing technological transitions in the semiconductor industry [J]. *Management Science*, 2000, 46 (2): 169 –185.

[328] Iansiti M, West J. Technology integration: turing great research into great products [J]. *Engeering Management Review*, 1997, 25 (4): 16 –25.

[329] Jabbour L. Determinants of international vertical specialization and implications on technology spillovers [C]. 4th European Economic Workshop, University of Bologna. 2005.

[330] Jacobs M. A. , Droge C. , Shawnee K. , Vickery R. C. Product and process modularity's effects on manufacturing agility and firm growth performance [J]. *Journal of Product Innovation Management*, 2011, 28 (1): 123 –137.

[331] Jacobs M. A., Vickery S., Droge C. The direct versus indirect effects of product modularity on manufacturing performance [J]. *International Journal of Operations and Product Management*, 2007, 27 (10): 1046 – 1068.

[332] Jansen J. J. P., Van Den Bosch F. A. J., Volberda H. W. Exploratory innovation, exploitative innovation, and ambidexterity: the impact of environmental and organizational antecedents [J]. *Schmalenbach Business Review*, 2005, (57): 351 – 363.

[333] Jaworski B., Kohli A. Market orientation: Antecedents and consequences [J]. *Journal of Marketing*, 1993, 57 (3): 53 – 70.

[334] Jiao R. J., Huang G. G. Q., Tseng M. M. Concurrent enterprising for mass customization [J]. *Concurrent Engineering*, 2004, 12 (2): 83 – 88.

[335] J. J. Reuer, A. Arino. Strategic alliance contracts: Dimensions and determinants of contractual complexity [J]. *Strategic Management Journal*, 2007, (28): 313 – 330.

[336] Joanne E. Oxley. Appropriability hazards and governance in strategic alliances: A transaction cost approach [J]. *The Journal of law, economics and organization*, 1997, 13 (2): 387 – 409.

[337] Joanne E. Oxley, Rachelle C. Sampson. Alliance structure and the scope of knowledge transfer: Evidence from U. S. – Japan agreements [J]. *Management Science*, 2009, 55 (4): 635 – 649.

[338] John Hagel Ⅲ. Leveraged Growth: Expanding Sales without Sacrificing Profits [J]. *Harvard Business Review*, 2002, 80 (10): 68 – 77.

[339] Johnson R. V. Efficient modular implementation of branch-and-bound algorithms [J]. *Decision Science*, 1988, 19 (1): 17 – 38.

[340] J. P. Killing. Understanding alliances: the role of task and organizational complexity. In F. J. Lorang (Eds.), *Cooperative strategies in International Business* [M]. Lexington: MA: Lexington Books. 1988.

[341] Kale P., Singh H. Building firm capabilities through learning: the

role of the alliance learning process in alliance capability and firm-level alliance success [J]. *Strategic Management Journal*, 2007, 28 (10): 981-1000.

[342] Kale P., Singh H., Perlmutter H. Learning and Protection of Proprietary Assets in Strategic Alliances: Building Relational Capital [J]. *Strategic Management Journal*, 2000, 21 (3): 217-238.

[343] Kamrani A. K., Salhieh S. E. M. Modular design. In: Kamrani AK, Nasr EA (eds) *Collaborative engineering: theory and practice* [M]. Springer, New York, 2008: 207-227.

[344] Keats B. W., Hitt M. A. A causal model of linkages among environmental dimensions, macro organizational characteristics, and performance [J]. *The Academy of Management Journal*, 1988, 31 (3): 570-598.

[345] Kim B. Coordinating an innovation in Supply Chain Management [J]. *European Journal of Operational Research*, 2000, 123 (3): 568-584.

[346] Kim, Linsu. *Imitation to Innovation: The dynamics of korea's technological learning* [M]. Boston: Harvard Business School Press. 1997.

[347] Kim W. C., Mauborgne R. *Blue ocean strategy : how to create uncontested market space and make the competition irrelevant* [M]. Harvard Business School Press, 2005: 226-228.

[348] Kleindorfer P. R., Saad G. H. Managing disruption risk in supply chains [J]. *Production & Operations Management*, 2010, 14 (1): 53-68.

[349] K. L. Smith. Trust, risk and control in strategic alliances: A case study in the construction industry, Working paper: University of Monash. 2005.

[350] Kogut B. Country capabilities and the permeability of borders [J]. *Strategic Management Journal*, 1991, 12 (S1): 33-47.

[351] Kogut B., Zander U. Knowledge of the firm, combinative capabilities, and the replication of technology [J]. *Social Science Electronic Publishing*, 1992, 37 (7): 17-35.

[352] Kogut B., Zander U. What firms do? Coordination, identity and

learning [J]. 1996, 7 (5): 502 -518.

[353] Krogh G. V., Chijo I. K., Nonaka I. *Enabling Knowledge Creation* [M]. New York: Oxford University Press. 2000.

[354] Kuo T. C. Mass customization and personalization software development: a case study eco-design product service system [J]. *Journal of Intelligent Manufacturing*, 2013, 24: 1019 -1031.

[355] Lai C. S., Pai D. C., Yang C. F., Lin H. J. The effects of market orientation on relationship learning and relationship performance in industrial marketing: The dyadic perspectives [J]. *Industrial Marketing Management*, 2009, 38 (2): 166 -172.

[356] Lambe C. J., Spekman R. E. Alliances, external technology acquisition, and discontinuous technological change [J]. *Journal of Product Innovation Management*, 1997, 14 (2): 102 -116.

[357] Langlois R. N., Robertson P. L. Newworks and innovation in a modular system: lessons from the microcomputer and stereo component industry [J]. *Research Policy*, 1992, 21 (4): 297 -313.

[358] Langlois R. N. The vanishing hand: the changing dynamics of industrial capitalism [J]. *Industrial and Corporate Change*, 2003, 12 (2): 351 -385.

[359] Lant K., Milliken F. J., Batra B. The role of managerial learning and interpretation in strategic persistence and reorientation: an empirical exploration [J]. *Strategic Management Journal*, 1992, 13 (8): 585 -608.

[360] Lau A. K. W., Yam R. C. M, Tang E. P. Y., Sun H. Y. Factors influencing the relationship between product modularity and supply chain integration [J]. *International Journal of Operations & Production Management*, 2010, 30 (9): 951 -977.

[361] Lau A. K. W., Yam R. C. M., Tang E. P. Y. Supply chain integration and product modularity: an empirical study of product performance for select-

ed Hong Kong manufacturing industries [J]. *Journal of Product Innovation Management*, 2010, 30 (1): 20 - 56.

[362] Lau A. K. W. , Yang R. C. M. , E Tang. The impacts of product modularity on competitive capabilities and performance-an empirical study [J]. *International Journal of Production Economics*, 2007, 105 (1): 1 - 20.

[363] Lavigne B. B. , Bassetto S. , Agard B. A method for a robust optimization of joint product and supply chain design [J]. *Journal of Intelligent Manufacturing*, 2014: 1 - 9.

[364] Lawrence P. R. , Lorsch J. *Organization and environment* [M]. Boston, MA: Harvard Business School. 1967.

[365] Lichtenthaler U. Absorptive capacity, environmental turbulence, and the complementary of organizational learning process [J]. *Academy of Managementlournal*, 2009, 52 (4): 822 - 846.

[366] Lin C. , Chiu H. , Chu P. Agility index in the supply chain [J]. *International Journal of Production Economics*, 2006, 100 (2): 285 - 299.

[367] Lumpkin G. T. , Dess G. G. Linking two dimensions of entrepreneurial orientation to firm performanc: the moderating role of environment and industry life cycle [J]. *Journal of Business Venturing*, 2001, 16 (5): 429 - 451.

[368] Mabey C. , Salaman G. Strategic Human Resource Management [J]. *Oxford: Blackwell*, 1998: 21 - 30.

[369] Magnusson M. , Pasche M. A contingency-based approach to the use of product platforms and modules in new product development [J]. *Journal of Product Innovation Management*, 2014, 31 (3): 434 - 450.

[370] Magnusson T. , Lindstrom G. , Berggren C. Architectural or modular innovation? Managing discontinuous product development in response to challenging environmental performance targets [J]. *International Journal of Innovation Management*, 2003, 7 (1): 1 - 26.

[371] Ma J. , Kremer G. E. O. A sustainable modular product design ap-

proach with key components and uncertain end-of-life strategy consideration [J]. *The International Journal of Advanced Manufacture*, 2016, 85 (1): 741 – 763.

[372] Malerba F. Learning By Firms And Incremental Technical Change [J]. *Economic Journal*, 1992, 102 (413): 845 – 859.

[373] Manthou V., Vlachopoulou M., Folinas D. Virtual e – Chain (Ve C) model for supply chain collaboration [J]. *International Journal of Production Economics*, 2004, 87 (3): 241 – 250.

[374] March G. Exploration and exploitation in organizational learning [J]. *Organization Science*, 1991, 2 (1): 71 – 87.

[375] March J. G., Olsen J. P. The uncertainty of the past: organizational learning under ambiguity [J]. *European Journal of Political Research*, 1975, 3 (2): 147 – 171.

[376] Markus Biehl, Wade Cook, David A. Johnston. The efficiency of joint decision making in buyer-supplier relationships [J]. *Annals of operations research*, 2006, 145: 15 – 34.

[377] Mascitelli R. From experience: harnessing tacit knowledge to achieve breakthrough innovation [J]. *Journal of Product Innovation Management*, 2000, 17 (3): 179 – 193.

[378] Matopoulos A., Vlachopoulou M., Manthou V., Manos B. A conceptual framework for supply chain collaboration: empirical evidence from the agri-food industry [J]. *Supply Chain Management: An International Journal*, 2007, 12 (3): 177 – 186.

[379] McArthur A. W., Nystrom P. C. Environmental dynamism, complexity, and munificence as moderators of strategy-performance relationships [J]. *Journal of Business Research*, 1991, 23 (4): 349 – 361.

[380] Mcnamara G., Aime F., Vaaler P. M. Is Performance Driven by Industry-or Firm – Specific Factors? A Response to Hawawini, Subramanian and Verdin [J]. *Strategic Management Journal*, 2005, 26 (11): 1075 – 1081.

[381] Meyer, M. H., Lehnerd A. P. The power of product platforms: building value and cost leadership [J]. *Research – Technology Management*, 1997, 40 (6): 526 –529.

[382] Miguel P. A. C. Modularity in product development: a literature review toward a research agenda [J]. *Product: Management & Development*, 2005, 3 (2): 165 –174.

[383] Mikkola J. H. Management of product architecture modularity for mass customization: modeling and theoretical considerations [J]. *IEEE Transanctions on Engineering Management*, 2007, 54 (1): 57 –69.

[384] Miles R. E., Snow C. C., Meyer A. D. Organizational strategy, structure, and process [J]. *Academy of Management Review*, 1978, 3 (3): 546 –557.

[385] Miller D., Chen M. J. Sources and Consequences of Competitive Inertia: A Study of the U. S. Airline Industry [J]. *Administrative Science Quarterly*, 1994, 39 (1): 1 –23.

[386] Miller D. Environmental fit versus internal fit [J]. *Organization Science*, 1992, 3 (2): 159 –178.

[387] Miller D., Friesen P H. Strategy-making and environment: the third link [J]. *Strategic Management Journal*, 1983, 4 (3): 221 –231.

[388] Miller D. Relating Porter's business strategies to environment and structure: analysis and performance implications [J]. *Academy of Management Journal*, 1988, 31 (2): 280 –308.

[389] Miller J. G., Roth A. V. A taxonomy of manufacturing strategies [J]. *Management Science*, 1994, 40 (3): 285 –304.

[390] Milliken F. J. Three types of perceived uncertainty about the environment: State, effect, and response uncertainty [J]. *Academy of Management Review*, 1987, 12 (1): 133 –143.

[391] Miozzo M., Grimshaw D. Modularity and innovation in knowledge in-

tensive business services: IT outsourcing in Germany and UK [J]. *Reserch Policy*, 2005, 34 (9): 1419 –1439.

[392] Nerkar A., Roberts P. W. Technological and product-market experience and the success of new product introductions in the pharmaceutical industry [J]. *Strategic Management Journal*, 2004, 25 (8/9): 779 –799.

[393] Newcomb P. J., Bras B., Rosen D. W. Implications of modularity on product design for the life cycle [J]. *Journal of Technical Design*, 1998, 120: 483 –491.

[394] Nickerson J. A., Zenger T. R. A knowledge-based theory of the firm: The problem-solving perspective [J]. *Organization Science*, 2004, 15 (6): 617 –632.

[395] Nobelius D., Sundgren N. Managerial issues in parts sharing among product development projects: a case study [J]. *Journal of Engineering & Technology Management*, 2002, 19 (1): 59 –73.

[396] Nobeoka K., Cusumano M. A. Multiple project strategy and sales growth: the benefits of rapid design transfer in new product development [J]. Strategic Management Journal, 1997, 18 (3): 169 –186.

[397] Nonaka I. Redundant, Overlapping Organization: A Japanese Approach to Managing the Innovation Process [J]. *California Management Review*, 1990, 32 (3).

[398] Norman P. M. Protecting knowledge in strategic alliances: Resource andrelational characteristics [J]. *Journal of High Technology Management Research*, 2002, 13 (2): 177 –202.

[399] Novak S., Eppinger S. D. Sourcing by design; product complexity and the supply chain [J]. *Management Science*, 2001, 47 (1): 189 –204.

[400] Nyaga G. N., Whipple J. M., Lynch D. F. 2010. Examining supply chain relationships: do buyer andsupplier perspectives on collaborative relationships differ? [J]. *Journal of Operations Management*, 28 (2): 101 –114.

[401] Okudan G. E., Lin T. K., Chiu M. C. Carbon footprint implications of modularity and projections for the reverse logistics [J]. Paper presented at the International Workshop on Green Supply Chain, Arras, France. 2012.

[402] Okudan G. E., Ma J. F., Chiu M. C., Lin T. K. Product modularity and implications for the reverse supply chain. Supply Chain Forum Int J, 2013, 14 (2): 54 -69.

[403] Oreja - Rodriguez J. R., Yanes - Estevez V. Perceived environmental uncertainty in tourism: a new approach using the rasch model [J]. *Tourism Management*, 2007, 28 (6): 1450 - 1463.

[404] Oxley J. E. Institutional environment and the mechanisms of governance: theimpact of intellectual property protection on the structure of inter-firmalliances [J]. *Journal of Economic Behavior & Organization*, 1999, 38 (3): 283 - 309.

[405] Oxley J. E., Sampson R. C. The Scope and Governance of International R&D Alliances [J]. *Strategic Management Journal*, 2004, 25 (8 - 9): 723 -749.

[406] Park K. H., Lee K. Linking the technological regime to the technological catch-up: analyzing Korea and Taiwan using the US patent data. Industrial and Corporate Change, 2006, 15 (4): 715 -753.

[407] Pfeffer J., Salancik G. R. 2003. *The External Control of Organization: A Resource Dependence Perspective* [M]. Stanford University Press.

[408] Pisano G. P. Profiting from innovation and the intellectual property revolution [J]. *Research Policy*, 2006, 35 (8): 1122 - 1130.

[409] Poppo, Todd Zenger. Do formal contracts and Relational Governance Function as Substitutes or Complements? [J]. *Strategic Management Journal*, 2002, (23): 707 -725.

[410] Porter M. *Competitive Advantage: Creating and Sustaining Superior Performance* [M]. New York: The Free Press. 1985.

[411] Porter M. E. , Millar V. E. How Information gives you competitive advantage [J]. *Harvard Business Review*, 1985, 63 (4): 251 – 274.

[412] Prahalad C. K. , Hamel G. The core competence of the corporation [J]. *Harvard Business Review*, 1990, 68 (3): 79 – 91.

[413] P. S. Ring, A. H. V. d. Ven. Structuring cooperative relationship between organizations [J]. *Strategic Management Journal*, 1992, 13: 483 – 498.

[414] Rachelle C. Sampson. Organizational choice in R&D alliances: Knowledge-based and transaction cost perspectives [J]. *Managerial and Decision Economics*, 2004, 25 (6 – 7): 421 – 436.

[415] Ragatz G. L. , Handfield R. B. , Petersen K. J. Benefits associated with supplier integration into new product development under conditions of technology uncertainty [J]. *Journal of Business Research*, 2002, 55 (5): 389 – 400.

[416] Ramanathan U. , Gunasekaran A. , Subramanian N. 2011. Supply chain collaboration performance metrics: a conceptual framework [J]. *Benchmarking: An International Journal*, 2011, 18 (6): 856 – 872.

[417] Ramanathan U. , Gunasekaran A. Supply chain collaboration: Impact of success in long-term partnerships [J]. *International Journal of Production Economics*, 2014, 147 (147): 252 – 259.

[418] Ramdas K. , Fisher M. , Ulrich K. Managing variety for assembled products: modeling components systems sharing [J]. *Manufacturing & Services Operations Management*, 2003, 5 (2): 142 – 156.

[419] Randall T. , Ulrich K. Product variety, supply chain structure, and firm performance: analysis of the US bicycle industry [J]. *Management Science*, 2001, 47 (12): 1588 – 1604.

[420] Reuer J. J. , Arino A. Strategic Alliance Contracts: Dimensions and Determinants of Contractual Complexity [J]. *Strategic Management Journal*, 2007, 28: 313 – 330.

[421] Richard O. C. , Murthi B. P. S. , Ismail K. The impact of racial di-

versity on intermediate and long-term performance: the moderating role of environmental context [J]. Strategic Management Journal, 2007, 28 (12): 1213 – 1233.

[422] Rosenbusch N., Bausch A., Galander A. The Impact of Environmental Characteristics on Firm Performance: A Meta-analysis [C]. Academy of Management Proceedings, 2007.

[423] Rothaermel F. T. Technological discontinuities and interfirm cooperation: What determines a startup's attractiveness as alliance partner? [J]. IEEE Transactions on Engineering Management, 2002, 49 (4): 387 – 397.

[424] Ro Y. K., Liker J. K., Fixson S. K. Modularity as a strategy for supply chain coordination: the case of US auto [J]. Engineering Management, IEEE Transactions on, 2007, 54 (1): 172 – 189.

[425] Ryu I., So S. H., Koo C. The role of partnership in supply chain performance [J]. Industrial Management & Data Systems, 2009, 109 (4): 496 – 514.

[426] Sako M. Modularity and outsourcing: the nature of co-evolution of product architecture and organization architecture in the global automotive industry [M]// Prencipe A., Davies A., Hobday M. In The Business of Systems Integration. Oxford: Oxford Press, 2003: 229 – 254.

[427] Salvador F., Forza C., Rungtusanatham M. Modularity, product variety, production volume, and component sourcing: theorizing beyond generic prescriptions [J]. Journal of Operations Management, 2002, 20 (5): 549 – 575.

[428] Sanchez R. Creating modular platforms for strategic flexibility [J]. *Design Management Review*, 2004, 15 (1): 58 – 67.

[429] Sanchez R., Mahoney J. Modularity, flexibility and knowledge management in product and organization design [J]. *Strategic Management Journal*, 17, Winter Special Issue, 1996: 63 – 76.

[430] Sanchez R. Modular architecture in the marketing process [J]. Journal of Marketing, 1999, 63 (s): 92 –111.

[431] Sanchez R. Modularity in the mediation of market and technology change [J]. International Journal of Technology Management, 2008, 42 (4): 331 –364.

[432] Sanderson S., Uzumeri M. Managing product families: the case of Sony Walkman [J]. Research Policy, 1995, 24 (5): 761 –782.

[433] Santoro M. D., McGill J. P. The effect of uncertainty and asset co-specialization on governance in biotechnology alliances [J]. Strategic Management Journal, 2005, 26: 1261 –1269.

[434] Schilling M. A., Steensma H. K. The use of modular organizational forms: an industry-level analysis [J]. Academy of Management Journal, 2001, 44 (6): 1149 –1168.

[435] Schilling M. A. Towards general modular systems theory and its application to inter-firm product modularity [J]. Academy of Management Review, 2000, 25 (2): 312 –334.

[436] Schmitz H. Local upgrading in global chains: recent findings [J]. Institute of Development Studies Sussex. 2004.

[437] Schonfeld E. The great giveway [J]. Business 2.0, 2005, (4): 81 –86.

[438] S. Comino, P. Mariel, J. Sandonis. Joint ventures versus contractual agreements: An empirical investigation [J]. Spanish Economic Review, 2007, 9 (3): 159 –175.

[439] Senge. The Fifth Discipline [M] New York: Doubleday. 1990.

[440] Sezen B., Yilmaz C. Relative effects of dependence and trust on flexibility, information exchange, and solidarity in marketing channels [J]. Journal of Business & Industrial Marketing, 2007, 22 (1): 41 –51.

[441] Sharfman M. P., Dean J. W. Conceptualizing and Measuring the Or-

ganizational Environment: A Multidimensional Approach [J]. *Journal of Management*, 1991, 17 (4): 681 – 700.

[442] Sheu C. , Wacker J. G. The effects of purchased parts commonality on manufacturing lead time [J]. *International Journal of Operations & Production Management*, 1997, 17 (8): 725 – 745.

[443] Sheu C. , Yen H. R. , Chae D. Determinants of supplier-retailer collaboration: evidence from an international study [J]. *International Journal of Operations and Production Management*, 2006, 26 (1): 24 – 49.

[444] Shrivastava P. A Typology of organizational learning systems [J]. *Journal of Management Studies*, 1983, 20 (1): 7 – 28.

[445] Simatupang T. M. , Sridharan R. A benchmarking scheme for supply chain collaboration [J]. *Benchmarking: An International Journal*, 2004, 11 (1): 9 – 30.

[446] Simatupang T. M. , Sridharan R. A. 2002. The collaborative supply chain [J]. *International Journal of Logistics Management*, 13 (1): 15 – 30 (16).

[447] Simon H. A. The architecture of complexity [J]. *Proceedings of the American Philosophical Society*, 1962, 106 (6): 467 – 482.

[448] Singh R. K. and Sharma, M. K. Selecting competitive supply chain using fuzzy – AHP and extent analysis [J]. *Journal of Industrial and Production Engineering*, 2015, 31 (8): 524 – 538.

[449] Sirmon D. G. , Hitt M. A. , Ireland R. D. Managing firm resources in dynamic environments to create value: Looking inside the black box [J]. *Academy of Management Review*, 2007, 32 (1): 273 – 292.

[450] Slowinski G. , Stanton S. , Tao J. Acquring external technology [J]. *Research Technology Management*, 2000, 43 (5): 29 – 35.

[451] Smith S. , Smith G. C. , Jiao R. , Chu C. H. Mass customization in the product life cycle [J]. *Journal of Intelligent Manufacturing*, 2013, 24:

877-885.

［452］Sobrero M., Roberts E. B. Strategic management of supplier-manufacturer relations in new product development ［J］. *Research policy*, 2002, 31 (1): 159-182.

［453］Song M., Parry M. E. The desired level of market orientation and business unit performance ［J］. *Journal of the Academy of Marketing Science*, 2009, 37 (2): 144-160.

［454］Soren C., Ann W. Boards of directors as strategists in an enacted world—the danish case ［J］. *Journal of Management & Governance*, 1999, 3 (3): 261-284.

［455］Stank T. P., Keller S. B., Closs D. J. Performance benefits of supply chain logistical integration ［J］. *Transportation Journal*, 2001, 41 (2/3): 32-46.

［456］Starr M. K. Modular production-a new concept ［J］. *Harvard Business Review*, 1965, 43 (6): 131.

［457］Stata R. Organizational learning: the key to management innovation ［J］. *Sloan Management Review*, 1989, 30 (3): 63-74.

［458］Steensma H. K., Barden J. Q., Dhanaraj C., et al. The evolution and internalization of international joint ventures in a transitioning economy ［J］. *Journal of International Business Studies*, 2008, 39 (3): 491-507.

［459］Stephen M. Gilbert, Viswanath Cvsa. Strategic commitment to price to stimulate downstream innovation in a supply chain ［J］. *European Journal of Operational Research*, 2003, 150 (13): 617-639.

［460］Sturgeon T. J. Modular production networks: a new American model of industrial organization ［J］. *Industrial & Corporate Change*, 2002, 11 (3): 451-496.

［461］Swamidass P. M., Newell W. T. Manufacturing strategy, environmental uncertainty and performance: a path analytic model ［J］. *Management Science*, 1987, 33 (4): 509-525.

[462] Swan K., Allred B. A. Product and process model of the technology-sourcing decision [J]. *Journal of Product Innovation Management*, 2003, 20 (6): 485 –496.

[463] Swink M. Building collaborative innovation capability [J]. *Research technology management.* 2006, 49 (2): 37 –47.

[464] Tang H. K. An integrative model of innovation in organizations [J]. *Technovation*, 1998, 18 (5): 297 –309.

[465] Tan J. J., Litschert R. J. Environment – Strategy Relationship and its Performance implications: An Empirical Study of the Chinese Electronics industry [J]. *Strategic Management Journal*, 1994, 15 (3): 1 –20.

[466] Teece D. J. Competition, cooperation, and innovation: organizational arrangements for regimes of rapid technological progress [J]. *Journal of Economic Behavior and Organization*, 1992, 18: 1 –25.

[467] Teece D. J., Pisano G. The dynamic capabilities of firms: an introduction [J]. *Industrial and Corporate Change*, 1994, 3 (3): 537 –556.

[468] Teece D. J. Profiting from technological innovation: implications for integration, collaboration, licensing and public policy [J]. *Research Policy*, 1986, 15 (6): 285 –305.

[469] Teece D. J. Reflections on profiting from innovation [J]. *Research Policy*, 2006, 35 (3): 1131 –1146.

[470] Tee R., A. Gawer. Industry architecture as a determinant of successful platform strategies: a case study of the I-mode mobile internet service [J]. *European Management Review*, 2009, 6 (4): 217 –232.

[471] Thompson, J. D. *Organizations in Action* [M]. New York: Mc Graw – Hill. 1967.

[472] Tippins M. J., Sohi K S. IT competency and firm performance: is organization learning a missing link? [J]. *Strategy Management Journal*, 2003, 24 (8): 745 –761.

[473] Tiwana A. Does interfirm modularity complement ignorance? A field study of software outsourcing alliances [J]. *Strategic Alliance Management*, 2008, 29 (11): 1241 – 1252.

[474] Tiwana A. Does technological modularity substitute control? A study of alliance performance in software outsourcing [J]. *Strategic Management Journal*, 2008, 29 (7): 769 – 780.

[475] Tiwana A., Keil M. Does peripheral knowledge complement control? An empirical study in technology outsourcing alliance [J]. *Strategic Alliance Management*, 2007, 28 (6): 623 – 634.

[476] T. K. Das, B. S. Teng. A resource-based theory of strategic alliances [J]. *Journal of Management*, 2000, 26 (1): 31 – 61.

[477] T. K. Das, B. S. Teng. A risk perception model of alliance structuring [J]. *Journal of International Management*, 2001, 7: 1 – 29.

[478] T. K. Das, B. S. Teng. Between trust and control: Developing confidence in partner cooperation in alliances [J]. *Academy of Management Review*, 1998, 23: 491 – 512.

[479] T. K. Das, B. S. Teng. Managing risks in strategic alliances [J]. *The Academy of Management Executive*, 1999, 13 (4): 50 – 62.

[480] T. K. Das, B. S. Teng. Risk types and inter-firm alliance structures [J]. *Journal of International Business Studies*, 1996, 26: 91 – 116.

[481] Tu Q., Vonderembse M. A., Ragu – Nathan T. S., Ragu – Nathan B. Measuring modularity-based manufacturing practices and their impact on mass customization capability: a customer-driven perspective [J]. *Decision Sciences*, 2004, 35 (2): 147 – 168.

[482] Tushman, Michael, Philip Anderson and Charles O'Reily. Technology cycles, innovation streams and ambidextrous organizations, in Tushman and Anderson (eds.), Managing Strategic Innovation Change [M]. Oxford Press, 1997.

[483] Tushman M. L., Anderson P. Technological discontinuities and organizational environments [J]. *Administrative Science Quarterly*, 1986, 31 (3): 439 – 465.

[484] Twigg D. Managing product development within a design chain [J]. *International Journal of Operations & Production Management*, 1998, 18 (5): 508 – 524.

[485] Ulku S., Schmidt G. M. Matching product architecture and supply chain configuration [J]. *Production and Operations Management*, 2011, 20 (1): 16 – 31.

[486] Ulrich K. T., Ellison D. I. Holistic customer requirements and the design select decision [J]. *Management Science*, 1999, 45 (5): 641 – 658.

[487] Ulrich K. T., Eppinger S. D. Product Design and Development [M]. 机械工业出版社, 2014, 31 (2): 118 – 145.

[488] Ulrich K T. The role of product architecture in the manufacturing firm [J]. *Research Policy*, 1995, 24 (3): 419 – 440.

[489] Utterback J. M., Abernathy W. A dynamic model of product and process innovation [J]. *Omega*, 1975, 3 (6): 639 – 656.

[490] Venkatraman N. The concept of fit in strategy research: Toward verbal and statistical correspondence [J]. *Academy of Management Review*, 1989, 14 (3): 423 – 444.

[491] Verganti R. Design, meanings, and radical innovation: a metamodel and a research agenda [J]. *Journal of Product Innovation Management*, 2008, 25 (5): 436 – 456.

[492] Vernon R. International investment and international trade in the product cycle [J]. *Quarterly Journal of Economics*, 1966, 8 (4): 190 – 207.

[493] Vickery S. K., C. Droge, R. E. Markland. Product competence and business strategy: do they affect business performance [J]. *Decision Science*, 1993, 24 (2): 435 – 455.

［494］Volberda H. W. *Building the Flexible Firm：How to Remain Competitive* [M]. New York：Oxford University Press，1998.

［495］Wang Heli，Chen Weiru. Is firm-specific innovation associated with greater value appropriation? The roles of environmental dynamism and technological diversity [J]. *Research Policy*，2010，39（1）：141 – 154.

［496］Wang L.，Zajac E. J. Alliance or acquisition? A dyadic perspective on interfirm resource combinations [J]. *Strategic Management Journal*，2007，28（13）：1291 – 1317.

［497］Wang Y.，Tseng MM. A na? ve Bayes approach to map customer requirements to product variants [J]. *Journal of Intelligent Manufacturing*，2013，1 – 9.

［498］Wan W. P.，Yiu D. W. From Crisis to Opportunity：Environmental Jolt，Corporate Acquisitions，and Firm Performance [J]. *Strategic Management Journal*，2009，30（7）：791 – 801.

［499］Wiggins R. R.，Ruefli T W. Schumpeter's Ghost：Is Hypercompetition making the best of times shorter? [J]. *Strategic Management Journal*，2005，26（10）：887 – 911.

［500］Williamson O. E. *Markets and hierarchies：analysis and anti-trust implication：a study in the economics of internal organization* [M]. New York：The Free Press，1975.

［501］Williamson O. E. *The economic institutions of capitalism* [M]. NY：Free Press，1985.

［502］Williamson O. E. *The economic institutions of capitalism* [M]. The Political Economy Reader：Markets as Institutions，2008.

［503］Williamson. Transaction cost economics：How it works；Where it is headed [J]. *DeEconomist*，1998，146：23 – 58.

［504］Wilson R. Inter programming via modular representations [J]. *Management Science Series A Theory*，1970，16（5）：289 – 294.

[505] Worren N., Moore K., Cardona P. Modularity, strategic flexibility, and firm performance: a study of the home applicance industry [J]. *Strategic Management Journal*, 2002, 23 (23): 1123 – 1140.

[506] Yadong Luo. Procedural fairness and interfirm cooperation in strategic alliances [J]. *Strategic Management Journal*, 2008, (29): 27 – 46.

[507] Yang J., et al. Relational stability and alliance performance in supply chain [J]. *Omega-International Journal of Management Science*, 2008, 36 (4): 600 – 608.

[508] Yasai – Ardekani, Masoud and Paul C. Nystrom. Designs for Environmental Scanning Systems: Tests of a Contingency Theory [J]. *Management Science*, 1996, 42 (2): 187 – 204.

[509] Yasai – Ardekani M., Nystrom P C. Designs for environmental scanning systems: tests of a contingency theory [J]. *INFORMS*, 1996, 42 (42): 187 – 204.

[510] Yeh Tsu – Ming, Fan – Yun Pai, Yang C. Performance improvement in new product development with effective tools and techniques adoption for high-tech industries [J]. *Quality and Quantity International Journal of Methodology*, 2010, 44 (1): 131 – 152.

[511] Zahra S. A., Bogner W C. Technology strategy and software new venture performance: Exploring effect of the competitive environment [J]. Journal of Business Venturing, 1999, 15: 135 – 173.

[512] Zahra S. A. Technology strategy and new venture performance: a study of corporate-sponsored and independent biotechnology ventures [J]. *Journal of Business Venturing*, 1996, 11 (4): 289 – 321.

[513] Zhao X., Sum C. C., Qi Y., Zhang H., Lee T. S. A taxonomy of manufacturing strategies in China [J]. *Journal of Operations Management*, 2006, 24 (5): 621 – 636.

[514] Zhou K. Z., Li C. B. How strategic orientations influence the build-

ing of dynamic capability in emerging economies [J]. *Journal of Business Research*, 2010, 63 (3): 224 – 231.

[515] Zineldin M. Co-opetition: the organization of the future [J]. *Marketing Intelligence & Planning.* 2004, 22 (6/7): 780 – 789.